中國學術思想 研究輯刊

十一編

林慶彰 主編

第22冊

自然與名教的調色盤
——從《世說新語》看漢晉士人的人生觀

王妙純 著

花木蘭文化出版社

國家圖書館出版品預行編目資料

自然與名教的調色盤——從《世說新語》看漢晉士人的人生觀
／王妙純 著 — 初版 — 新北市：花木蘭文化出版社，2011〔
民 100〕
序 2+ 目 2+228 面；19×26 公分
（中國學術思想研究輯刊 十一編：第 22 冊）
ISBN：978-986-254-468-6（精裝）
1. 世說新語　2. 研究考訂　3. 知識分子　4. 人生觀
030.8　　　　　　　　　　　　　　　　　　100000800

ISBN-978-986-254-468-6

9 789862 544686

中國學術思想研究輯刊
十一編　第二二冊　　　　　　　ISBN：978-986-254-468-6

自然與名教的調色盤
——從《世說新語》看漢晉士人的人生觀

作　　者　王妙純
主　　編　林慶彰
總 編 輯　杜潔祥
出　　版　花木蘭文化出版社
發 行 所　花木蘭文化出版社
發 行 人　高小娟
聯絡地址　新北市永和區中正路五九五號七樓之三
　　　　　電話：02-2923-1455／傳眞：02-2923-1452
網　　址　http://www.huamulan.tw 信箱 sut81518@ms59.hinet.net
印　　刷　普羅文化出版廣告事業
封面設計　劉開工作室
初　　版　2011 年 3 月
定　　價　十一編 40 冊（精裝）新台幣 62,000 元

自然與名教的調色盤
——從《世說新語》看漢晉士人的人生觀

王妙純　著

作者簡介

王妙純，台中縣霧峰鄉人，國立彰化師範大學國文研究所博士，現為國立虎尾科技大學通識教育中心副教授。學術研究以《世說新語》、魏晉文化與國文教學為主，著有〈從《世說新語》試探當代的美男子形象〉、〈《世說新語‧傷逝篇》新探〉、〈親愛的，我把大一國文 Live 秀了〉等學術論文多篇。並著有《竹林七賢的思想與行為》、《漢晉之際士人對生命的考察——以《世說新語》為核心的探討》等書。

提　　要

本題論述之程序分六：

首就《世說新語》之卷帙 門類與相關問題作一略述。接著闡述本題時代之斷限與命名之由。最後將本題研究之步驟與論述之程序，做一敘述。

二就漢晉士人自我意識覺醒做說明。分為四節：一曰「生命主題的勃發」。二曰「自我意識的發展與覺醒」。三曰「自我意識的行為表現」。四曰「人格的分裂」。透過本章之探討，期能說明士人之出處觀、審美觀與感情處理，均與自我意識之高漲息息相關，以便作為後文論述的基礎點。

三就漢晉士人出處觀做探討。亦分為四節：一曰「三立人生觀之式微」。二曰「不嬰事務與士無特操」。三曰「山水審美與企慕隱逸」。四曰「棲逸之通例與特例」。透過本章之探討，期能掌握士人之政治態度與當代隱士行為特色。

四就漢晉士人的深情的取向做一研究。分三節論述：一曰「一往情深」。二曰「稱情直往」。三曰「宇宙悲情」。透過本章之探討，期能掌握士人對情感之態度與特色。

五就漢晉士人審美觀做探討。分為三節：一曰「以形為美」。二曰「以神為美」。三曰「以才為美」。透過本章之探討，期能掌握士人之美學成就與貢獻。

六就本題研究所得之結果做一論述，並試圖將士人人生觀特色作一統整歸納。最後將士人人生觀作一檢討並評其功過。

目次

自 序

第一章 序 論 ·· 1

　　第一節 《世說新語》之卷帙、門類與其它相關
　　　　　　問題略述 ·· 1

　　第二節 本題時代之斷限與題名釋名 ·················· 6

　　第三節 本題研究之步驟與論述之程序 ·············· 10

第二章 自我意識的覺醒與張揚 ······························· 13

　　第一節 生命主題的勃發 ······································· 13

　　　　一、政治方面 ·· 15

　　　　二、社會方面 ·· 16

　　　　三、經濟方面 ·· 17

　　　　四、學術方面 ·· 18

　　第二節 自我意識之發展與重新覺醒 ·················· 19

　　第三節 自我意識的行為表現 ······························· 25

　　　　一、我寧作我 ·· 25

　　　　二、但求其眞 ·· 30

　　　　三、好異尚奇 ·· 37

　　　　四、以慢為高 ·· 43

　　第四節 士人人格之分裂 ······································· 47

第三章 出處之人生觀 ··· 55

第一節 三不朽人生觀之式微 …………………………… 55
第二節 不嬰事務與士無特操 …………………………… 68
　　一、不嬰事務 ………………………………………… 68
　　二、士無特操 ………………………………………… 73
第三節 山水審美與企慕隱逸 …………………………… 82
第四節 棲逸的通例與特例 ……………………………… 91
　　一、棲逸之通例 ……………………………………… 93
　　二、棲逸之特例 ……………………………………… 104

第四章　深情之人生觀 …………………………………… 111
第一節 一往情深 ………………………………………… 111
第二節 稱情直往 ………………………………………… 122
第三節 宇宙悲情 ………………………………………… 140
　　一、感物 ……………………………………………… 140
　　二、惜時 ……………………………………………… 144
　　三、傷別 ……………………………………………… 147
　　四、憂生 ……………………………………………… 148

第五章　審美之人生觀 …………………………………… 161
第一節 以形為美 ………………………………………… 162
　　一、以「白」為美 …………………………………… 165
　　二、以「弱」為美 …………………………………… 168
　　三、以「服飾美」為美 ……………………………… 169
　　四、以「神仙美」為美 ……………………………… 173
第二節 以神為美 ………………………………………… 176
第三節 以才為美 ………………………………………… 184

第六章　結　論 …………………………………………… 197
第一節 本題論述之要點 ………………………………… 197
第二節 漢晉士人人生觀之特色與歷史評價 ………… 200
　　一、唯我主義 ………………………………………… 200
　　二、無君思想 ………………………………………… 201
　　三、越名教而任自然 ………………………………… 202
　　四、縱情以樂生 ……………………………………… 204
　　五、重美而輕德 ……………………………………… 205
第三節 餘　論 …………………………………………… 208

參考書目 …………………………………………………… 211

自 序

　　歲月易逝，轉眼間，取得碩士學位已近十載。回想民國八十六年，因任職的學校由工專改制為技術學院，並積極朝向科技大學邁進。筆者有感於自身學歷之不足，擬再進修以求更上層樓，然而距離大學畢業已十多年，自己也已結婚生子，再度重拾文字、聲韻、訓詁等書，直覺那真是「有字天書」，怎麼看就是看不懂。恰巧先生當時正在攻讀政治大學 40 學分班，連續四年暑假他都北上進修，於是筆者就在八十七年的五月，毅然決然地報名臺北市某家專攻研究所的補習班，六月底便開始了補習生涯，每逢先生五點下課回來，就是我騎摩托車上課充電的時刻，孩子也就輪到他照顧。穿梭在車水馬龍、人群熙攘的市區中，心裡常升起「為誰辛苦為誰忙」的感受，尤其在那細雨綿綿，又找不到停車位的時候，那種感覺就特別地強烈，但我知道，若不咬緊牙關、全力以赴，以我大學的學歷，很難在學院、大學的生態中有好的發展，於是便以近 40 歲的高齡，安份地做那班最老的學生，同學們都是大四或剛畢業的年輕小夥子，更突顯了我的老態，不過老似乎也是一種福氣，因為它使人更珍惜一切緣起，把握當下。我就這樣一路地補到九月中旬，短短兩個多月，「功力」迅速大增，再加上日後不斷地反覆複習，終於在來年，一舉考上了中正大學中國文學研究所。

　　之所以選擇《世說新語》為研究範圍，乃緣於大學時代對此書的喜愛。民國七十二年，余讀大學時，在台大書攤看到大陸學者宗白華所著《美學的散步》中〈論世說新語和晉人的美〉一文，即被他的文筆深深吸引住，感性與理性兼具的內容，使井底之蛙的我，看到了從未見的藍天。而李澤厚先生所寫《美的歷程》一書中談到六朝是「人的覺醒」與「文的覺醒」的時代，這個觀點讓我亟想一窺六朝之堂奧。宗、李二氏文筆生動地描述了這個時代

的共同精神及名士之風流韻事，或許其任誕、或頌其清談。宗、李兩人不單從名士外表的行為去判定其人格；而且從整個時代環境，用諒解、包容的心情，去解釋其行為動機的論點，深深地吸引才疏學淺的筆者。於是日後的研究，全朝魏晉南北朝展開，尤其是以《世說新語》為研究重點，並以此書為文本範圍而作相關的專書專題的研究。

而對「生命」主題產生興趣，乃由於年歲漸長之後，面臨了生命中的生離死別，內祖父、外婆、外公、內祖母相繼辭世，而周遭親戚、同事也出其不意地傳來噩耗，生命中的重要親友故舊忽然凋零。這些親友故舊的死亡，不斷地提醒我「生命有限」的事實，讓我不斷反思怎樣的生命內容才是有意義的？怎樣的人生才是不虛枉一遭的。於是當年利用課餘之暇，還去南華大學修習了「悲傷輔導」、「死亡教育」、「科學生死學」等課程，也由此確立了以魏晉士人的生命觀、生死議題作為研究主軸。

回首碩士畢業已近十年，自己從學士變成博士，從講師升至副教授，這巨大的變化，首先得感謝就讀碩博士研究所時，老師們的殷勤鼓勵。其次，要感謝父母公婆，有了他們的愛護，讓我無後顧之憂，這些論文，都是他們的愛陪著我寫出來的。而學校的同事，對晚生的指導與提攜，也著實令人感動。最後，謝謝外子二十年來對家庭的付出，由於我長期的「缺席」，很多的家事都落到他身上，他常身兼母職，又一肩扛起教育小孩之責任，這些工作他都做得無怨無悔。外子對我教學與研究工作的長久體諒與支持，在此謹致上深深的謝意！

本文在碩士論文的基礎下，依教授方家之卓見將論文修改，章節已有所調整，內容也有所增減，而今碩論的正式出版，主要是想為自己在研究所的學業留下一個紀念。本書能順利出版，十分感謝花木蘭出版社的圓成，使自己得以封存當年研究的軌跡。筆者資質駑鈍，加上任職雲林虎尾，文獻獲得匪易，本書一定有許多資料不足或論述欠周之處，敬請　博雅君子不吝指正。

王妙純　謹誌於國立虎尾科技大學紅樓研究室

中華民國一○○年三月

第一章　緒　論

第一節　《世說新語》之卷帙、門類與相關問題略述

　　《世說新語》爲劉宋時臨川王劉義慶所撰，〔註1〕共收有 1133 條故事，除 5 條爲西漢末年事，1 條爲由晉入宋的謝靈運外，其它皆爲東漢至東晉年間之事。其中又以渡江後之事最詳。今日我們所能見的《世說新語》較早的版本爲宋代董弅所刻紹興本三卷三十六篇，其卷目如下：

上　卷	德行第一 文學第四	言語第二	政事第三
中　卷	方正第五 賞譽第八 捷悟第十一	雅量第六 品藻第九 夙慧第十二	識鑒第七 規箴第十 豪爽第十三
下　卷	容止第十四 傷逝第十七 術解第二十 任誕第二十三 輕詆第二十六 儉嗇第二十九 讒險第三十二 惑溺第三十五	自新第十五 棲逸第十八 巧藝第二十一 簡傲第二十四 假譎第二十七 汰侈第三十 尤悔第三十三 仇隙第三十六	企羡第十六 賢媛第十九 寵禮第二十二 排調第二十五 黜免第二十八 忿狷第三十一 紕漏第三十四

〔註 1〕　《世說新語》，初名《世說》，在梁、陳時稱《世說新語》，至唐代則《世說》、
　　　　《世說新書》與《世說新語》並行。至五代以後，世乃以《世說新語》爲定
　　　　名。有關「書名」、「卷帙」、「版本」等問題，可參見楊勇：〈《世說新語》「書
　　　　名」、「卷帙」、「版本」考〉（該文載於香港：《東方文化》八卷二期，1970 年
　　　　7 月）。本論文所引《世說新語》之內文，大體根據余嘉錫撰：《世說新語箋疏》
　　　　（臺北：仁愛書局，1984 年 10 月）爲主。而爲行文之方便，有時逕以「《世
　　　　說》」稱「《世說新語》」。

　　本書作者將諸事「以類相從」，而分屬於 36 篇。而其篇目名稱與時代風氣可謂息息相關。例如，若無清談之風，則不可能有識鑒、賞譽、品藻之內容。若沒有士風之衰頹，也不可能有任誕、簡傲、忿狷之內容。若無門閥士族，也不可能有汰侈、寵禮、規箴之內容。而棲逸、讒險、仇隙之命篇，則反映了政治環境之險惡。故 36 門類之設置，是由當代的政治、文化、學術……等現象所決定的。俗話云：「文學是社會生活的鏡子。」文學是社會、文化、經濟、哲學思潮……等現象的集中表徵。而《世說新語》以孔門四科做開頭，這體現了該書與儒家的某種內在的聯結關係。然而《世說新語》的編撰者沒有留下隻字片語說明排列順序的主觀意圖。於是乎學者不斷地試著去理解、詮釋編撰者的意圖，希望在這三十六門中，找出它們前後排列的邏輯理路。傅錫壬先生以為《世說》首冠四科，源本儒術：

> 余以為《世說新語》之首四篇，實為全書之中心思想，亦即所謂本體論者也。而其他三十二篇均循此主體而演繹之，或可目為批評論。
> 〔註2〕

傅先生並順此理路架構，以前四篇為「經」、為「本體論」；以後三十二篇為「緯」、為「批評論」，將兩者做內在連結而前後發明：

經 本體論・四科	緯 批評論・三十二門
德　行	方正、雅量、品藻、容止、自新、企羨、棲逸、賢媛、任誕、簡傲、儉嗇、汰侈、忿狷、讒險、尤悔、惑溺、仇隙
言　語	規箴、夙慧、排調、輕詆
政　事	識鑒、賞譽、寵禮、假譎、黜免
文　學	捷悟、豪爽、傷逝、術解、巧藝、紕漏

　　傅氏之說頗有新意，不失為一說。然其缺失是打亂了原編撰者的編排順序，且部分篇名之歸類似有待商榷。如〈品藻篇〉許多事例是不涉德行，反倒是涉及才性問題的。

　　其次，大陸學者張叔寧先生以為，《世說新語》門目之排列，是模仿九品中正制的做法，由上而下，呈九級（品）排列的，其分級如下：

　　一品：德行門。德為儒之首，立此以為全書的榜樣。

〔註2〕傅錫壬：〈《世說》四科對論語四科的因襲與嬗變（世說新語題旨探微之一）〉《淡江學報》第 12 期，1974 年 3 月。

二品：言語、政事、文學三門。承儒家立功、立言的傳統。

三品：方正、雅量二門。爲《世說新語》所表彰推崇的優良品性。

四品：識鑒、賞譽、品藻三門。爲《世說新語》重點表現的內容。

五品：捷悟、夙慧、豪爽三門。爲《世說新語》所欣賞肯定的品性。

六品：容止、自新、企羨、傷逝、棲逸、賢媛六門。主要爲《世說新語》所肯定的行爲。

七品：術解、巧藝二門。《世說新語》客觀記載的一些奇技，無褒無貶。

八品：寵禮、任誕、簡傲、排調、輕詆五門。所收爲《世說新語》不很贊成的行爲，貶多于褒。

九品：假譎、黜免、儉嗇、汰侈、忿狷、讒險、尤悔、紕漏、惑溺、仇隙十門。所收爲《世說新語》所貶斥的品性和行爲。〔註3〕

張氏以爲人物品題的社會風尙對《世說》的分門設目有一定的影響。《後漢書・黨錮列傳序》記載時人將名士分爲五級：上曰「三君」，次曰「八俊」，次曰「八顧」、次曰「八及」，次曰「八廚」。而魏文帝曹丕將這種人物的流品劃分運用到政治上，而將士人分爲九等，這也就是著名的「九品中正制」。〔註4〕張氏認爲《世說》門類的排列順序即是仿此「九品」而來，故隱含品第之順序，並寓含褒貶，此說亦是極富創見。筆者以爲張叔寧先生此種九品分法之優點是不打亂原編撰者之順序，而使36篇變成井然有序之整體。且其說明似也能曲盡編撰者之微言大義，但各篇之中似乎缺少關連緊密之說明，致使36篇無法成爲有機整體。

另外，饒宗頤先生也對此問題提出看法：

《世說》之書，首揭「四科」，原本儒術；中卷自〈方正〉至〈豪爽〉，瑾瑜在握，德音可懷；下卷之上類指偏激者流，下卷之下則陳險微細行，濁清有體，良莠臚分，譬諸草木，既區以別。（楊勇《世說新語校箋・序》）〔註5〕

〔註3〕 張叔寧：《世說新語整體研究》（江蘇：南京出版社，1994年9月），頁24～26。

〔註4〕 見馬端臨：《文獻通考・選舉考》云：「州、郡、縣俱置大小中正，各取本處人在諸府公卿及台省郎吏有德充才盛爲之，區別所管人物，定爲九品。」

〔註5〕 收於楊勇：《世說新語校箋》（臺北：明倫出版社，1971年2月再版）序，頁1。

所謂下卷之上十一門為「偏激者流」，〔註6〕只是就大體而言，實則除了〈容止〉、〈傷逝〉、〈任誕〉、〈簡傲〉等門類載有頗多特殊言行，其他如〈自新〉、〈企羨〉、〈棲逸〉、〈賢媛〉等門類，多是記載一些改過自新、仰慕風流，山林隱逸和賢媛淑女的故事，並帶有稱羨褒揚之意，無所謂「偏激」可言。而〈術解〉和〈巧藝〉二門，則是記載有關占卜、醫藥、音樂、繪畫、書法、棋弈等有關技藝方面的內容，反映了魏晉時代的藝術觀點和審美趣味，更與所謂「偏激」毫無關係。下卷之下十二門謂之「險微細行」則頗為切當。多是帶有一些貶斥意味。〔註7〕

綜合以上諸人看法，大體均認為該書以德行做開頭，實與儒家之思想有其密切的連結，甚至是一種褒揚儒家的作法。但這也有可能是孔門四科是中國最早的人才分法，孔子以德行為首，文學為末，也影響了編者的排列傾向。而劉義慶沿用了此種傳統之人才分法，再加上時代的特徵而有所新增。而三十六門大體是前褒後貶，漸次遞降的排列關係。

然而考察該書，並不單只是標榜儒家思想之內容，其它道家、佛家思想亦所在多有。而在尊儒之中，亦有貶儒之篇章；書中既有尊儒、崇道、佞佛的思想，亦有貶儒、反道、詆佛之內容。而這種龐雜思想，體現著魏晉時代之特徵。余英時先生即言：「魏晉南北朝之士大夫，尤多儒道兼綜者，其人則大抵為遵群體之綱紀而無妨于自我之逍遙，或重個體之自由而不危及人倫之秩序也。」〔註8〕名士的「儒道兼綜」，形成此書思想龐雜之原因。以該書第一門類〈德行篇〉而言，雖有對傳統儒家道德思想的贊頌，例如王祥事後母至孝（第十四條）、羅企生寧死不事二主的忠心（第四十三條）、范宣安貧而不接受他人饋贈的廉潔（第三十八條）、庾亮不賣「的盧」凶馬的仁德（第三十一條）……等等。然也有相當數量的文字，是在當時特定時空下之產物。如阮籍口不臧否人物（第十五條）、嵇康喜怒不寄於顏（第十六條），也收入此篇，這反映了士人在險惡政治中不得不謹言慎行以求避禍全身。而此種政

〔註6〕 所謂「下卷之上與下」，乃指六卷本而言。宋、明、清以來，《世說新語》有三卷、六卷、八卷等不同之版本，但36門類均是相同的。而六卷即是將三卷每卷復分上、下為六卷。而從〈容止〉至〈簡傲〉凡十一門為下卷之上；自〈排調〉至〈仇隙〉凡十二門為下卷之下。可參考王能憲：《世說新語研究》（南京：江蘇古籍出版社，1992年6月），頁1～81。

〔註7〕 同前註，頁43～44。

〔註8〕 余英時：《中國知識階層史論》古代篇（臺北：聯經出版事業公司，1980年8月初版），頁326。

治態度，非儒家所持，而爲魏晉名士所特有。王戎在母喪期間「不拘禮制，飲酒吃肉，或觀棋弈。」（第十七條劉孝標注引《晉陽秋》）然劉毅卻由王戎「哀毀骨立」的外形推知其內在之孝心（第十七條）。這反映了時人對名教流於形式的反思與抗議。而王獻之在臨終之時，不顧皇家駙馬爺的身分，公然地追憶前妻（第三十九條），這可視爲魏晉時期個體追求情感解放的新訴求。以上諸例，均與儒家思想不盡相同，甚至是背道而馳，然而俱入〈德行篇〉，這說明了《世說新語》之內容有著鮮明的時代烙印，也顯示編撰者觀念之變化。而其它諸篇亦是有著相同之情況。

　　《世說新語》一書編撰目的何在呢？蕭艾先生以爲：

> 《世說》是諸家爲名士立傳，尤其是要爲清談這一歷史特徵留下眞實的寫照，他（指劉義慶）在書中雖未明白聲稱這是他的著書目的，可是全書所展示的中心內容，足夠充份說明他的意圖是什麼，後世讀書亦無不承認《世說》爲記錄清談之作，而歷史上也沒有出現第二部以清談爲對象的專書。〔註9〕

《世說》是一部「志人」小說，且基本上是爲「名士」立傳，故云是「風流名士的人物畫卷」，〔註10〕也是「中國的風流寶鑑」。〔註11〕而當時名士最頻繁的活動便是清談與人物品題，故饒宗頤云《世說》是「人倫之淵鑒，言談之林藪。」〔註12〕魯迅亦言《世說》「這部書，差不多就可以看做一部名士（玄談）的教科書」；〔註13〕該書門類之設置「差不多都是以人物品題和鑒賞爲視點而區分的」〔註14〕。陳寅恪先生也說：「《世說新語》紀錄魏晉清談之書也。」〔註15〕故劉義慶似有意將一時代之現象做一個總結。置身其中的士人「不識盧山眞面目，只緣身在此山中」，他們看不出這個現象的衰頹與即將消逝；劉宋以後之士人，又來不及參與昔日清談盛事，也無從描繪此種現象。故太早或太晚都不適合，

〔註9〕蕭艾：《世說探幽》（長沙：湖南出版社，1992年11月），頁128～129。
〔註10〕王能憲有此稱。見王氏：《世說新語研究》（南京：江蘇古籍出版社，1992年6月），頁116。
〔註11〕馮友蘭有此稱。見馮氏：《三松堂學術文集・論風流》（北京：北京大學出版社，1984年12月），頁610。
〔註12〕同註5。
〔註13〕魯迅：《魯迅小說史論文集・六朝時之志怪與志人》（臺北：里仁書局，89年10月增訂一版），頁515。
〔註14〕王能憲，見前揭文，頁41。
〔註15〕陳寅恪：《陳寅恪先生文集》（臺北：里仁書局，1981年3月），頁1025。

而劉義慶在自覺與不自覺間，爲我們留下了一代名士的風流身影。

第二節　本題時代之斷限與題名釋名

　　本題之時代斷限，乃以東漢至東晉之士人爲研究範圍，何以如此斷限呢？雖然「《世說》記載的主體實爲魏晉名士。」〔註16〕然而「魏晉人一切風氣，無不自後漢開之。」〔註17〕余英時先生在〈魏晉之際士之新自覺與新思潮〉一文中即將「君臣觀念薄弱」、「好名之風」、「好異尚奇」、「任誕之風」、「山水怡情」、「希企隱逸」等思想與風尚，全部歸之於東漢時代士人之「個體自覺」所導致：

　　（漢陰老父）質問張溫的幾句話，更開了魏晉以下君主觀的先聲。
〔註18〕

　　東漢士大夫好名之風爲選舉制度所直接促成……名成爲獨立之價值。〔註19〕

　　好異之風尚，必當推至東漢士大夫之個體自覺，魏晉以下不過承其流而加以推波助瀾耳！〔註20〕

　　叔鸞（戴良）之不拘禮法及跌蕩放言，若干方面均開漢晉士大夫任誕之先聲。〔註21〕

　　〈樂志論〉〔註22〕又極言山水林木之自然美，此亦關係士之內心自

〔註16〕《玄妙之境──魏晉玄學美學思潮》（吉林：東北師範大學出版社，1997 年 5月），頁 118。
〔註17〕余嘉錫所云。見余氏：《世說新語箋疏》（臺北：仁愛書局，1984 年 10 月），頁 21。
〔註18〕同註 8，頁 332。
〔註19〕同註 8，頁 334。
〔註20〕同註 8，頁 233。
〔註21〕同註 8，頁 249。
〔註22〕〈樂志論〉爲東漢仲長統所寫。《後漢書》卷七十九〈仲長統傳〉曰：「統……每州郡命召，輒稱疾不就。常以爲凡遊帝王者，欲以立身揚名耳！而名不常存，人生易滅，優遊偃仰，可以自娛。欲卜居清曠，以樂其志。論之曰：使居有良田廣宅，背山臨流，溝池環市，竹木周布，場圃築前，果園樹後。舟車足以代步涉之難，使令足以息四體之役；養親有兼珍之膳，妻孥無苦身之勞。良朋萃止，則陳酒肴以娛之；嘉時吉日，則烹羔豚以奉之。蹰躇畦苑，遊戲平林，濯清水，追涼風，釣遊鯉，弋高鴻，諷於舞雩之下，詠歸高堂之上。安神閨房，思老氏之玄虛，呼吸精和，求至人之彷彿。與達者數子，論

覺而開魏晉以下士大夫怡情山水之胸懷也。〔註23〕

漢末之際避世思想確反映個人之內心覺醒，而魏晉以下士大夫之希
企隱逸，大體上亦當作如是之了解。〔註24〕

余氏徵引許多史傳以證成其看法，他認為魏晉一切風尚均由東漢個體自覺而
來。他的說法幾成學術上之定論，給後人諸多啟示與發明。而魯迅以為魏晉
之清談是東漢清議的變調發展：

漢末政治黑暗，一般名士議論政事，其初在社會上很有勢力，後來
遭執政者之嫉視，漸漸被害，如孔融、禰衡等都被曹操設法害死，
所以到了晉代底名士，就不敢再議論政事，而一變專談玄理；清議
而不談政事，這就是所謂的清談了。〔註25〕

故魏晉清談之風應溯源於東漢末年的清議。而錢鍾書於《管錐篇》一書中亦
言道東漢仲長統之〈樂志論〉實開啟後代田園隱逸、山水審美之風：

參之仲長統卜居山涯水畔，頗徵山水方滋，當在漢季。……統以「背
山臨流」，換「不受時責」。又可窺山水之好，初不盡出於逸興野趣，
遠致閑情，而為不得已之慰藉。達官失意，窮士失職，乃倡幽尋勝
賞，聊用亂思遺老，遂開風氣耳。後世畫師言：「山水有可行者，有
可望者，有可游者，有可居者。」（《佩文齋書畫譜》卷十三郭熙《山
水訓》）統之此文。局於可居，尚是田園安隱之意多，景物流連之韻
少。〔註26〕

錢氏以為山水審美的發生，起於政治上的危殆環境與騷人墨客之失意而來。
士人唯有「安隱田園」，方能換得「不受時責」。而魏晉時代由「田園歸隱」，
因而蔚成山水、田園、玄言、遊仙等詩體大放異采，實與士大夫生活方式之
改變有莫大的關係。魏晉人無論是真隱、心隱、朝隱、市隱等等，幾乎個個

道講書，俯仰二儀，錯綜人物，彈南風之雅操，發清商之妙曲。消搖一世之
上，睥睨天地之間，不受當時之責，永保性命之期。如是則可以凌霄漢，出
宇宙之外矣！豈羨夫入帝王之門哉！」

〔註23〕同註8，頁262。

〔註24〕同註8，頁255。

〔註25〕魯迅：《魯迅小說史論文集·六朝時之志怪與志人》（臺北：里仁書局，89年
10月增訂一版），頁514。

〔註26〕錢鍾書：《管錐編》第三冊（北京：中華書局，1979年10月初版），頁1036。

以「隱」為貴。由以上諸說，可以充份地證明，魏晉之一切風氣當起於東漢末年。

陳寅恪在〈陶淵明之思想與清談之關係〉一文中指出《世說》之「名士上起漢代……下迄東晉末劉宋初之謝靈運。」〔註 27〕雖然陳氏未能詳言起於漢代何時、何人，然而他卻極為明確地指出其書之下限止於謝靈運：

> 《世說新語》紀錄魏晉清談之書也。其書上及漢代者，不過追溯原起，以期完備之意。惟其下迄東晉之末劉宋之初迄於謝靈運，固由其書作者只能述至其所生時代之大名士而止，然在吾國中古思想史，則殊有重大意義，蓋起自漢末之清談適至此時代而消滅，是臨川康王不自知覺中卻於此建立一畫分時代之界石及編完一部清談之全集也。〔註 28〕

余英時先生卻是蓄意著眼於《世說》之上限，他以為：

> 李元禮實為樹立魏晉以下士大夫風範至有關係之人物。《世說新語》為記載魏晉士大夫生活方式之專書，而此一新生活方式實肇端於黨錮之禍之前後，亦即士大夫自覺逐漸具體化、明朗化之時代。……然則《世說》所收士大夫之言行始於陳仲舉、李元禮諸人者，殆以其為源流之所自出，故其書對時代之上限在吾國中古社會史與思想史上之意義尤大於其下限。〔註 29〕

由此可知，陳寅恪先生注重清談思想之流變，故以為劉義慶在不自覺中記錄了當時清談實況，「建立一畫分時代之界石」，此說誠不易之論。而余英時則從士大夫新生活方式著眼，具體指出陳蕃、李膺是士人新生活的啟蒙者。余氏以為劉義慶以漢末名士開篇，實標誌了士大夫內心個體與群體的新自覺運動。陳氏以為《世說新語》是「魏晉清談之書」，故而重視其下限；而余氏則以為該書是「記載魏晉士大夫生活方式之專書」，故而重視時代之上限。兩人之論點可互做補足，《世說新語》以漢末人物之清議開篇，顯然是有意記載整個清談的全部過程。而該書所收之人物止于謝靈運，也預示著士人一種生活形態的結束，故無論上限、下限都有同等重要之意義。而此書既是清談之專

〔註 27〕陳寅恪：《陳寅恪先生文集》（臺北：里仁書局，1981 年 3 月），頁 1025。

〔註 28〕同前註。

〔註 29〕同註 8，頁 227～228。

書，同時亦是士人新生活之記錄。

　　本題用「人生觀」而不用「生命觀」，乃因人人均有生命，但「生命」並不就是等同於「人生」。因為有生命的生物種類繁多，不僅人有生命，一切生物體也都有生命，然而，西哲云：「人是唯一會思索生死的動物」。唯有人，能對生死沈思，並賦予意義。故本文論不以「生命觀」命題。另外，亦不以「生活觀」命題，乃因人人都在生活，可是「人生」也不完全等於「生活」。如果只是受著一種本能的驅策或外界的幫助在活著，如低智能者或是植物人，他們雖然都在生活，但他們不知道如何生活，甚至無生活的基本能力，當然更遑論「人生」了。故用「生活觀」命題，有模糊對象與主題未顯之憾。

　　而本文以「人生觀」命題，實因「人生」一詞包括三個層面：

> 一是人對自我生命與生活的不斷反思和自覺，是人對自己一生的理
> 性與感性的把握；二是由此衍生出的人的理想和追求、人的生活觀、
> 價值觀、審美觀、道德觀等等；三是由這些觀念導引出的各種人生
> 現實的活動，即人生操作的整體。〔註30〕

人可以有理性、感性的人生追求；而人生觀也泛指生活觀、價值觀、審美觀、道德觀等等。舉凡宇宙一切均會讓人們深思，人們從中加以詮釋並與之對話，即可謂「人生觀」；而人們由人生觀引發行為，而其行為讓當事者再對自己人生觀進行反思。倘若不合適，可以馬上修正舊的人生觀並再發展下一秒新的人生觀，故人生觀與行為，兩者是互為因果關係的。故在閱讀一個人的人生觀時，也必須與當事人之行為做一對照，方可了解其人生觀遞移之跡。並將當事人放入其所處的時空座標下，了解他在與他人、社會、國家之互動情況，從而正確地解讀其人生觀產生之因。如此之觀照，方是宏觀周衍之考察。

　　廣義而言，每個人都有自己的人生觀。上自王公貴族，下至販夫走卒，都有一套自己對人生的詮釋。而隨著每個人的身分、學歷、環境……等等的不同，也發展出千奇百態的人生觀。若以個人態度言之，有消極與積極的人生觀；若以宗教言之，有有神與無神的人生觀。若以中國學術言之，則有儒家、道家、墨家之人生觀。而人生觀有境界高低、品味上下之別；亦有健康與不健康的人生觀；而有的人他的人生觀只是著眼於自身之利，但卻傷及與整體社會之利益。以上都是我們在分析一個人的人生觀時，尤須辨明與批判之處。

〔註30〕鄭曉江：《生死智慧》（臺北：漢欣文化事業有限公司，1997 年 10 月），頁 11。

人只有時時對自己生命存在的價值、生活的意義不斷地進行反思觀照，並從中不斷地檢視、修正自我的理想和信念、價值準則，以及生活的態度，方能產生正確的人生觀與行為，如果人不能時常反省自己的生命和生活，放棄自我的理性與修正的能力，只靠本能活在世上，那又與其他的生物有何區別呢？所以，凡是人「就必須把自己的生命存在提升為人生的存在，把生活的過程置於人生觀的高度進行審視，不斷地反省和探求，從而時時糾正生活『航船』的『方向』與『速度』。」〔註31〕

第三節　本題研究之步驟與論述之程序

文學亦是社會文化的視窗，透過文學，我們可以看到過去的文化現象。而文學中的人物，其食衣住行、風俗習慣、妝飾打扮乃至其思維模式、行事步驟等，均是在特定時空、社會制約下，而產生與之相應的言行模式。而《世說》乃是「記載魏晉士大夫生活方式之專書」，而經由此書中人物之言、行，我們亦可窺見士人的人生觀以及當時的文化現象，此乃本題可成立之因。

本題研究之步驟如下：筆者以余嘉錫先生《世說新語箋疏》、楊勇與徐震堮《世說新語校箋》三書為原始基本資料，先將《世說》中36篇1133條故實逐條詳加研讀多次，並於閱讀時，不斷對書中士人之思想、行為以表格化歸納分類，而視分類中資料多寡，決定日後論文初步之章節。接著又輔以史書，如《後漢書》、《三國志》、《晉書》、《南史》等，期能更掌握士人在歷史上真實的生活原貌。並將士人相關詩文著作，加以蒐集研讀，以便掌握士人內心之思想。本論文為「士人人生觀之研究」，而影響士人人生觀的內外緣因素，就不可不做瞭解，於是對東漢至東晉之政治、社會、文學、哲學、經濟等方面的相關書籍，廣加蒐集、閱讀，期能更周衍詮釋士人人生觀生成之因與其行事步驟之內在邏輯。而時賢之重要論著，亦儘量訪覓，期無所遺漏。於是將古今論著加以研讀、整理、分析、歸納、綜合、比較，再搦筆為文。

本題論述之程序分六。首就《世說新語》之卷帙、門類與相關問題作一略述。接著闡述本題時代之斷限與命名之由。再將本題研究之步驟與論述之程序，做一敘述。

〔註31〕同前註，頁11～12。

　　二就東漢至東晉士人自我意識覺醒做說明。分為四節：一曰「生命主題的勃發」。二曰「自我意識的發展與重新覺醒」。三曰「魏晉自我意識的行為表現」。四曰「人格的分裂」。透過本章之探討，期能說明東漢至東晉人之出處觀、審美觀與對感情之處理，均與自我意識之高漲息息相關，以便作為後文論述的基礎點。

　　三就東漢至東晉士人之出處觀做探討。亦分為四節：一曰「三立人生觀之式微」。二曰「不嬰事務與士無特操」。三曰「山水審美與企慕隱逸」。四曰「棲逸之通例與特例」。透過本章之探討，期能掌握士人之政治態度與當代隱士行為之特色。

　　四就東漢至東晉士人深情的取向做一研究。分三節論述：一曰「一往情深」。二曰「稱情直往」。三曰「宇宙悲情」。透過本章之探討，期能掌握士人對情感之態度與其特色，並期能了解士人在情感與禮法衝突下之優位抉擇。

　　五就東漢至東晉士人審美觀作探討。分為三節：一曰「以形為美」。二曰「以神為美」。三曰「以才為美」。透過本章之探討，期能了解士人之審美觀及其審美觀形成之因，並能掌握當時士人對美學之成就與貢獻。

　　六就本題研究所得之結果做一論述，並將東漢至東晉士人人生觀之特色分歸納為五點：一曰「唯我主義」。二曰「無君思想」。三曰「越名教而任自然」。四曰「縱情以養生」。五曰「重美而輕德」。最後將東漢至東晉士人人生觀作一檢討與並評價其在歷史上之功過。

第二章　自我意識的覺醒與張揚

　　中國人對生命的探索由來已久，但是生命意識的真正覺醒，則在漢末和魏晉時期。宗白華先生曾斷言漢魏六朝是「濃於生命色彩的一個時代」。〔註1〕李澤厚先生亦指出，從東漢至魏晉，出現一種新的世界觀、人生觀、美學觀，那就是——「人的覺醒」。〔註2〕而「人的覺醒」時代。在本質上說，就是人的「生命意識」的覺醒。這種覺醒，最突出表現，就是意識到自我本體的存在，亦即「自我意識」的覺醒。而伴隨這種內在之覺醒，士人出現了「我寧作我」、「但求其真」、「好異尚奇」、「以慢為高」的外顯行為。而這種覺醒可以說是當代之所以異於前、後朝代最鮮明的時代印記。但也由於自我意識的極度張揚，士人人格產生了分裂現象。他們逡巡於自然與名教、理想與現實之間，精神極端痛苦。

第一節　生命主題的勃發

　　整個東漢至東晉時代，充斥著「生命無常」的嗟嘆。大陸學者王瑤先生指出：「我們念魏晉人的詩，感到最普遍，最深刻，能激動人底同情的，便是那詩中充滿了時光飄忽人生短促的思想與情感。」〔註3〕王立先生也說生死主

〔註1〕宗白華：《美學的散步》（臺北：洪範書局，1984年2月3版），頁60。
〔註2〕李澤厚：《美的歷程》（臺北：元山書局，1985年），頁87。而有關「人的覺醒」另可參考：一、余英時：《中國知識階層史論‧漢晉之際士之新自覺與新思潮》（臺北：聯經出版事業公司，1980年8月）專論「士之個體自覺」。二、劉大杰：《魏晉思想論‧魏晉時代的人生觀》，收於《魏晉思想》（臺北：里仁書局，1984年1月）專論「人性覺醒及其原因」。
〔註3〕王瑤：《中古文學史論》（臺北：長安出版社，1986年6月），頁6。

題，在魏晉南北朝之際，成為人們思考與詠嘆的中心。對生命個體的重視與
對死的關注是呈正比的。〔註4〕而此種由時間消逝引發對生命短暫之傷感，正
確來說，是從東漢詩人率先發露的。《古詩十九首》揭開了這憂生情結的序幕：

> 人生天地間，忽如遠行客。（《古詩十九首》之三）
>
> 人生寄一世，奄忽若飆塵。（同上之四）
>
> 人生非金石，豈能長壽考。（同上之十一）
>
> 人生忽如寄，壽無金石固。（同上之十三）
>
> 人生不滿百，常懷千歲憂。（同上之十四）

「人生」一詞出現頻率如此高，頗令人驚嘆。而這些「人生」的意思大同小異，
均指向「生命短暫」的意涵；《古詩十九首》反映出詩人們感慨的一致性。日人
吉川幸次郎在〈推移的悲哀〉一文中，即指出《十九首》的悲哀，「都是由於意
識到時間的推移而產生的悲哀。」〔註5〕時間的推移，也提醒著詩人──生命
正在一點一滴的逝去。學者卞敏先生曰：「《十九首》所抒發的怨憤、悲愁、苦
悶、不平、離別、相思、情誼、懷鄉、游學、行役、命運、茫然、勸慰、勉勵、
懷疑、探索、感嘆、志趣等種種感情，無不圍繞生命短促、人生坎坷這一主
題。」〔註6〕《古詩十九首》有著對死亡的哀嘆，更有著對生存的熱烈願望。
詩人的感傷正標誌著對「生」的深度自覺。而其對人生的探索，可以說是極其
深沈的。李澤厚先生極有洞見地指出：「《古詩十九首》表面看來似乎是如此頹
廢、悲觀、消極的感嘆中，深藏著的恰恰是它的反面，是對人生、生命、命運、
生活的強烈慾求和醒思。」〔註7〕劉勰《文心雕龍》譽之為「五言之冠冕」；鍾
嶸《詩品》稱之為「文溫以麗，意悲而遠，驚心動魄，可謂幾乎一字千金。」
其所以可貴，乃是它喚起了人類情感深處對生之眷戀與死之恐懼。而死可以說
是人類最深層的恐懼，然也正因為人人必死，於是使得生變得極為可貴與有意
義。而建安文人亦屢有對人生短暫的悲涼感觸：

> 對酒當歌，人生幾何，譬如朝露，去日苦多。（曹操〈短歌行〉）

〔註4〕 王立：《中國古代文學十大主題──原型與流變》（臺北：文史哲出版社，1994
年7月），頁300。

〔註5〕 原文發表於《中國文學報》第十四冊，鄭清茂先生有中譯文，發表於《中外
文學》第六卷四、五兩期，1980年9、10月。

〔註6〕 卞敏：《六朝人生哲學》（江蘇：南京出版社，1992年11月），頁4。

〔註7〕 李澤厚：《華夏美學》（臺北：時報文化出版企業有限公司，1989年4月），頁
89。

　　人居天壤間，忽如飛鳥棲枯枝。（曹丕〈大牆上蒿行〉）

　　人生處一世，去若朝露稀。（曹植〈贈白馬王彪〉）

　　人生一世間，忽若暮春華。（徐幹〈大牆上蒿行〉）

　　良時忽一過，身體爲土灰。（阮瑀〈七哀詩〉）

這些詩所表達的，不是各別的、私人的情與事，而是人類共通的人情與人性。詩人不斷提醒自己與讀者，生命短暫而終歸隕逝的事實。這種憂生情結從漢末一直迴盪到魏晉，而餘音裊裊，不絕於耳。阮籍〈詠懷詩〉幾乎首首都是內心恐懼死亡的反映：

　　朝陽不再盛，白日忽西幽。去此若俯仰，如何似九秋。

　　人生若塵露，天道邈悠悠。齊景升丘山，涕泗紛交流。（〈詠懷詩〉其三十二）

在中國文化中，「白日」、「朝陽」、「塵露」等語詞，有其特定之內涵，它們均是用來表示「人生短暫」、「生命易逝」的意象。阮籍將三者綜合在一首詩中，更凸顯著人生如夢的感嘆！於是詩人不禁有隱逸於自然的願望：「願登太華山，上與松子游。漁人知世患，乘流泛輕舟。」（〈詠懷詩〉其三十二）又企羨神仙之生活：「焉見王子喬，乘雲翔鄧林，獨有延年術，可以慰我心。」（〈詠懷詩〉其十）希冀隱逸、神仙生活之切，也適足反應了對現實生活的失望，神仙的長壽更是提醒了現世生命的短促。

　　而何以這種對生命的嘆喟的詩文在東漢至東晉間，大量的浮出，此不能不歸之於「生命的覺醒」。而促成這股思潮的產生，又有以下幾個因素：

一、政治方面

　　眾所週知，從漢末黃巾起義以來，直至隋朝統一中國，這近三個世紀，整個中國幾乎處於分崩離析的狀態中。中間雖有短暫的「太康」之治，但相繼而起的八王之亂，又使政局復歸於混亂、動盪。皇室朝廷內部爭權奪利，充滿著虛偽、仇恨、凶殺，而參與政治之士人，動輒得咎，一不小心就被捲進政治漩渦，而成無謂之犧牲品。這兩百多年間，受害的士人，爲數甚眾。著名的有如何晏、王廣、李豐、夏侯玄、嵇康、張華、潘岳、裴頠、陸機、樂廣、王澄、周顗、郭璞、桓彝、殷仲堪……等，一長串的死亡名單，令人望之心驚肉跳。《世說新語‧尤悔篇》第七條載西晉開國君主黨同「殺」異之情形：

> 王導、溫嶠俱見明帝，帝問溫前世所以得天下之由。溫未答。頃，
> 王曰：「溫嶠年少未諳，臣爲陛下陳之。」王迺具敘宣王創業之始，
> 誅夷名族，寵樹同己。及文王之末，高貴鄉公事。明帝聞之，覆面
> 箸床曰：「若如公言，祚安得長！」

從明帝之自慚的反應中，可以想見西晉士族受害之烈。因八王之亂而遭殺戮的陸機在〈大暮賦〉序也說：「余年方四十，而懿親戚屬亡多存寡……索然已盡。」遭政治迫害而喪命的士族，可謂多得不可勝數。《晉書》卷四十九阮籍傳〈所云：「魏晉之際，名士少有全者。」大抵如此。士人處於生命沒有保障的危機中，因而憂生之嗟比任何一個時代更普遍。另外，魏晉以來，篡亂頻仍，士人對儒家「臨危一死報君王」的觀念，產生空前未有的動搖，何去何從、仕與不仕，均艱難備至，士人面臨如此惡劣之政治環境，不得不去思索如何安頓自己之身心。

二、社會方面

漢末至兩晉的天災非常頻仍。〔註8〕建安二十二年（西元 217 年），魏國大疫，造成「徐、陳、應、劉，一時俱逝」（曹丕〈與吳質書〉），無數精英零落於此天災中。而一連串的內亂，更是造成死亡枕籍，人口銳減。建安七子之作品如實地反映了這民不聊生的社會現象。王粲〈七哀詩〉云：「出門無所見，白骨蔽平原。路有饑婦人，抱子棄草間，顧聞號泣聲，揮淚獨不還，未知身死處，何能兩相完？」陳琳〈飲馬長城窟行〉云：「生男慎莫舉，生女哺用脯，君獨不見長城下，死人骸骨相撐拄。」此種人間煉獄，焉能不觸動著士人敏感的心弦？士人與死亡常做正面的照應，死亡人數的繁多與次數的頻仍，促使著士人對生命本質有更一層深化的思考。社會秩序的紊亂帶來不自然的死亡，於是生死問題在人們心中的分量更爲加重。如何面對生與死，成爲東漢至東晉文人最爲迫切的課題。「生命主題」成爲中古文學的主旋律，其原因也肇於此。賀昌群先生即說：

> 大抵大一統之世，承平之日多，民康物阜，文化思想趨於平穩篤實，
> 衰亂之代，榮辱無常，死生如幻，故思之深痛而慮之切迫，於是對

─────────────────

〔註 8〕 可參考吳炳輝：《六朝哀挽詩歌研究》（臺北：國立政治大學中國文學研究所
　　　　碩士論文，1991 年 6 月），頁 42～46。該書將漢末至兩晉之災疫（水災、旱
　　　　災、火災、蝗災等）列表說明。從西元 170 年至 410 年間，大型天災共有四
　　　　十二起之多。

　　宇宙之終始，人生之究竟，死生的意義，人我之關係，心物之離合，哀樂之情感，皆成當前之問題，而思有以解決之，以爲安身立命之道。〔註9〕

衰亂之時代，人們對自身空間的審視會更爲敏銳。賀氏所云，甚能說明時代對文人心靈之衝擊。

三、經濟方面

　　東漢仲長統〈樂志論〉一文中，形容他所欲卜居的地方是：「居有良田廣宅，背山臨流，溝池環匝，竹木周布，場圃築前，果園樹後。」（該文見於《後漢書·仲長統傳》）這裡所描述的，就是一個典型的莊園。此種自給自足的莊園經濟獨立之模式，是東漢以來士人的最愛。而這時期的士族也憑藉著政治上的優勢，建構了他們理想中的莊園。《世說》中，記載著竹林名士中的山濤、王戎、向秀、嵇康等人，均有各自的莊園。而石崇有金谷園。孫綽在〈遂初賦〉中，也記載著他在東山建了一個五畝地的小莊園。著名的和尚康僧淵也在離豫章郡城不遠處築莊園。另外，西晉潘岳的〈閑居賦〉和南朝謝靈運的〈山居賦〉，則爲我們一一再現當時完備莊園的畫面。甚至貧窮到「簞瓢屢空」的陶潛，也是一個擁有田園和僮僕的莊園主人。而莊園經濟的獨立，是士族人格獨立的基礎。王曉毅先生即說：

　　（西漢）官僚階層在經濟上依靠國家俸祿和來源於國家權力的其他超經濟剝削（貪污受賄等），在政治上與上下級形成人身依附和被依附關係，最終隸屬於皇權。他們沒有獨立的經濟政治地位，是國家機器上一些沒有個性的大小零件和螺絲釘，因而也就不可能有獨立的人格和平等的心理意識。……漢晉之際，在傳統的封建經濟形態中，迅速發展著一種新的生產組織形式——莊園。……這種獨立性很強的莊園，是士族人格獨立的基礎。〔註10〕

經濟物質的獨立，間接地也催化了士人人格精神的獨立。另外，士族不必耕作勞動，自然衣食無缺。優渥的環境，一方面促成他們更眷戀今生。一方面也使得他們有更餘裕的時間來思考諸多事情，他們慢慢地將對外在的

〔註 9〕賀昌群：《魏晉清談思想初論》，現收於《魏晉思想》（臺北：里仁書局，1984年1月），頁1～2。

〔註10〕王曉毅：《放達不羈的士族》（臺北：文津出版社，1990年7月臺灣初版），頁8～9。

注意，轉移到內心世界的探索，於是他們更強烈地意識到生命的短促、繁華的易逝。

四、學術方面

漢末儒學的衰墮，早已不能維繫人心，而道家宇宙學說的建立，〔註11〕打破了漢代天人感應學說，於是人由讖緯宿命、鬼神迷信中走了出來。人們不再相信善惡報應的天道觀。另外，曹操先後四次的求才令，〔註12〕也徹底摧毀了中國用人以「德」的傳統觀念。數百年來，人們所依傍的儒家思想，至今面臨著最嚴重的考驗。在此種新舊思想青黃不接時，士人精神固然極端的苦悶，但卻也使得人們「能夠卸除數百年來加諸人性和思想的枷鎖，重新思索人生的方向。」〔註13〕他們大膽的去追求自己想要的東西：「何不策高足，先據要路津」〔註14〕、「不如飲美酒，被服紈與素」〔註15〕，表面看來，他們是如此貪婪的追求享受，實則表現了對生的眷戀與對死無名的恐懼。《列子‧楊朱篇》那種肆志縱慾的人生觀，或許也如實地傳達了當時大部分人的想法：

> 萬物所異者生也，所同者死也。生則有賢愚貴賤，是所異也。死則有臭腐消滅，是所同也。……十年亦死，百年亦死，仁聖亦死，凶愚亦死。生則堯舜，死則腐骨；生則桀紂，死則腐骨；腐骨一矣，孰知其異！且趣當生，奚遑死後？

既然賢愚貴賤最終均成腐骨，那麼為何不把握這短促的人生，好好地享樂一番呢？動亂毀了儒家的一統天下，儒、道、佛幾種思考得以並存，玄學得到充分的發展，正是這種特殊的時代氣氛，引發了人們對生命的深刻思考，進而促成了人的覺醒。

然而一種思潮的產生，因素頗為複雜，非三言兩語所能涵蓋。然時代背景必然有其某種程度的影響。魏晉雖是一個混亂的時局，然在精神上，卻是

〔註11〕 道家的天是較接近「自然的天」，與「宗教的天」、「命運的天」、「道德的天」不同，道家是持自然主義的宇宙觀。見馮友蘭：《中國哲學史》（臺北：藍燈書局，1989年），頁355。

〔註12〕 曹操於建安八年、十五年、十九年、二十二年先後頒布四次的求才令。見《三國志》卷一〈武帝紀〉。

〔註13〕 李清筠：《魏晉名士人格研究》（臺北：文津出版社，2000年10月），頁195。

〔註14〕 《古詩十九首》「今日良宴會」一詩。

〔註15〕 《古詩十九首》「驅車上東門」一詩。

空前的解放。這個時代的人們提出了哲學上、文化上諸多問題，供後人省思，
其深度與廣度都值後人注意。魏晉詩人或服食養生、或縱酒享樂，其行為之
背後，強烈透露著他們對生命的珍惜與眷戀。

第二節　自我意識之發展與重新覺醒

　　而生命意識的覺醒，最突出表現，就是意識到「自我本體」的存在，此
即「自我意識」的覺醒。何謂「自我意識」呢？黑格爾（Hegel）在《精神現
象學》一書中即說：

> 「自我意識」是精神的本質、生命和靈魂。「自我意識」的基本意義
> 是自己對自身的意識，是意識的自由自主性。〔註16〕

而孫聖濤、盧家楣先生則認為：

> 概括地說，自我意識是對自我及其與周圍關係的意識，它包括個體
> 對自身的意識和對自身與周圍世界關係的意識兩大部分。〔註17〕

任繼愈先生說：

> 自我意識是一個主體範疇，主體如果不以某個客體為依據，是無法
> 成立的，所以自我意識不能停留於自身，而必然地趨向客體。〔註18〕

綜合以上之說法，「自我意識」必須包含以下三點：一、「自我意識」是對自

〔註16〕黑格爾在《精神現象學》指出「自我意識」是精神的本質、生命和靈魂。自
　　　　我意識的基本意義是自己對自身的意識，是意識的自由自主性。在《精神現
　　　　象學》中，它又有兩種涵義：一是廣義的自我意識，一是狹義的自我意識，
　　　　前者是普遍的自我意識，後者是個體的自我意識。這兩種涵義本質是統一的，
　　　　自我意識首先是精神對其自身的意識，是精神的自主和自由，而這恰恰就是
　　　　精神的本質。精神之所以是精神，就在於它是自我意識。……精神的自我意
　　　　識是普遍的自我意識，但它的現實出發點卻是個體的自我意識，是作為抽象
　　　　的人——主人或奴隸出現於歷史舞台的，而後隨著精神的發展，自我意識才
　　　　從個體意識走向群體意識，最後達到絕對的自我意識，絕對的自我意識是個
　　　　體意識與群體意識、抽象意識與普遍意識的統一。見高全喜：《自我意識論》
　　　　（臺北：博遠出版有限公司，1993年9月），頁43～44。
〔註17〕見孫聖濤、盧家楣：〈自我意識及其研究概述〉《心理學探新》第20卷第1期
　　　　（總第73期），2000年，頁17。
〔註18〕任繼愈：《中國哲學發展史》第二冊兩漢魏晉南北朝部分（上海：人民出版社，
　　　　1988年4月），頁164。

身的意識與認識。二、「自我意識」是主體與客體關係的意識。三、「自我意識」是自由自主性的。而我們不能說「自我意識」是魏晉時代才有的產物。早在春秋時代，孔子即有強烈的「自我意識」：

> 子曰：「莫我知也夫！」子貢曰：「何爲其莫知子也？」子曰：「不怨天，不尤人，下學而上達，知我者，其天乎！」（《論語‧憲問》）
> 子曰：「十室之邑，必有忠信如丘者焉，不如丘之好學也。」（《論語‧公冶長》）
> 子曰：「默而識之，學而不厭，誨人不倦，何有於我哉？」（《論語‧述而》）
> 子曰：「苟有用我者，期月而已可也，三年有成。」（《論語‧子罕》）
> 子曰：「出則事公卿，入則事父兄，喪事不敢不勉，不爲酒困，何有於我哉？」（《論語‧子罕》）

孔子能清楚地認知到自己的個性與長處。他深深了解自己喜好學習、教誨弟子等教學工作。他認爲事公卿、事父兄是爲人臣、子應做之事，何難之有？他充分地肯定自己政治上的才能。但他能將個人的窮通、吉凶歸之於天，而不怨天尤人。孔子的學說可以說是「人文之學」，從他所創立的「仁」、「義」、「禮」等中心學說來看，已經使得「自覺之意識爲價值標準之唯一根源。人之自覺之地位，陡然顯出，儒學之初基於此亦開始建立。」〔註19〕另外，孔子的「我」亦是活活潑潑的道德主體，他曾說：

> 爲人由己，而由人乎哉？（《論語‧顏淵》）
> 仁遠乎哉？我欲仁，斯仁至矣！（《論語‧述而》）
> 人能弘道，非道弘人。（《論語‧衛靈公》）

正是這種「意識的自主性」，使得先秦「人文之光」得以萌芽茁壯。而孟子、荀子接踵其後，使得人在宇宙中可與天、地並立爲三。

道家的思想裡面，重視個人精神之自由，遠甚於其他諸子。《道德經》僅五千言，然使用「吾」與「我」的次數卻非常之多，譬如第二十章即言：「我獨泊兮」、「我獨若遺」、「我愚人之心也哉」、「我獨昏昏」、「我獨悶悶」、「我獨頑且鄙」、「我獨異於人」等一系列的「我」，均有「重視個體之涵意。」

〔註19〕勞思光先生語，詳參其所著《新編中國哲學史》第一冊第三章（臺北：三民書局，1984年增訂版），頁101～158。

〔註 20〕此章也凸顯出個體與人群的疏離感。而莊子更是重視個體的精神自由，其〈逍遙遊〉，更是展示個體精神無欲無待的理想境界。由於道家精神的產生乃針對周文的疲弊而發，故而講究解脫種種的約定和束縛，以求精神上徹底的自由。由上述可見儒家、道家由不同的「自我意識」，產生了風格迥異的「生命景觀」，然俱是強調「我」的主體價值，強調了「我」的主體的自由發用，兩者均具有「人文精神」。

　　然而漢代的獨尊儒術，使得此人文之光發生倒退現象。董仲舒以陰陽五行的運行，解釋天道的循環。並進一步將天化為神，能夠向下施惠百姓。此天對人具有主宰的力量。接下來，他又倡「人副天數」的學說，把人的身體構造與天相比附，試圖建立「天人感應」的基礎。至此，人與天地並參的自主能力又再度地退回黑暗時期；天又變成了神格化的天，人又再度陷入了無自主性、無創造力的卑微個體。董仲舒又將人性分為三品，所謂「性三品」，即指聖人之性、中民之性和斗筲之性。他認為中民之性，就如待孵之卵，必須經過教化的歷程才能為善：

> 中民之性如繭如卵，卵待覆二十日而後能為雛，繭待繰以綰湯而後能為絲；性待漸於教訓而後能為善。善，教訓之所然也，非質樸之所能至也。（董仲舒《春秋繁露·實性篇》）

董仲舒「待教而為善」的人性觀，將孔孟以來所強調道德主體自覺的人文之光湮沒不彰；孔孟思想中所萌發的「自我意識」，經此一綑綁，也幾至蕩然無存。

　　另外，兩漢的儒術亦束縛了人的獨立自主能力。其一為「儒學質變」：漢武帝雖定儒術為一宗。然基於政治之理由，頗好讖緯之學，及陰陽五行災異之說。《後漢書·方術列傳》曰：「漢自武帝頗好方術，天下懷協道藝之士，莫不負策抵掌，順風而屆焉。後王莽矯用符命，及光武尤信讖言，士之赴趨時宜者，皆馳騁穿鑿，爭談之也。……自是習為內學，尚奇文，貴異數，不乏於時矣。」此種讖緯之學無異是把人的地位貶低，而將責任全歸之於符籙圖讖。其二為「訓詁繁瑣」：漢儒鑒於始皇之焚燒古書，故漢初以來莫不廣求遺書，致力於典籍訓詁之考證工作。學者往往終其一生精力，成就數十萬言之注疏，但卻反將經學之面目，弄得支離破碎。每每穿鑿附會，強說其理，

〔註20〕張釟星：《魏晉知識份子道家意識研究》（臺北：國立政治大學中國文學研究所博士論文，1988 年 5 月），頁 95。

遂使經書原意，喪失殆盡。〔註21〕以上種種弊病，遂使有志之士，不得不思索精神之進路與生命之突破。

　　魏晉以來，老莊興盛，儒家衰落，道家抬頭，鄙薄孔周，蔚爲當時風尚。《世說‧文學篇》第九條注引〈粲（荀粲）別傳〉說：

> 粲與諸兄儒術論議各知名。粲能言玄遠，常以子貢稱「夫子之言性與天道，不可得而聞也」，然則六籍雖存，固聖人之糠秕。能言者不能屈。

而到了正始時期，阮籍、嵇康訾儒之言更是激烈。阮籍〈大人先生傳〉云：

> 天下之貴，莫貴於君子：服有常色，貌有常則，言有常度，行有常式：立則磬折，拱若抱鼓，動靜有節，趨步商羽，進退周旋，咸有規矩，心若懷冰，戰戰慄慄，束身修行，日愼一日，擇地而行，唯恐遺失，誦周孔之遺訓，歎唐虞之道德，唯法是修，惟禮是克。手挈圭璧，足履繩墨。行欲爲目前檢，言欲爲無窮則。少稱鄉閭，長聞邦國。上欲圖三公，下不失九州牧。……獨不見群蝨之處褌中，逃乎深縫、匿乎壞絮，自以爲吉宅也。行不敢離縫際，動不敢出褌襠，自以爲得繩墨也。……然炎丘火流，焦邑滅都，群蝨處於褌中而不能出也。君子之處區内，何異夫蝨之處褌中乎？

阮籍對「君子」之揶揄，可謂極盡能事。而嵇康〈難張遼叔自然好學論〉也說：

> 六經以抑引爲主，人性以從欲爲歡。引則違其願，從欲則得自然。然則自然之得，不由抑引之六經。全性之本，不須犯情之禮律。故仁義務於理僞，非養眞之要術。廉讓生於爭奪，非自然之所出也。

嵇康以爲六經違背人類自然之本性。然阮、嵇二人本無意詆毀儒學，〔註22〕若非其內涵血枯精竭，無法適應魏晉人心之需求，殆不致此。阮籍、嵇康兩人均以激烈的言行與群體抗衡。《世說新語‧任誕篇》第七條載：「阮籍嫂嘗還家，籍見與別。或譏之。籍曰：『禮豈爲我輩設也？』」阮籍非毀禮教之言

〔註21〕 陶建國：《兩漢魏晉之道家思想》（臺北：文津出版社，1990年3月），頁469。
〔註22〕 早年的阮籍、嵇康亦是以儒家爲依歸的。如阮籍〈詠懷詩〉其十五云：「昔年十四五，志尚好讀書。被褐懷珠玉，顏閔相與期。」可見他本欲以顏淵、閔子騫相期。而嵇康也是「家世儒學」見《三國志‧王粲傳》注引〈嵇康傳〉。

行尚有母喪期間圍棋不止、喝酒食肉、散髮箕踞、作青白眼等。〔註 23〕此種標奇立異的行逕，可視爲個體自覺高度發展之結果。嵇康也提出兩個令人側目的命題：「非湯武而薄周孔」、「越名教而任自然」，其非毀禮教之言論，實駭人聽聞。而阮、嵇二人內心自覺之境拓之已深，他們深知自己的性格確實與具有高度束縛的禮教無法相容。面對群體之潮流、價值時，阮籍、嵇康均產生個體自我深化的過程，亦即個體自我意識之覺醒；透過此過程，阮、嵇更加強烈地區別群己的一種精神境界。

　　而阮籍、嵇康的詩文中，也有高度的自我意識。阮籍如老子般，使用「吾」、「我」的頻率非常之高，如「瞻仰景山松，可以慰吾情」、「委曲周旋儀，姿態愁我腸」、「棄置世上事，豈足愁我腸」、「獨有延年術，可以慰吾心」、「終身履薄冰，誰知我心焦」等等，均有珍視自我個體、重視自我個性之強烈意識。這些詩句的共同特色是，「作者表現了個人面對自我，或面對群體時，心靈深處所悟解到的生命景觀。」〔註 24〕而此種生命景觀的出現，唯有在自我意識最清醒時，方能展現，阮籍詩中，常常有描繪這種自我意識主體之存在。如〈詠懷詩〉其一：

　　　夜中不能寐，起坐彈鳴琴。薄帷鑒明月，清風吹我襟。
　　　孤鴻號外野，翔鳥鳴北林。徘徊將何見，憂思獨傷心。

詩人徹夜均處於孤獨地面對自我的特殊境地，阮籍想用琴聲來化解這愁思，超越這困境，於是「起坐彈鳴琴」，這時外面的清風明月，更使詩人之心靈異常澄澈空明，然而當他聽到孤鴻、翔鳥之鳴，又使他的心情再度陷於孤絕無援的愁城之中，詩人發覺這種生存困境，只有他自己一個人清清楚楚的意識到（憂思「獨」傷心）。同時，詩人也發現到，個人所要承擔的憂思是如此之沈重與深邃。詩人在不斷的省思中，逐漸地凸顯了與眾不同的心靈層次，以及自我生命所遇到的困境。而嵇康在其所寫的論辯文中，展示了其高度的自

〔註23〕《晉書》卷四十九〈阮籍傳〉云：「性至孝，母終；正與人圍棋，對者求止，籍留與決賭。既而飲酒二斗，舉聲一號，吐血數升。及將葬，食一蒸肫，飲二斗酒，然後臨訣，直言窮矣，舉聲一號，因又吐血數升。毀瘠骨立，殆致滅性。……籍又能青白眼，見禮俗之士，以白眼對之。及嵇喜來弔，籍作白眼，喜不懌而退。喜弟康聞之，乃齎酒挾琴造焉，籍大悅，乃見青眼。由是禮法之士疾之若讎，而帝每保護之。」而有關阮籍自然與名教之衝突亦可參考下文第五章第二節「稱情直往」所云。

〔註24〕呂興昌：〈阮籍詠懷詩析論〉，《中外文學》第六卷第七期，1977 年 12 月，頁92。

我意識。嵇康持論，往往從自我獨立之思考及理性之判斷出發，故常能打破前人格套，而自創新局。他曾與呂安討論「明膽」問題，與向秀討論「養生」問題，與張叔寧討論「自然好學」問題，與阮德如討論「宅無吉凶攝生」問題。在辯論中他特別強調從自我意識出發，打破經典權威和習俗成見的束縛。他反對「多同」之見和「思不出位」的觀念：

> （常人）以多自證，以同自慰，謂天地之理，盡此而已矣。（《養生論》）

> 今子立六經以爲準，仰仁義以爲主……終年馳騁，思不出位。（《難自然好學論》）

可見嵇康極爲反對一般人不經自己的理性思考，即以他人之見爲己見之作法。《文心雕龍·才略篇》即云：「嵇康師心以遣論，阮籍使氣以命詩，殊聲而合響，異翮而同飛。」劉勰以爲他們二人均能由自我出發，或由自己理性判斷來持論，或依自己真切感受寫詩。雖各有特點，然二人要求從世俗傳統之桎梏中解放，尋求獨一無二的自我，卻是無二致的。任繼愈先生也說：

> 他們（指阮、嵇）沒有編織成一個完整的體系，從而也沒建立起一個牢固的精神支柱，但就在他們持續不斷的痛苦的求索中，把自我意識本身的問題凸顯出來，這對當時具有高層層次精神需要的知識分子是一大啓發，在中世紀的歷史條件下開創了一個自我意識的覺醒運動。〔註25〕

張海明先生也說：

> 儒家以社會爲本位的思想體系，使得個體價值只有在人際關係、等級名分中才能得以實現。在這樣一種社會土壤上，當然不會滋生出個體自我意識的萌芽。……到了漢末，儒家經學的權威地位隨著大一統政權的衰微而動搖……各種思想紛紛雜陳，論無定檢，一方面使得人們產生一種無所歸依之感，另一方面則是自我意識的萌生。〔註26〕

〔註25〕 任繼愈：《中國哲學發展史》第二冊兩漢魏晉南北朝部分（上海：人民出版社，1988 年 4 月），頁 165。

〔註26〕 張海明：《玄妙之境──魏晉玄學美學思潮》（吉林：東北師範大學出版社，1997 年 5 月），頁 81。

任氏、張氏所言極是。近人羅宗強在論魏晉士人心態時，曾說：「至此（即指漢末至魏初時期），士人心態的變化已經走了一段路……經學一統的僵化的局面是打破了，統一的思想規範失去了權威，士人從聖人崇拜轉向名士崇拜，轉向自我體認。人性和人生，受到了極大的重視，可以說，定儒學於一尊時士人的那個理性的心靈世界，已經讓位於一個以自我為中心的感情的世界了。」〔註27〕而無疑地，阮籍、嵇康高度的自我意識，必然對後來知識分子的精神面貌產生極為深遠之影響。所謂的魏晉風度、名士風流，當由此發明之。

第三節　自我意識的行為表現

　　人的自我意識經兩漢長期打壓後，於魏晉時期終於衝破藩籬而再度重放光芒。雖然自我意識是存在於內心的「抽象物」，然而它仍可透過其外顯之行為窺視之。歸納魏晉名士由自我意識而表現的外在行為，約為以下四端：

一、我寧作我

　　魏晉人不沾於物，用一種全新的眼光看待周遭的一切與自身。正始以後的玄學的生命觀，更是讓時人的精神得到空前絕後解放。而自我意識之覺醒，最突出的表現就是意識「自我本體」的存在，此由時人用「我」字頻率之高即可得知，《世說新語‧品藻篇》第三十五條云：

> 桓公少與殷侯齊名，常有競心，桓問殷：「卿何如我？」殷云：「我與我周旋久，寧作我。」

面對東晉梟雄桓溫，殷浩經反覆尋思，仍然願意做自己，不肯屈身做他人，其輕視權勢，看重自己之生命情調，由此一覽無遺。「寧作我」，「幾乎可以視為魏晉人驚世駭俗的「人格宣言」。」〔註28〕魏晉人將「我」抬到前所未有的極高的位置；這大概也是中國人空前絕後地這麼看重「我」的一個年代。〈方

〔註27〕羅宗強：《玄學與魏晉士人心態》（臺北：文史哲出版社，1992年11月），頁54。

〔註28〕李建中：《亂世苦魂——世說新語時代的人格悲劇》（北京：東方出版社，1998年3月）云：「好一個『寧作我』！魏晉名士對生命的感悟，對人生的體驗，對傳統規範的反叛，對新價值觀的認取，盡現于這三字之中。亂世魏晉人，他們的瀟灑風流，他們的雅性高才，他們的喜怒哀樂，乃至他們的病態與瘋狂，全都是在執著甚至頑強地張揚『寧作我』的個性。『寧作我』，是魏晉亂世灰暗天空中的一道閃電。是魏晉人驚世駭俗的『人格宣言』。」頁23。

正篇〉第二十條也云：

> 王太尉不與庾子嵩交。庾卿之不置。王曰：「君不得爲爾。」庾曰：
> 「卿自君我，我自卿卿。我自用我法，卿自用卿法。」

庾敳以爲——我稱你爲「卿」是我庾敳的自由；你稱我爲「君」是你王衍的自由，你何必以你的標準來限制我呢？庾敳完全不以對方不與己交爲忤，仍是親暱地呼王衍爲「卿」。〔註29〕在他看來，「你」、「我」眞是兩個不相同的個體，彼此理應有所不同。我不強你所難，你也不該奪我所好；我有主控權決定如何稱呼你，亦如你有自由權決定如何看待我。魏晉人對「自我本體」的重視、珍愛，由此例一覽無遺。也因爲對「我」的珍視，進而肯定「我」的容貌、身材、才性、氣質、情感……等等「我」之特質、屬性。胡人康僧淵目深鼻高，是典型的西域人相貌特徵，當王導屢屢嘲笑他的長相時，他自信地言道：「鼻者面之山，目者面之淵；山不高則不靈，淵不深則不清。」（《世說新語·排調篇》第二十一條）這既是對嘲笑者的反擊，同時也是對「目深鼻高」之美的自尊自信。劉伶「身長六尺，貌甚醜顇；而悠悠忽忽，土木形骸。」（同前書〈容止篇〉第十三條）庾敳「長不滿七尺，腰帶十圍，頹然自放。」（同前篇第十八條）劉伶、庾敳兩人之長相、身材不甚美好，但均能放乎自然，以醜爲美，足見其強烈之自信。《世說新語》亦載時人對自我才情之肯定：

> 孫興公作天台賦成，以示范榮期，云：「卿試擲地，要作金石聲。」
> 范曰：「恐子之金石，非宮商中聲！」然每至佳句，輒云：「應是我
> 輩語。」（〈文學篇〉第八十六條）
> 桓大司馬下都，問眞長曰：「聞會稽王語奇進，爾邪？」劉曰：「極
> 進，然故是第二流中人耳！」桓曰：「第一流復是誰？」劉曰：「正
> 是我輩耳！」（〈品藻篇〉第三十七條）

孫綽自信〈天台賦〉是擲地有聲之作，其內文所云「害馬已去，遊刃皆虛」的思想確與老莊冥合，境界之高超，令人心馳神往。而近人劉大杰也指出此篇「在刻畫山水、描寫自然上，表現了過人的技巧，而成爲寫景的佳構。……使他在魏晉賦中，別成一格。後來謝靈運的山水文學，是沿著這一系統而發

〔註29〕見周法高：《中國古代語法稱代編》（臺北：中央研究院歷史語言研究所，1994年 4 月）說：「『卿』本爲官爵，後遂以爲對人之美稱，至南北朝時，則轉爲狎暱之稱，和『爾』、『汝』轉爲狎暱之稱的情形相似。」頁83。

展下去的。」〔註30〕孫綽頗有自知之明，他深知自己在文學史上的價值。而范啓亦是他的知音，他了解孫綽非泛泛之輩，「應是我輩語」，既是對孫綽的肯定，同時也是范啓對自我的肯定；而劉惔以「正是我輩耳」，稱許自己與桓溫，而把貴爲皇族的簡文帝視爲二流人物，可見其自負一斑。〈品藻篇〉篇三十六條注引徐廣《晉紀》云：「凡稱風流者，皆舉王（濛）、劉（惔）爲宗焉。」足證劉惔所云並非虛語。而「我輩」二字的頻繁出現，顯示了魏晉士人是集體自覺地意識到「我」的存在。江興祐先生即云：

> 這種自我肯定的本身，意味著擺脫了外在的標準、規範；擺脫了他
> 人行爲的約束，從而直接地突出自我的存在，形成了一種自覺意識。
> 正是因爲具備這種自我意識，所以他們在言行中時時展現著自我，
> 而把「我」之外的他人、功名、錢財置於次要地位。〔註31〕

故「名士的最基本特徵，就是突出一個「我」字，以自我爲中心來行事處世。」〔註32〕也因爲魏晉人極爲重視自我的才情，於是使得當代的審美觀發生變化，在《世說新語》的〈品藻〉、〈賞譽〉等篇中，對人物的稱道，不再是儒家的忠孝、方正、仁愛之類，而是重在人物之個性、才情、風度上。李澤厚先生即云：

> 對人的評議，……不再停留在東漢的道德、操守、儒學、氣節的品
> 評，於是人的才情、氣質、格調、風貌、性分、能力便成了重點所
> 在。總之，不是人的外在行爲節操，而是人的內在精神性成了最高
> 的標準和原則。完全適應著門閥士族們的貴族氣派，講求脫俗的風
> 度神貌成了一代美的理想。不是一般的、世俗的、表面的、外在的，
> 而是必須能表達出某種內在的、本質的、特殊的、超脫的風貌姿容，
> 才成爲人們所欣賞、所評價、所議論、所鼓吹的對象。〔註33〕

魏晉時代，道家思想的興起，使得魏晉人不再以道德之有無來看待人的價值。

〔註30〕劉大杰：《中國文學發展史・第六章》（臺北：華正書局，1983 年 5 月），頁
159。

〔註31〕江興祐：〈從世說新語看魏晉士人的生命意識〉《中國古代、近代文學研究》
1989 年 6 月，頁 45。

〔註32〕張海明：《玄妙之境──魏晉玄學美學思潮》（吉林：東北師範大學出版社，
1997 年 5 月），頁 142。

〔註33〕李澤厚：《美的歷程》（臺北：元山書局，1985 年 5 月），頁 92。

人的才華、氣質、神韻變成新一代的審美準則。脫俗的才情格調、風度神貌成了名士之標誌。張蓓蓓先生即云：「兩漢的人物風氣乃環繞德性而滋長，漢末到魏晉的人物風氣則環繞才氣而發展。」〔註34〕像這樣把人當成獨立的藝術個體來欣賞、品評，牟宗三先生叫它是「美學的判斷」，或是「欣趣的判斷」，〔註35〕每一個人，都是他自己生命的創造品、結晶品。魏晉人以美學的胸襟來看待這宇宙中獨一無二的「結晶品」。其對人的審視是全幅開展的，劉邵的《人物志》倡言「九徵」：即神、精、筋、骨、氣、色、儀、容、言等，以為由九方面可以了解人的質性。此種品鑒方式，下開魏晉知識分子的生命姿態、精神面貌。魏晉人之所以美姿儀、妙神情、好才性都源於對自我的珍惜下，而積極進行的生命活動。他們一方面賞慕別人，一方面也積極培養自己，使自己能成為下一個被品賞的對象。

「自我意識」不僅使生命個體有珍視自己之意識，同時「自我意識」也是用來區隔人、我的意識。魏晉人以為人生而自然，不該受傳統定規、框框、價值所束縛，每個人都是自己生命的主宰，是宇宙中獨特的生命體，與他人生命樣態是不同的。而正是這種珍重自我、不重複施設、不受成規定見、不隨流俗的意識，使得魏晉人寧可崇尚活活潑潑具有生命力的「死活人」，也不敢恭惟因襲陳套、毫無新意的「活死人」：

> 庾道季云：「廉頗、藺相如雖千載上死人，懍懍恒如有生氣，曹蜍、李志雖見在，厭厭如九泉下人。人皆如此，便可結繩而治；但恐狐狸獴狢啖盡。」（《世說新語·品藻篇》第六十八條）

庾龢推崇人物個性風采的觀念，十足地表現了士人自我意識的覺醒。本條劉孝標注云：「言人皆如曹、李質魯湑愍，則天下無姦民，可結繩致治。然才智無聞，功迹俱滅，身盡於狐狸，無擅世之名也。」曹、劉為當代之地方官，為官清廉，然而在庾龢看來，兩人才智平庸，缺乏個性，雖活在當代，卻彷彿已入九泉，反不如千載之上的廉頗、藺相如那樣具有鮮明之個性，使人感到虎虎有生氣。《世說新語·輕詆篇》第二十一條載：

> 王中郎與林公絕不相得。王謂林公詭辯，林公道王云：「著膩顏帢，
> 布單衣，挾《左傳》，逐鄭康成車後，問是何物塵垢囊！」

〔註34〕張蓓蓓：《中古學術論略》（臺北：大安出版社，1991年5月），頁370。
〔註35〕牟宗三：《才性與玄理》（臺北：臺灣學生書局，1985年4月），頁44。

此條實寫王坦之衣著的破敝過時，又暗喻了他之所守的兩漢經學的陳舊。支遁在嘲笑王坦之，一身裡裡外外的不合時宜。據《世說》的記載，支遁解《莊子‧逍遙篇》能「卓然標新理於二家之表，立異義於眾賢之外」，是「諸名賢尋味之所不得」〔註36〕。即連信奉天師道的王羲之，從原本的不屑與之交談，到聽完支遁講《莊》之後，竟「披衣解帶，流連不已」〔註37〕，其態度竟有了一百八十度的轉變。可見支道林對於老莊思想能「拔新領異」〔註38〕，將舊義作新解。近人羅光先生即認為：「（支遁）對於《莊子》的〈逍遙〉，予以精神方面的解釋，雖沒有提到佛教的術語，但在文字以內，寓有禪觀的精神，內外都不滯於物，以遊於禪觀的無窮境界。」〔註39〕這樣看來，支遁是一位非常注重創新、不襲前人陳套的解《莊》人，而當時又流行老莊思想，可見他是一位頗跟得上時代腳步的時髦僧人。對於暮氣沉沉、墨守儒家成規而毫無新意的王坦之，他不禁要罵「是何物塵垢囊」了！魏晉人唾棄生命中的因襲成規、守舊迂腐，他們要凸顯獨一無二的「我」。王羲之云：「適我無非新」，魏晉人以全新的角度，將舊物做「新解」。

這種珍視自我、重視個性的生命價值觀，也唯有在特定的時代氛圍中，方能開花結果。魏晉時代自我意識的覺醒，促使他們極為看重自我，士人以自尊自信的風姿，登上這歷史舞台。當自己與才力相當的人進行評比時，他們往往是「當『我』不讓」、「謂己為賢」，〔註40〕一反儒家「人不知而不慍」的態度。他們露才揚己，只為能突出自我。《世說新語‧品藻篇》觸目所見，均是展現高度自信之美的士人：王敦以為自己是四友之冠（第十五條）、周顗不屑與郗鑒相比（第十九條）、謝鯤自認「一丘一壑」勝過庾亮（第十七條）、殷浩自認勝過裴頠（第三十四條）、劉惔自許為第一流人物（第三十七條），而底下一則最能體現這種強烈的自信與自尊之人格特色：

謝公問王子敬：「君書何如君家尊？」答曰：「固當不同。」公曰：「外人論殊不爾。」王曰：「外人那得知？」（〈品藻篇〉七十五條）

〔註36〕 見《世說新語‧文學篇》第三十二條。

〔註37〕 見《世說新語‧文學篇》第三十六條。

〔註38〕 「拔新領異」句，亦見《世說新語‧文學篇》第三十六條。

〔註39〕 羅光：《中國哲學思想史》魏晉隋唐佛學篇上冊（臺北：臺灣學生書局，1985年11月），頁316。

〔註40〕 曹植《典論‧論文》云：「常人貴遠賤近，向聲背實，又患闇於自見，謂己為賢。」

據史載謝安亦是入流之書法家，且自重其書，而頗爲輕視王獻之。故得其墨寶不甚愛惜，將之撕裂作校勘之籤條。〔註41〕謝安用「外人」作擋箭牌，暗指君書不如其父，獻之亦是聰明人，回說「外人那得知」，實則諷刺謝公對書法之無知，兩人用語均甚是巧妙。由此可知，王獻之對自己之書藝自視甚高，即便與父親進行比較，他一點也不迴避且不讓父親專美於前。無獨有偶，當人家說王羲之之書藝不如其子王獻之時，羲之的反應與獻之如出一轍：「有問羲之云：『世論卿書不逮獻之？』答曰：『殊不爾也。』」（同前篇劉孝標注引《文章志》）由此可知，魏晉士人對自我之價值之肯定到了何等之地步。魏晉人看待自己，是當「我」不讓的。

二、但求其真

亦緣於自我意識之發現，時人極爲崇尚個性之「眞」：

> 過江初，拜官，輿飾供饌。羊曼拜丹陽尹，客來蚤者，並得佳設；日晏漸罄，不復及精。隨客早晚，不問貴賤，羊固拜臨海，竟日皆美供；雖晚至，亦獲盛饌。時論以固之豐華，不如曼之眞率。（《世說‧雅量篇》第二十條）
>
> 謝公稱藍田：「掇皮皆眞。」（同前書〈賞譽篇〉第七十八條）
>
> 簡文道懷祖：「才既不長，於榮利又不淡；直以眞率少許，便足對人多多許。」（同前篇第九十一條）

羊固、羊曼兩人均有待客之眞誠，然羊曼「不問貴賤」的待客之道，時人以爲見「眞」章；王述表裡如一的通體眞情，使謝安讚譽有加；簡文以爲王述名利之心不淡，但少許的眞率，便可發揮以一當十、以寡敵眾之個性魅力。《世說‧雅量篇》第十九條亦記：

> 郗太傅在京口，遣門生與王丞相書，求女婿。丞相語郗信：「君往東廂，任意選之。」門生歸，白郗曰：「王家諸郎，亦皆可嘉，聞來覓婿，咸自矜持。唯有一郎，在床上坦腹臥，如不聞。」郗公云：「正此好！」訪之，乃是逸少，因嫁女與焉。

王羲之坦腹東床，而成郗鑒之乘龍快婿。千古以來，傳爲風流佳話。其可貴之處，乃在於他「不矜持」、「不造作」的態度，僅憑這一點「眞」，郗鑒便把

〔註41〕見余嘉錫注引《法書要錄》─南齊王僧虔《論書》云：「謝安亦入能流，殊亦自重。得子敬書，有時裂作校紙。」頁 539～540。

女兒嫁予他，劉辰翁於此條評曰：「晉人風致，著此爲第一。」這反映了魏晉
士人以「眞」爲最高指導原則的審美風尚。同前書〈任誕篇〉也載：

> 劉尹云：「孫承公狂士，每至一處，賞翫累日，或回至半路卻返。」
> （第三十六條）
>
> 王子猷居山陰，夜大雪，眠覺，開室，命酌酒。四望皎然，因起仿
> 偟，詠左思〈招隱詩〉。忽憶戴安道，時戴在剡，即便夜乘小船就之。
> 經宿方至，造門不前而返。人問其故，王曰：「吾本乘興而行，興盡
> 而返，何必見戴？」（第四十七條）
>
> 王子猷出都，尚在渚下。舊聞桓子野善吹笛，而不相識。遇桓於岸上
> 過，王在船中，客有識之者云：「是桓子野。」王便令人與相聞云：「聞
> 君善吹笛，試爲我一奏。」桓時已貴顯，素聞王名，即便回下車，踞
> 胡床，爲作三調。弄畢，便上車去。客主不交一言。（第四十九條）

孫統之賞遊山水半路而返與王徽之雪夜訪戴興盡而返，兩者有異曲同工之
妙。兩人隨興之所至，完全不帶有任何的功利色彩，一切以適其天性、任其
自然爲旨趣。孫、王兩人之行爲爲「得魚忘筌」、「得意忘形」、「得意忘言」
玄學的人生觀做了最好的註解；王徽之邀請桓伊吹笛，兩人素不相識，而桓
不以爲忤，弄畢即掉頭而去，王亦不致謝，一切的俗禮、客套，都是多餘的。
其中「客主不交一言」最妙，故王世懋評曰：「佳境乃在末語」。這就是魏晉
名士的「眞」性情，其中不摻雜絲毫的矯飾與虛僞，他們追求一種自然適意、
無拘無礙的生活情趣，一切唯求其眞。張蓓蓓先生以爲《世說新語・任誕篇》
中，除了載有當代士風輕浮放蕩之一面相外，尤不可忽略了魏晉士人自然率
眞之面相：

> 自然眞率，因有情不自禁之舉動，深具奇致逸趣者，亦可稱「任誕」。
> 如王徽之雪夜訪戴逵興盡而歸，又借宅種竹不可一日無此君，桓伊
> 每聞清歌輒喚奈何，謝尚應聲而起爲客作異舞，張翰賞賀循彈琴竟
> 追蹤入洛，孫統玩山水竟回至半路卻返等等；皆不循俗軌，而毫無
> 毀禮弛縱之弊，風致殊絕，趣味宛然。吾人欲認識魏晉名士之「任
> 誕」，固絕不可忽略此一面相。〔註42〕

〔註42〕張蓓蓓：《中古學術論略》（臺北：大安出版社，1991 年 5 月），頁 194。

劉義慶將名士「任眞」與「放誕」之行為，一併收入〈任誕篇〉，這其中所透露的訊息頗耐人深思。〔註43〕其實「任眞」與「放誕」可謂是一體兩面，正如河流與海洋是一體般。兩者都是從個性之眞，且兩者之主體也都達到「忘我」之境地。然兩者之所以會有分別，乃是「任眞」不違法觸禮，顯示了名士之超拔逸氣；而「放誕」則反之，顯示了名士的逼人霸氣。無疑地，「任眞」與「任誕」都成魏晉名士之鮮明標誌。而「魏晉名士在老莊自然思想之洗禮下，再也不甘心讓短暫的生命困執於重重的枷鎖中，再也不願受限於人類所制定的無數規範、公式和標準；他們急欲掙脫那由權力、法律、道德所編織成的羅網。他們所追求的，是生命力的解放。因而我們若用道德的眼光來看待他們，便必然會覺得他們輕佻邪僻，驚世駭俗。然而我們若改由審美的角度來欣賞的話，魏晉名士生命的精采和存在的意義便立刻凸顯了出來。」〔註44〕而若從「任眞」之面向來看魏晉人，他們「眞」得可愛至極，《世說新語・言語篇》第七十六條記載著：

> 支公好鶴，住剡東鉐山，有人遺其雙鶴，少時，翅長欲飛。支意惜之，乃鎩其翮。鶴軒翥不能復起，乃反顧翅，垂頭視之，如有懊喪意。」林曰：「既有凌霄之姿，何肯為人作耳目近玩？」養令翮成置，使飛去。

支道林願意犧牲一己之嗜好，而全鶴之性，支公果眞「好鶴」。此種推己及物的關懷、體諒、尊重，頗值得今日養寵物者深思之。〈德行篇〉第三十二條亦云：

> 阮光祿在剡，曾有好車，借者無不皆給。有人葬母，意欲借而不敢言。阮後聞之，嘆曰：「吾有車而使人不敢借，何以車為？」遂焚之。

阮裕輕財好施的無私精神，千載之下，仍令人感佩。而魏晉人可愛之處，亦在此——即善於反省、思過、修正。以上兩則故事充份體現了魏晉人崇尚自由解放的精神及不屈物就己的思想。故魏晉文人的「任眞」的個性，並不是一種盲目的個性膨脹，恰恰相反，它是一種個體自我的解放，並推己及人，

〔註43〕 張蓓蓓：〈世說新語任誕篇別解〉一文，對魏晉名士之任誕行為有極為深刻獨到的見解。對名士任誕行為之解讀頗能曲徑通幽，深得三昧。他以為若細細品味該篇，抽絲剝繭，則仍可窺知劉義慶的編寫旨趣，頗見其貫通之處。該文收入前揭文，頁193～234。

〔註44〕 李清筠：《魏晉名士人格研究》（臺北：文津出版社，2000年10月），頁194。

也將他物解放。魏晉人對宇宙萬物，對己、對人、對物，無不以通體的真情，與之交接，因此所到之處，能點石成金、觸手成春。

　　由於意識到自我本體的存在，間接地亦使士人之個性得以張揚、伸展。《世說新語》中的士人，純任個性之自然，不加粉飾。他們敢於縱情使性，人心裡面的美與醜、高貴與殘忍、聖潔與惡魔，都發揮到了極致。時人吝嗇便小氣到極點，《世說·儉嗇篇》云：

> 司徒王戎，既貴且富，區宅僮牧，膏田水碓之屬，洛下無比。契疏鞅掌，每與夫人燭下散籌算計。（第三條）
> 王戎有好李，賣之，恐人得其種，恆鑽其核。（第四條）
> 王戎女適裴頠，貸錢數萬。女歸，戎色不說。女遽還錢。乃釋然。（第五條）

王戎之吝嗇，實令人瞠目結舌。王隱《晉書》曰：「王戎性至儉，不能自奉養，財不出外，天下謂為膏肓之疾。」〔註45〕《晉諸公贊》也說：「戎性簡要，不治儀望，自遇甚薄，而產業過豐，論者以為台輔之望不重。」〔註46〕觀諸書及《世說》所言，王戎之鄙吝，應出於天性。〔註47〕此時之士人，一任天性之真，而毫不掩飾，時人之「忿狷」之性格，亦發展到了高峰：

> 王藍田性急。嘗食雞子，以筯刺之，不得，便大怒，舉以擲地。雞子於地圓轉未止，仍下地以屐齒蹍之，又不得，瞋甚，復於地取內口中，齧破即吐之。……（《世說新語·忿狷篇》第二條）

劉義慶透過了「以筯刺之」、「以屐齒蹍之」、「齧破即吐之」等三個動作之描寫，王述火爆之個性，神靈活現地出現在讀者眼前。同篇第四條載袁耽與桓溫賭樗蒱〔註48〕，少不合意，便將五木〔註49〕狠狠擲去。袁耽瞋火之盛，與

〔註45〕《世說·儉嗇篇》第二條劉孝標注引。
〔註46〕《世說·儉嗇篇》第三條劉孝標注引。
〔註47〕王戎極力斂財，論者有兩種不同的看法：有人以為是天性使然，如王隱《晉書》、《晉諸公贊》之作者等即是；有人以為王戎生於亂世，若不如此抹黑自己，就不能遠嫌避禍，如《晉陽秋》之作者、戴逵等人均持此種論調。余嘉錫先生以為，王戎之鄙吝，應出於天性。見《世說·儉嗇篇》第三條余氏箋疏所云，頁874。
〔註48〕樗蒱，也作「摴蒱」。古代博戲之一。以投五子決勝負，得采有盧、雉、犢、白等稱，晉時極為流行。見劉正浩等注譯：《新譯世說新語》（臺北：三民書局，1996年8月），頁675。

王述可謂不相上下。同篇五條云謝奕天性粗頑，因與王述意見相左，於是「肆言極罵」，而王述「正色面壁不敢動」，時人以為王述「性急而能有所容」。〈忿狷篇〉第七條又云：

> 王大、王恭嘗俱在何僕射坐。恭時為丹陽尹，大始拜荊州。訖將乖
> 之際，大勸恭酒。恭不為飲，大逼彊之，轉苦，便各以幜帶繞手。
> 恭府近千人，悉呼入齋，大左右雖少，亦命前，意便欲相殺。何僕
> 射無計，因起排坐二人之閒，方得分散。所謂勢利之交，古人羞之。

王大（王忱）、王恭本有宿怨。〔註50〕故一旦飲酒遇之，互不相讓。兩人都是方面大員，一個坐鎮京畿，一個出掌荊州，可謂勢均力敵。當王大「勸」酒，王恭拒飲的時候，王大覺得受到鄙視；王大「逼」酒時，王恭以為他仗勢凌人，更加不肯屈就。〔註51〕這場「勸酒」，差點演變成一兩千人的大械鬥，所幸何澄冒死排解。二王之「我」均過於膨脹，以致於不能容許他人對「我」之「勢利」有絲毫之侵犯。時人為維護「我」，不惜相打相殺。王恭素有服五石散之好，〔註52〕此大概也是他脾氣不好的原因之一。魯迅在《魏晉風度及文章與藥及酒之關係》一文中曾指出，魏晉人大半脾氣都很壞，高傲、發狂、性暴如火，此大約是服藥所致，魏晉流行一種名叫「五石散」的所謂長生藥，這種藥有毒性，服下後對內臟的燒灼比較厲害，故而影響了人物之性格。〔註53〕

〔註49〕 樗蒲之戲，削木為子，總共五子，故名五木。後世改用石、玉、骨、象牙等製成。五木之子，兩頭尖銳，中間平廣。一子凡有兩面，面塗黑，畫犢，一面塗白，畫雉。投子者，五子都黑，叫做盧，得頭采；四黑一白，叫做雉，得次采；自此以下，黑白相配，或名為梟，或名為犍。後世之骰子，即仿五木而成。同前書，頁821。

〔註50〕 《世說·賞譽篇》第一百零三條云：「王恭始與王建武甚有情，後遇袁悅之間，遂致疑隙。然每至興會，故有相思。時恭嘗行散至京口謝堂，于時清露晨流，新桐初引，恭目之曰：『王大故自濯濯。』」劉孝標注引〈晉安帝紀〉曰：「初，忱與族子恭少相善，齊聲見稱。及並登朝，俱為主相所待，內外始有不咸之論。恭獨深憂之，乃告忱曰：『悠悠之論，頗有異同，當由驃騎簡於朝覲故也。將無從容切言之邪？若主相諧睦，吾徒得戮力明時，復何憂哉？』忱以為然，而慮弗見令，乃令袁悅具言之。悅每欲間恭，乃於王坐責讓恭曰：『卿何妄生同異，疑誤朝野？』其言切屬。恭雖惋悵，謂忱為搆己也。忱雖心不負恭，而無以自亮。於是情好大離，而怨隙成矣。」

〔註51〕 劉正浩等注譯：《新譯世說新語》（臺北：三民書局，1996年8月），頁824。

〔註52〕 見《世說新語·文學篇》第一百零一條及〈賞譽篇〉第一百零三條。

〔註53〕 魯迅：〈魏晉風度及文章與藥及酒之關係〉，該文收於《魯迅全集·而已集》（北京：人民出版社，1982年第2次印刷），頁510。

魯迅企圖從服食的角度來詮釋魏晉人之暴躁性格，亦是頗有新意且頗具見地。然而，魏晉之「自然」主義，亦使人們崇尚自然個性之「眞」。而人性原本就有諸多的可能發展方向，只是儒家掛帥的結果，使人「克己復禮」而不敢非禮作意。王述、謝奕、王忱、王恭等人之暴跳如雷，未嘗不是在觀照儒教的式微、個性的解放、自我個體的珍重等等之風潮。

另外，魏晉人的殘忍亦發展到「登峰造極」之境，《世說》云：

桓南郡小兒時，與諸從兄弟各養鵝共鬭。南郡鵝不如，甚以爲忿。迺夜往鵝欄閒，取諸兄弟鵝悉殺之。既曉，家人咸以驚駭，云是變怪，以白車騎。車騎曰：「無所致怪，當是南郡戲耳！」問，果如之。（〈忿狷篇〉第八條）

王君夫有牛，名「八百里駁」，常瑩其蹄角。王武子語君夫：「我射不如卿，今指賭卿牛，以千萬對之。」君夫既恃手快，且謂駿物無有殺理，便相然可。令武子先射。武子一起破的，卻據胡床，叱左右：「速探牛心來！」須史，炙至，一臠便去。（〈汰侈篇〉第六條）

彭城王有快牛，至愛惜之。王太尉與射，賭得之。彭城王曰：「君欲自乘則不論；若欲噉者，當以二十肥者代之。既不廢噉，又存所愛。」王遂殺噉。（同前篇第十一條）

桓玄之鵝鬭不過別人，索性把堂兄弟之鵝，一夕全數殺掉；王濟深知王愷愛惜「駿物」（「八百里駁」），卻還故意把牛宰殺烹煮，其居心實刻薄殘忍；彭城王愈是愛牛心切，王衍殺、吃得也愈加得意。王濟、王衍之凶殘，如出一轍。以上三則，所殺之對象仍只是「動物」，以下兩則，竟殺起人來了，《世說》載：

魏武有一妓，聲最清高，而情性酷惡。欲殺則愛才，欲置則不堪。於是選百人一時俱教。少時，還有一人聲及之，便殺惡性者。（〈忿狷篇〉第一條）

石崇每要客燕集，常令美人行酒。客飲酒不盡者，使黃門交斬美人。王丞相與大將軍嘗共詣崇。丞相素不能飲，輒自勉彊，至於沈醉。每至大將軍，固不飲，以觀其變。已斬三人，顏色如故，尚不肯飲。丞相讓之，大將軍曰：「自殺伊家人，何預卿事！」（〈汰侈篇〉第一條）

在曹操、石崇看來，殺歌妓、斬美人，祇不過報廢幾個漂亮的工具罷了，何

足惜哉？如此草菅人命之行逕，竟然做得那樣從容自然，不加掩飾。這種個性之「眞」，實令人髮指，直嘆其與禽獸爲伍。張繼仁先生即云：「《世說新語》中的士人，……吝嗇便慳吝小氣到極點（〈儉嗇〉）；豪奢就揮霍浪費到頂端（〈汰侈〉）；發脾氣則能暴躁到令人瞠目結舌的地步（〈忿狷〉）；乃至于可以表露出「禽獸般的天眞和凶殘」。總之，一切都達到了「登峰造極」的地步。」〔註54〕自我意識的覺醒，必然造成對個體的珍視及個性的高揚，無論是好與壞、高貴與殘忍，《世說新語》中之士人，均發揮到最顚峰。爲後世人樹立了正面、負面的典範，爲吾人仿效、警惕。而魏晉士人生命個體之覺醒，是根植於老莊思想這塊土壤的，老莊的「守眞抱一」的貴「眞」思想，成了魏晉士人的人生態度和行爲規範。錢鍾書先生以爲，六朝人以「老莊」注「我」：

> 晉人之於《老》《莊》二子，亦猶「六經注我」，名曰師法，實取利便；藉口有資，從心以撝，長惡轉而逢惡，飾非進而煽非。晉人習尚未始萌發于老莊，而老莊確曾滋成其習尚。〔註55〕

錢氏所云「名曰師法，實取便利」，實是中的之論。誠如馮友蘭先生所云「六朝人講老莊，而且受用了老莊。」〔註56〕魏晉人無拘無束，我行我素，他們以極端的行爲方式盡情地享受人生，享受生活，這種人生觀雖是消極頹廢、玩世不恭，然卻是個體解放、生命覺醒的一個標誌，從而形成一種新的道德規範和審美理想，對後來士人之精神面貌有其一定之影響。

　　總之，魏晉名士率眞任性乃至越禮脫俗，無不與自我意識的覺醒相關。張海明先生即云：「就實質言，任性率眞乃是個體與社會相對立的一種表現形式，它既可以是人格的違眾脫俗，矯矯不群，也可以是言行的不遵禮法，極端放縱。前者瀟灑風流，後者任誕狂放，毀譽雖然不一，其不受社會規範約束，以自我爲本位的心態卻是一樣的。」〔註57〕魏晉人的師心使氣，狂傲任

〔註54〕張繼仁：〈論《世說新語》獨特的文學價值〉，收於《中國古代、近代文學研究》（濟南：東岳論叢，1990年3月），頁104。

〔註55〕錢鍾書：《管錐篇》第三冊（香港：中華書局香港分局，1979年10月北京初版，1980年4月香港第一次印刷），頁1128。

〔註56〕馮友蘭先生以爲：「竹林名士，不但講老莊，而且受用了老莊。」見馮氏：《中國哲學史新編》（臺北：藍燈書局，1989年）第三十九章。筆者套用此說法。

〔註57〕張海明：《玄妙之境——魏晉玄學美學思潮》（吉林：東北師範大學出版社，1997年5月），頁70。

誕，無不與自我意識之覺醒息息相關。而自我意識的覺醒與張揚，實是魏晉時代異於其他時代的重要特徵，同時也是最鮮明的時代印記。

三、好異尚奇

而自我意識也促成了士人好異尚奇之風。唯其如此，方能顯示一己獨特之所在。此種風氣在漢末時即已發顯，《世說新語‧德行篇》第一條注引謝承《後漢書》云：

> 徐稚字孺子，豫章南昌人。清妙高時，超世絕俗。前後爲諸公所辟，雖不就，及其死，萬里赴弔。常豫炙雞一隻，以綿漬酒中，暴乾，以裹雞，徑到所赴冢隧外，以水漬綿，斗米飯白茅爲藉，以雞置前。醊酒畢，留謁即去，不見喪主。

東漢徐稚別具一格的祭悼方式，可謂下開魏晉弔唁新風。《世說新語‧傷逝篇》記載著魏文帝作驢鳴送王粲（第一條）、孫楚亦效驢鳴一送王濟（第三條）、張翰靈床鼓琴以弔念顧榮（第七條）、王徽之靈床擲琴嘆獻之人琴俱亡（第十六條）。獨特的弔唁方式，所代表的是弔客強烈的自我意識。名士們在喪禮中所看重的是，自己能否致上對死者深切的哀思，至於別人的看法，是無足輕重的。魏晉人把自己當成獨立之藝術品般，用心經營自身之生命，他們反對模擬、反對格套，他們要創造不同流俗而獨特的生命情調。牟宗三在《才性與玄理》中亦闡述了魏晉名士的基本特徵：

> 名士者，清逸之氣也，清則不濁，逸則不俗。……俗者，風之來而凝結於事以成爲慣例通套之謂。……精神落於通套，順成規而處事，則爲俗。精神溢出通套，使人忘其在通套中，則爲逸。逸者離也。離成規通套而爲其所掩沒則逸。逸則特顯「風神」，故俊。逸則特顯「神韻」，故清。故曰清逸，亦曰俊逸。逸則不固結於成規成矩，故有風。逸則灑脫活潑，故曰流。故總曰風流。風流者，……不主故常，而以自在適性爲主。……是則逸者解放性情，而得自在，亦顯創造性。故逸則神露智顯。逸者之言爲清言，其談爲清談，逸則智思而通玄微，故其智爲玄智，思爲玄思。……是則清逸、俊逸、風流、自在、清言、清談、玄思、玄智，皆名士一格之特徵。〔註58〕

〔註58〕牟宗三：《才性與玄理》（臺北：臺灣學生書局，1985 年 4 月），頁 68～69。

「溢出通套」、「灑脫活潑」、「解放性情」等，均在強調個體的獨特性、自主性、開創性。魏晉人重視個體別於群體的「殊相」，也重視個體的適性發展，並強調創造力。而正是此種打破成規，獨抒一己的逸氣，使得魏晉人物人人面貌不同，個性迥異。也緣此精神，他們反對疊床架屋而無新意的文章：

> 庾仲初作〈揚都賦〉成，以呈庾亮。亮以親族之懷，大為其名價云：「可三〈二京〉，四〈三都〉。」於此人人競寫，都下紙為之貴。謝太傅云：「不得爾。此是屋下架屋耳，事事擬學，而不免儉狹。」（《世說新語·文學篇》第七十九條）

謝安以為一味地模擬，將永遠無法變奴為主，「事事擬學」，將使人失去了可貴的自我。而此種反對文章之模擬，早在西晉就已由陸機率先提出：「收百世之闕文，採千載之遺韻。謝朝華於已披，啓夕秀於未振。觀古今於須臾，撫四海於一瞬。……若藻思綺合，清麗芊眠。炳若縟繡，悽若繁絃。必所擬之不殊，乃闇合於曩篇。雖杼軸於予懷，怵他人之我先。苟傷廉而愆義，亦毋愛而必捐。」（〈文賦〉）陸機以為文章必出自機杼，有個人之特色，倘若與前人作品闇合，也必須割愛，以避免雷同。陸機所提倡的才藻、思想貴獨創的論點，影響中國文學理論至巨。不僅文章反對模擬抄襲，時人也反對拾人牙慧老生常談的言語：

> 殷中軍云：「康伯未得我牙後慧。」（同前篇第二十七條）

韓康伯為殷浩之外甥，而殷浩在當時已是聞名遐邇的清談大家，然而韓康伯卻能獨抒己見，難怪殷浩讚之有加：「康伯能自標置，居然是出群之器。」（《晉書·本傳》）魏晉人求新、求變、求異，求出格，無一不是為了顯示宇宙中獨一無二的「我」。在儒家思想掛帥下，人人服從於群體之價值，事事求不出格，以符群體之秩序；而魏晉人崇尚道家思想，他們貴己唯我，重視一己之生存價值，事事以自身為出發點，故屢有溢出通套的驚世駭人之舉。袁濟喜先生以為：「如果說中國傳統文化和專制制度扭曲士人的個性，造成人格精神的萎縮，那麼六朝時期，則是士人伸張個性，形成較為完整的群體個性意識的時代。」〔註59〕魏晉士人為能凸顯自我，伸張個性，於是無往而不求異：

> 諸阮皆能飲酒，仲容至宗人閒共集，不復用常杅斟酌，以大甕盛酒，

〔註59〕 袁濟喜：《六朝美學》（北京：北京大學出版社，1999 年 1 月第 2 版），頁 308。

圍坐，相向大酌。時有群豬來飲，直接去上，便共飲之。（《世說新語・任誕篇》第十二條）

阮仲容先幸姑家鮮卑婢。及居母喪，姑當遠移，初云當留婢，既發，定將去。仲容借客驢箸重服自追之，累騎而返。曰：「人種不可失！」即遙集之母也。（同前篇第十五條）

阮咸與豬共飲、騎驢追婢，這實在是匪夷所思，令人嘖嘖稱奇。這種怪異之行徑，實叫人不敢恭惟。另外，時人又有裸裎之奇風：

劉伶恒縱酒放達，或脫衣裸形在屋中。人見譏之。伶曰：「我以天地為棟宇，屋室為褌衣，諸君何為入我褌中？」（《世說新語・任誕篇》第六條）

魏末阮籍，嗜酒荒放，露頭散髮，裸袒箕踞。其後貴游子弟阮瞻、王澄、謝鯤、胡毋輔之之徒，皆祖述於籍，謂得大道之本。故去巾幘，脫衣服，露醜惡，同禽獸。甚者名之為通，次者名之為達也。（《世說新語・德行篇》第二十三條注引王隱《晉書》）

劉伶開後代裸體之先河，其行逕對後來之貴遊子弟，甚有示範作用。所不同的是劉伶放誕的背後有對禮制深切的反省，而元康（晉惠帝年號）士人表面是附庸風雅，實則為自己縱欲放蕩找藉口罷了。觀劉伶所寫的〈酒德頌〉中，曾記載一位「莊子式」的「大人先生」：「有大人先生，以天地為一朝，萬期為須臾，日月為扃牖，八荒為庭衢，行無轍跡，居無室廬，幕天席地，縱意所如。止則操卮執觚，動則挈榼提壺，惟酒是務，焉知其餘。」文中的大人先生顯然地是劉伶的自況，顏延之〈五君詠〉即謂「頌酒雖短章，深衷自此顯。」劉伶以為造成今日天下大亂之因，乃人們制定了一套束縛自然人性的虛偽禮法，他欲返樸歸真，從一己之真。《晉書・本傳》記載他「放情肆志，常以細宇宙齊萬物為心。」正是這種開闊之「大人」胸襟，使他看不起虛有其表的禮法之士；阮瞻、王澄之徒，去幘脫衣，形同禽獸，然時人卻以為是通達之士。沈約《宋書・五行志》曾描繪時人放蕩之相狀：「晉惠帝元康中，貴遊子弟相與為散髮裸身之飲，對弄婢妾。逆之者傷好，非之者負譏，希世之士，恥不與焉。」名士裸裎，乃至公開玩弄女性，非但沒有得到社會的譴責，反而得到社會普遍的認同，並以不與為恥，這是怎樣的一股歪風啊？其行逕實令人難以苟同！《世說新語・任誕篇》第十三條劉孝標引《竹林七賢

論》說:「是時竹林諸賢之風雖高,禮教尚峻,迨元康中,遂至放蕩越禮。」戴逵也以爲竹林之放是「達其旨而不惑其跡」,有疾而爲顰者;元康之放是「無德而折巾」,徒東施效顰罷了。〔註60〕然而,這些士人在過江後,並未記取亡國之痛,仍是「裸裎」依舊,積習難改:

> 尋以世難,避亂渡江,復依輔之。初至,屬輔之與謝鯤、阮放、畢卓、羊曼、桓彝、阮孚散髮裸裎,閉室酣飲已累日。逸將排戶入,守者不聽,逸便於戶外脫衣露頭於狗竇中窺之而大叫。輔之驚曰:「他人決不能爾,必我孟祖也。」遽呼入,遂與飲,不捨晝夜。時人謂之八達。(《晉書》卷四十九〈光逸傳〉)

可見只要有特行異事,就可贏得士人之關注、垂青,並獲得社會上之品題或是稱號。同前書又記光逸在未顯達前,如何以「奇行」而得長官之注意:「光逸……初爲博昌小吏,縣令使逸送客,冒寒舉體凍溼,還遇令不在,逸解衣炙之,入令被中臥。令還,大怒,將加嚴罰。逸曰:『家貧衣單,沾溼無可代。若不暫溫,勢必凍死,奈何惜一被而殺一人乎!君子仁愛,必不爾也,故寢而不疑。』令奇而釋之。」就此看來,光逸與博昌縣令兩人俱有邀名之嫌,光逸爲招致名聲更是矯揉做作、費盡思量。之所以如此,乃是因爲他揣摩此「奇」舉可能使自己跨入名士之行列,於是小心翼翼經營這一切。儘管褒貶未必盡如人意,但總是可以迅速成名。而「裸裎」無疑是一種標新立異甚至是驚世駭俗的奇怪行爲。這行爲的背後揭露了士人欲藉「奇」事而邀譽的複雜心態。這時的士人,盡情地展示自我,呈現個性。而愈是高自標持,不同流俗,便愈是能顯示出名士派頭,也愈是能迅速地得到社會的風靡認可。另外,名士尚有著孝衣參加酒宴之奇事者:

> 王、劉共在杭南,酣宴於桓子野家。謝鎮西往尚書墓還,葬後三日反哭。諸人欲要之,初遣一信,猶未許,然已停車。重要,便回駕。諸人門外迎之,把臂便下,裁得脫幘著帽。酣宴半坐,乃覺未脫衰。(《世說新語・任誕篇》第三十三條)

謝奕(謝鎮西)爲謝尚的親叔,在當代,叔侄幾同父子,故謝奕過世,謝尚需服重服。然而對叔叔應盡的喪禮還未完成,謝尚對好友初次的邀約已怦然

〔註60〕 見《晉書》卷九十四〈戴逵傳〉:「放者似達,所以亂道。然竹林之爲放,有疾而爲顰者也,元康之爲放,無德而折巾者也,可無察乎!」。

心動，再次邀約便回駕入宴，酣宴過半才發現喪服未脫。謝尚對自己輕率不拘的行為，絲毫無慚色，就連朋友們也不覺不妥。此條劉孝標注引宋明帝《文章志》說得更明白：「尚性輕率，不拘細行。兄（應作叔）葬後，往墓還，王濛、劉惔以遊新亭，濛欲招尚，先以問惔曰：『計仁祖正當不為異同耳。』惔曰：『仁祖韻中自應來。』乃遣要之。尚初辭，然已無歸意。及再請，即回駕焉。其率如此。」可見這些朋友氣味相投，也都具備放達不羈的個性，方能把臂言歡。然乍看之下，謝尚是一位「太上忘情」之人，然據《晉書‧本傳》記載，謝尚七歲喪兄「哀慟過禮，親戚異之」。十餘歲，遭父憂，謝尚「號咷極哀」、「舉止有異於常」。可見他是極為重視情感之人。而情同父子的叔父過世，他理應不至於無動於衷。何況當年他轉任西曹屬時，對於晉室南渡後，而與父母乖離者，到底可不可以仕進，朝廷議論紛紛，謝尚獨議曰：

> 典禮之興，皆因循情理，開通弘勝。如運有屯夷，要當斷之以大義。
> 夫無後之罪，三千所不過。今婚姻將以繼百世，崇宗緒，此固不可
> 塞也。然至於天屬生離之哀，父子乖絕之痛，痛之深者，莫深於茲。
> 夫以一體之小患，猶或忘思慮，損聽察，況於抱傷心之巨痛，懷忉
> 怛之至戚，方寸既亂，豈能綜理時務哉！有心之人，決不冒榮苟進。
> 冒榮苟進之疇，必非所求之旨，徒開偷薄之門而長流弊之路。或有
> 執志丘園、守心不革者，猶當崇其操業以弘風尚，而況含艱履感之
> 人，勉之以榮貴邪？（《晉書》卷七十九〈謝尚傳〉）

謝尚對於大義之把握，分寸極嚴，不容絲毫紊亂。而其對喪父之人心態之摹寫，栩栩如生，彷彿是夫子自道。故謝尚的放誕，可能是他「脫略細行，不為流俗之事」（《晉書‧本傳》）的個性使然。也有可能是其父（謝鯤）平日之身教所導致，《世說新語‧賞譽篇》第九十七條劉注引《江左名士傳》曰：「鯤通簡有識，不修威儀。好跡逸而心整，形濁而言清。居身若穢，動不累高。鄰家有女，嘗往挑之。女方織，以梭投折其兩齒。既歸，傲然長嘯曰：『猶不廢我嘯歌』，其不事形骸如此。」面對時人之訕笑，謝鯤毫不介意。無怪乎時人號為「八達」之一。父子二人行事之怪誕，真叫人咋舌。另外，時人有居喪豪賭之奇事：

> 桓宣武少家貧，戲大輸，債主敦求甚切，思自振之方，莫知所出。
> 陳郡袁耽，俊邁多能。宣武欲求救於耽，耽時居艱，恐致疑，試以

> 告焉。應聲便許,略無慚吝。遂變服懷布帽隨溫去,與債主戲。耽素有藝名,債主就局曰:「汝故當不辦作袁彥道邪?」遂共戲。十萬一擲,直上百萬數。投馬絕叫,傍若無人,探布帽擲對人曰:「汝竟識袁彥道不?」(《世說新語·任誕篇》第三十四條)

袁耽為友抒難,竟脫衰變服,縱恣豪賭,可謂放任至極。然袁耽得意賭場而失意官場:「咸康初,石季龍游騎十餘匹至歷陽,耽上列不言騎少。時胡寇強盛,朝野危懼,王導以宰輔之重請自討之。既而賊騎不多,又已退散,導止不行。朝廷以耽失於輕妄,黜之。」(《晉書》卷八十三〈袁瓌〉附傳)其對軍國大事如此輕率,難怪自取其咎了。由上述諸例,可知士人處處求異之時風。士人之奇行異止,或是內在本性使然、或是外在環境使然,都是士人對自身及與自身所處環境的觀照後,所選擇的生命獨特的表現方式。這裡面都含藏著深刻的自我意識。而士人怪異行為卻有雅與俗之別,其中有深致雅趣者:

> 阮仲容、步兵居道南,諸阮居道北。北阮皆富,南阮貧。七月七日,北阮盛曬衣,皆紗羅錦綺。仲容以竿掛大布犢鼻褌於中庭。人或怪之,答曰:「未能免俗,聊復爾耳!」(《世說新語·任誕篇》第十條)
> 郝隆七月七日出日中仰臥。人問其故?答曰:「我曬書。」(《世說新語·排調篇》第三十一條)

舊俗於七月七日,曬經書衣裳,以防蟲蛀。〔註61〕阮咸從俗地在當日大曬粗布犢鼻褌,以與阮北爛然錦綺作對抗;而郝隆則在當日仰臥出肚「曬書」,大有諷刺世人有書不讀之況味。兩人從俗而不落俗,甚有「奇」趣,滋味絕佳;然而支遁「買山而隱」,則就顯得欲雅而還俗了:

> 支道林因人就深公買印山,深公答曰:「未聞巢、由買山而隱。」(《世說新語·排調篇》第二十八條)

佛家言四大皆空,若修行尚須買山,這實是一件令人稱「奇「之事。而雅與俗,完全看當事者是否有玄心逸趣、是否有審美的生命情調、是否有幽默的人生哲學。道德、禮教、功利等,對當時的士人來說都是次要的,是

〔註61〕《太平御覽》卷三十一引《韋氏月錄》曰:「七月七日曬曝革裘,無虫。」又引崔寔《四民月令》曰:「七月七日暴經書及衣裳,習俗然也。」《全唐詩》沈佺期〈七夕曝衣篇〉自注引王子陽《園苑疏》云:「太液池邊有武帝閣,帝至七月七日夜,宮女出后衣曝之。」

否適己任性、是否無違本心初衷、是否表現了獨特的自己，才是他們至切關注的。

四、以慢為高

也是源於自覺意識之發達，魏晉人將「自我」高舉，而以慢世為高。「慢」即傲慢、怠慢之意。《世說新語》專立〈簡傲篇〉，以顯當時名士另一個重要人格特質與獨特的生命情調。而其它篇章（如〈排調篇〉、〈輕詆篇〉等）也不乏此種人格特質的描寫。阮籍傲世不羈之個性，顯現於他登廣武時所發之豪語，《三國志》裴松之注引《魏氏春秋》曰：「嘗登廣武，觀楚、漢戰處，乃嘆曰：『時無英才，使豎子成名乎！』」口氣如此狂傲，志向如此遠大，連劉邦、項羽都被他視為「豎子」，可見其卓爾不群的抱負。他在「德盛功大」的晉文王（司馬昭）面前，猶能「箕踞嘯歌，酣飲自若。」〔註62〕可見其傲視人間帝王之霸氣。而嵇康〈與山巨源絕交書〉中自云為官有「七不堪」、「二不可」，〔註63〕其輕時傲世之態表露無遺。而對貴介公子鍾會的來訪，他不曲意討好他也罷，而偏要用「揚槌不輟，傍若無人。」〔註64〕的倨傲態度待之，無怪乎鍾會要借呂安事件，譖詆他「上不臣天子，下不事王侯」，而乘機殺掉他。〔註65〕阮、嵇二人俱以個體本位對抗群體本位。而外在之權勢、利害……等，均不能干擾自己生命的演出，他們搏命地演出真實的自我。此即牟宗三先生所謂「唯顯一逸氣而無所成」的名士人格是也，亦是魏晉時代所開闢之精神境界也。〔註66〕所不同的是：阮籍狂中帶慎，故能保身以卒；而嵇康以狂犯禁，終而飲恨刑場。

〔註62〕見《世說新語‧簡傲篇》第一條。
〔註63〕見戴明揚校注：《嵇康集校注》（臺北：河洛出版社，1978年5月），頁119。
〔註64〕見《世說新語‧簡傲篇》第三條。
〔註65〕見《世說新語‧雅量篇》第二條劉注引《文士傳》曰：「呂安罹事，康詣獄以明之。鍾會庭論康，曰：『今皇道開明，四海風靡，邊鄙無詭隨之民，街巷無異口之議。而康上不臣天子，下不事王侯，輕時傲世，不為物用，無益於今，有敗於俗。昔太公誅華士，孔子戮少正卯，以其負才亂群惑眾也。今不誅康，無以清潔王道。』」
〔註66〕曹雪芹《紅樓夢》以為魏晉名士是天地逸氣之所鍾，是人間之「棄才」。牟宗三先生以為曹雪芹《紅樓夢》著意要鑄造此種人格型態。其贊寶玉曰：「迂拙不通庶務，冥頑怕讀文章，富貴不知樂業，貧賤難耐淒涼。」此種四不著邊，任何處掛搭不上之生命即為典型之名士人格。（魏晉名士）不能己立而立人，安己以安人，因為只是逸氣之一點靈光之寡頭揮灑，四無掛搭，本是不能安住任何事的。見牟氏前揭文，頁70～72。

最足以說明魏晉人之傲慢者，莫過於自比天高的劉惔：

> 王長史與劉眞長別後相見，王謂劉曰：「卿更長進。」答曰：「此若天之自高耳。」（《世說新語・言語篇》第六十六條）

《莊子・田子方》云：「至人之於德也，不修而物不能離焉，若天之自高，地之自厚，日月之自明，夫何修焉！」劉惔顯然用此典故來答王濛何以「長進」之因。不過如此的比況，實是狂妄了一些。故李慈銘說：「人雖妄甚，無敢以天自比者。晉人狂誕，習爲大言。」〔註67〕魏晉人之所以大言不慚，即是強烈珍愛自我的外顯表現。由於「我」大到與天高，於是所有阻礙「我」的人、事、物，魏晉人欲立除之而後快：

> 支道林還東，時賢並送於征虜亭。蔡子叔前至，坐近林公。謝萬石後來，坐小遠。蔡暫起，謝移就其處。蔡還，見謝在焉，因合褥舉謝擲地，自復坐。謝冠幘傾脫，乃徐起振衣就席，神意甚平，不覺瞋沮。坐定，謂蔡曰：「卿奇人，殆壞我面。」蔡答曰：「我本不爲卿面作計。」其後，二人俱不介意。（《世說新語・雅量篇》第三十一條）

蔡系當著大家的面，把「侵佔」他「位子」的謝萬連人帶墊舉起來丟到地上。謝萬覺顏面受損故對蔡系有「殆壞我面！」之責，沒想到蔡系卻道：「我本不爲卿面作計！」言外之意，蔡系心中只有「我爲我顏面作計！」魏晉人不僅位子要爭「上座」，連走起路來，也不讓他人捷足先登：

> 王文度、范榮期俱爲簡文所要。范年大而位小，王年小而位大。將前，更相推在前。既移久，王遂在范後。王因謂曰：「簸之揚之，糠秕在前。」范曰：「洮之汰之，砂礫在後。」（《世說新語・排調篇》第四十六條）
> 王東亭作宣武主簿，嘗春月與石頭兄弟乘馬出郊野。時彥同游者，連鑣俱進。唯東亭一人常在前，覺數十步，諸人莫之解。石頭等既疲倦，俄而乘輿向，諸人皆似從官，唯東亭弈弈在前。其悟捷如此。（同前書〈捷悟篇〉第七條）

王坦之以「糠秕」喻范啓，范啓還以「砂礫」況王坦之；王珣算準了桓溫之

〔註67〕余嘉錫疏引，見前揭文，頁125。

來向、時間，獨行領先桓熙兄弟，造成「諸人皆似從官」之局面。魏晉人心高氣傲，完全不以他人的臉面、地位、身分爲念，一切唯求能充份展現自我。也因爲「我」的過大，使他們看不到其他的「人」；魏晉人在做許多事時，明明旁邊有許多人，然卻能「傍若無人」：

> 王平子出爲荆州，王太尉及時賢送者傾路。時庭中有大樹，上有鵲巢。平子脫衣巾，徑上樹取鵲子。涼衣拘閡樹枝，便復脫去。得鵲子還，下弄，神色自若，傍若無人。（《世說新語·簡傲篇》第六條）
> 王子敬自會稽經吳，聞顧辟疆有名園。先不識主人，徑往其家，值顧方集賓友酣燕。而王遊歷既畢，指麾好惡，傍若無人。顧勃然不堪曰：「傲主人，非禮也；以貴驕人，非道也。失此二者，不足齒人，傖耳！」便驅其左右出門。王獨在輿上回轉，顧望左右移時不至，然後令送著門外，怡然不屑。（同前篇第十七條）

王澄出任荆州刺史，其威儀之顯赫自不待言。然他卻在兄王衍和群賢給他送行時，當眾脫內衣取鵲。劉義慶「神色自若，傍若無人」的描寫，著實把「無賴妄人，風狂乞相」〔註68〕的形象，刻劃得栩栩如生。王澄這種狂慢幼稚的行爲，令人啼笑皆非；王獻之私闖顧氏園，「傍若無人」的肆意批評，遭主人指罵「非禮非道」，而驅除出境。「傍若無人」一詞，在《世說新語》一書中出現甚多，這也反映了時人目中無人、自比天高的倨傲心態。而魏晉人的人物品藻的活動，也反映了這種「以慢爲高」的審美情趣：

> 王子猷、子敬兄弟共賞《高士傳》人及〈贊〉。子敬賞井丹高潔，子猷云：「未若長卿慢世。」（《世說新語·品藻篇》第八十條）

據嵇康《高士傳》記載，井丹抗節五王，不交非類，可見其行誼之高潔；同書亦記司馬相如以琴心挑文君、犢鼻居市越禮慢世等事蹟。〔註69〕而子敬所

〔註68〕余嘉錫：《世說新語校箋》（臺北：仁愛書局，1984年10月），頁772引李慈銘云：「案王澄一生，絕無可取。狂且恃貴，輕佻喪身。既無當世之才，亦絕片言之善。虛叨疆寄，致亂逃歸。徒以王衍、王戎，紛紜標榜。一自私其同氣，一自附於宗英。大言不慚，厚相封殖。觀於此舉，脫衣上樹，裸體探雛，直是無賴妄人，風狂乞相。以爲簡傲，何嘗讕言？晉代風流，概可知矣。舍方伯之威儀，作驅烏之兒戲，而委以重任，鎮扼上流。夷甫之流，謀國如是。晉之不競，亦可識矣。」

〔註69〕《世說新語·品藻篇》第八十條注引嵇康《高士傳》曰：「丹字大春，扶風郿人。博學高論，……北宮五王更請，莫能致。新陽侯陰就使人要之，不得已

以賞井丹之高潔，因其人峻整；而子猷之所以賞長卿之慢世，因其任誕不羈，兩人各取所需、各取所好。然由此可知，自王弼、何晏清談以來，名士狂傲之風氣，已愈演愈烈，無怪乎子猷為桓沖騎兵參軍，不知身在何署，只道「西山朝來致有爽氣」耳（見《世說新語·簡傲篇》第十一、十三條）。

　　魏晉人因為「自我意識」的覺醒，使得他們有「我寧作我」、「但求其真」、「好異尚奇」、「以慢為高」種種的行為傾向。他們看重自我價值的精神傾向，使得個人意識超越國家意識，「人要求表現自我、發抒個性，不受一切禮法的束縛、政治的束縛。」〔註70〕自我意識若從正面出發，實為人文精神的發顯、張揚；若自我意識之「我」字，能對人文世界之種種流弊（如虛偽對禮教、禮制），去反省深思，即便是以狂狷、任誕等「反人文」之姿態來抗議它，仍應值得尊重、肯定。如竹林七賢的阮籍，其放誕行為的背後，實有「胸中壘塊」，〔註71〕不吐不快的委曲蒼涼。其〈詠懷詩〉所以「厥旨淵放，歸趣難求」（鍾嶸《詩品》），也實是一種內在鬱勃、悲壯內在生命的映現，是時代的悲劇而造成他個人的悲劇。故阮籍的自我意識的「我」字，應是對一切內在價值的重新回歸、探索與省思。他以反人文之姿態以彰顯真正的人文。這種人文思想，與以往人文思想的面貌大異其趣，故唐君毅先生說：「魏晉……是中國人文精神另一種型態之新發展。」〔註72〕「自我意識」使人從兩漢大一統

而行。侯設麥飯、蔥菜，以觀其意，丹推卻曰：『以侯能供美膳，故來相過，何謂如此！』乃出盛饌。侯起，左右進輦，丹笑曰：『聞桀、紂駕人車，此所謂人車者邪？』侯即去輦。越騎梁松，貴震朝廷，請交丹，丹不肯見。後丹得時疾，松自將醫視之。病愈久之，松失大男磊，丹一往弔之，時賓客滿廷，丹裘褐不完，入門，坐者皆悚，望其顏色。丹四向長揖，前與松語，客主禮畢後，長揖徑坐，莫得與語。不肯為吏，徑出，後遂隱遁。」「司馬相如者，蜀郡成都人，字長卿。初為郎，事景帝。梁孝王來朝，從遊說士鄒陽等，相如說之，因病免遊梁。後過臨邛，富人卓王孫女文君新寡，好音，相如以琴心挑之，文君奔之，俱歸成都。後居貧，至臨邛買酒舍，文君當壚，相如犢鼻褌，滌器市中。為人口吃，善屬文。仕宦不慕高爵，常託疾不與公卿大事。終於家。……」

〔註70〕唐君毅：《中國人文精神之發展》（臺北：臺灣學生書局，1979 年 3 月），頁31。

〔註71〕《世說新語·任誕篇》五十一條云：「王孝伯問王大：『阮籍何如司馬相如？』王大曰：『阮籍胸中壘塊，故須酒澆之。』」

〔註72〕唐君毅：《中國人文精神之發展》（臺北：學生書局，1979 年 3 月），頁31。牟宗三亦說：「魏晉人於智悟境界、藝術境界不俗，而於德性境界則甚庸俗。」由此也可證成魏晉之人文價值獨特之所在。見牟氏：《才性與玄理》（臺北：臺灣學生書局，1905 年 4 月），頁81。

時代價值體系的箝制中，脫身出來，重新思索一切人文世界的價值。東漢以來，不少志士人即從「自我意識」出發，用一種嶄新的覺醒態度，反省種種不合理的人文現象，他們甚至不惜犧牲生命以抗衡虛偽禮教禮制。故宗白華先生以爲：「這是眞性情眞血性和這虛偽的禮法社會不肯妥協的悲壯劇。這是一班在文化衰墮時期替人類冒險爭取眞實人生眞實道德的殉道者。」〔註73〕然而後代士人只是效其放達之皮相，而切斷內心了對人文世界流弊的省思，這就是自我意識之歧出者。此非但湮滅了眞正的人文精神，連人之所以異於禽獸的那一點靈敏本性與存在尊嚴，也湮沒不存了。

　　另外，值得注意的是，「自我意識」對於「名士」一格「有著一種定型作用，和催化作用。唯此『自我』作崇，魏晉名士即傲誕狂放，唯我獨尊；然而也唯此『自我』之不受遮撥自由彰顯，魏晉名上方得爲魏晉名士；魏晉風度也方成爲魏晉風度。」〔註74〕名士所以怡情山水、稱情直往、好樂審美，其實都是「自我」的極度張揚，他們以「天地之逸氣」、「人間之棄才」，〔註75〕開展出另一種型態的人文精神之花。

第四節　士人人格之分裂

　　當代心理學大師弗洛依德（Freud）將人格分爲「本我」、「自我」和「超我」三個部分，其中「本我」是原始生命之呈現，「超我」則是社會道德規範的內化，這兩者在不斷掙扎交戰中所形成的「矛盾的統一」，便是「自我」，所以一切外現的行爲表徵，都是經過統整後的「自我」。但若「本我」、「超我」兩者不能協調統整，便會形成「人格分裂」。而自我意識覺醒張揚後，勢必造成士人人格上的分裂及行爲上的雅俗同體。廣義言之，人們均生活於俗世，生活中脫離不了柴米油鹽醬醋茶，政壇仕途中免不了應酬交酢，除非離群索居，否則，士人要維持自我的人格上的自尊，而不屈身就人，實在是難以實現的「理想」罷了。而自我意識極強的魏晉人，又不甘屈從流俗而委己，於是他們便逡巡於理想與現實中，徘徊於入世與出世間，內心歷盡掙扎。張海明先生即云：

〔註73〕宗白華：《美學的散步》（臺北：洪範書局，1984年2月3版），頁78。

〔註74〕張鈞莉：〈論魏晉名士的自我意識〉《銘傳學刊》第十卷第二期，1999年4月，頁168。

〔註75〕牟宗三先生之語，見牟氏：《才性與玄理》（臺北：臺灣學生書局，1985年4月），頁70。

士人的自我意識覺醒之後，一方面導致了個體與社會的對立，另一方面也導致了士人人格的分裂。在士人身上彷彿同時存在兩個自我：一個是具有個體意識、反叛的自我；一個是由傳統薰陶的、因襲的自我。前者追求人性自然，真正以個體為本位；後者則屈從社會規範，以傳統價值標準來決定人生的取舍。前者近於莊，趨於避世；後者近于儒，趨于入世。正是這種人格的二重性決定了士人的矛盾心態。〔註 76〕

而嵇康的〈卜疑〉一文道盡了這兩難處境的無奈：

吾寧發憤陳誠，讜言帝庭，不屈王公乎？將卑懦委隨，承旨倚靡，為面從乎？寧愷悌弘覆，施而不德乎？將進趨世利，苟容偷合乎？寧隱居行義，推至誠乎？將崇飾矯誣，養虛名乎？寧斥逐凶佞，守正不傾，明否臧乎？將傲倪滑稽，挾智任術，為智囊乎？寧與王喬、赤松為侶乎？將追伊摯而友尚父乎？寧隱鱗藏彩，若淵中之龍乎？將舒翼揚聲，若雲間之鴻乎？寧外化其形，內隱其情，屈身隨時，陸沈無名，雖若人間，實處冥冥乎？將激昂為清，銳思為精，行與世異，心與俗并，所在必聞，恒熒熒乎？

嵇康借著宏達先生所提出的二十八個問題，反映自己思想上的矛盾與苦悶的心境。嵇康的矛盾，可以說是所有魏晉人的矛盾。倘若嵇康、阮籍真能師心使氣，越名任心，不管人間的禮法，那麼他們也就不會有掙扎、痛苦。然事實不然。否則，嵇康也就不會寫〈家誡〉，諄諄告誡兒子種種為人處世的保身之道；阮籍不會干預其子阮渾作達〔註 77〕。此均說明了名士狂放作達的背後有著難以言喻的深衷苦心。魯迅以為嵇、阮之狂放，不遵禮法，實屬不得已，「因為他們生於亂世，不得已，才有這樣的行為，並非他們的本態。」〔註 78〕張海明先生也說：「漢末以降，士人大多表現為一種雙重人格，游移于儒道之間。就是那些言行偏激，對儒家禮法痛加詆毀的人，其真正的目的也不是要

〔註 76〕 《玄妙之境──魏晉玄學美學思潮》（吉林：東北師範大學出版社，1997 年 5月），頁 85～86。

〔註 77〕 參見《世說新語‧任誕篇》第十三條。

〔註 78〕 見《魯迅全集》第三卷〈魏晉風度及文章與藥及酒之關係〉，（北京：人民文學出版社，1982 年第二次印刷），頁 515。

徹底摒棄儒家思想。」〔註79〕而士人之自我意識愈是強烈,其痛苦、困惑就愈是加劇。在入世與出世、個體與群體、自然與名教、理想與現實中,兩者正反力量不斷的在士人內心激烈衝突、拉据、振盪。去就之間,士人千萬難啊!無怪乎「口不臧否人物」的阮籍,忍不住要用「白眼」睥睨虛偽的禮法之士;嚮往澤雉靈龜之樂的嵇康,對於鍾會的來訪,忍不住要用「揚槌不輟」〔註80〕之舉措,公開表示他的「不歡迎」,嵇康將他內心的真實秘密公之於世,因而也鑄成了日後的殺身之禍。魏晉士人均犯了「知易行難」的毛病,說的一套,做的又是一套。

又如王戎,《世說新語・雅量篇》第四條云其聰慧,知路邊李必苦,故不摘李。〈儉嗇篇〉第四條述其後來得好李,怕人得其種,於是恆鑽其核。王戎可以說集「聰慧」與「狡獪」於一身。同書〈德行篇〉第二十條云他遭母喪,悲慟過人,有滅性之譏。〈傷逝篇〉第四條述其喪子,大慟言道:「情之所鍾,正在我輩。」他是如此地痛惜親人的逝去。然他卻也可以把錢財看得比親情還重:女兒出嫁了,借了他的錢,「女歸,戎色不悅,女遽還錢,乃釋然。」(〈儉嗇篇〉第五條);姪兒結婚時,他給了一件單衣,後來又要了回去。(〈儉嗇篇〉第四條)。王戎是集「重情」與「重利」於一身。又他年少時辯才無礙,與王衍等在洛水談玄,「超超玄著」(〈言語篇〉第二十三條),談吐何等精妙出塵,阮籍曾對戎父王渾云:「濬沖清賞,非卿倫也。共卿言,不如共阿戎談。」然而王戎長大後與竹林之列,阮籍見王戎來,則改口曰:「俗物已復來敗人意!」〔註81〕。王戎可謂集「清賞」與「俗物」於一身。《世說新語・德行篇》二十一條說王戎逢父喪不收數百萬之賻儀,可見其清廉一斑。然「每與夫人燭下散籌算計」(〈儉嗇篇〉第三條)的也是他。王戎集「清廉」、「聰慧」、「重情」、「清賞」一身的「雅」;也集「斂財」、「狡獪」、「重利」、「俗物」一身的「俗」。無怪乎戴逵要云:「自古而觀,豈一王戎也哉?」〔註82〕。而像王戎這樣集矛盾一身、雅俗同體的魏晉士人比比皆是。余英時先生對此矛盾現象,亦有相當精闢之見解,他說:

〔註79〕張海明《玄妙之境——魏晉玄學美學思潮》(吉林:東北師範大學出版社,1997年5月),頁15。

〔註80〕見《世說新語・簡傲篇》第三條。

〔註81〕以上二則均見《晉書》卷四十三〈王戎傳〉。

〔註82〕《世說新語・儉嗇篇》第三條劉孝標注引。

> 清談最尚簡要，而王戎有之，故其言超超玄著，然在個人經濟生
> 活方面則又庸俗瑣碎有如是者。人或不解，以爲戎故以此自晦。
> 實則經濟生活之豐裕本爲士大夫人生理想中之一重要項目，與其
> 思想之玄遠似相反而實相成。此亦〈樂志論〉先陳「居有良田廣
> 宅」等經濟思想，然後始及「老氏之玄虛」等精神生活之微意也。
> 〔註83〕

似乎要享受精神生活之豐盈，必須先把經濟生活弄得富足；要成「雅士」，必
須先把自己變成「俗士」；「雅」建立於「俗」。於是「雅」、「俗」之間，存在
著弔詭的關係。魏晉人的老莊思想，實已落入第二義。誠如前文錢鍾書所說
「晉人以老莊注我」。

　　再看潘岳與陸機。兩人均是文壇之奇葩。孫綽云：「潘文爛若披錦，無處
不善；陸文若排沙簡金，往往見寶。」（《世說新語‧文學篇》第八十四條）
潘岳的〈悼亡詩〉，撼人心弦。《晉書》本傳說他「尤善爲哀誄之文」、「潘善
哀辭，貫人靈之情性」。陳祚明稱之「安仁情深之子」、「未有情深語不佳者」。
〔註84〕如此「情深之子」，然現實生活中，卻是典型之趨利之士。《晉書》上
云他和石崇等人諂事賈謐，賈謐出來，兩人就站在路邊，望著賈謐的車塵而
拜，後來仕宦不如意，就作了一篇〈閒情賦〉，以示退隱，此篇大有陶淵明那
般「守拙歸田園」之意趣。然潘岳後來不但沒有退隱，而且還繼續出仕。後
代元好問即作詩諷之：

> 心畫心聲總失眞，文章寧復見爲人，高情千古閒居賦，爭信安仁拜
> 路塵。

元好問慨嘆潘岳的言行不符。看來，〈悼亡詩〉的深情〈閒情賦〉的高情，
只是一種「文本式」的存在。而陸機之〈幽人賦〉云：「超塵冥以絕緒，豈
世網之能加。」其境界是何等的雅致絕俗。然在現實生活中，他卻也難捨俗
情、難脫世網。《晉書》卷五十四〈陸機傳〉說他「好游權門，與賈謐親善，
以進趣獲譏。」李建中先生以爲在魏晉士人身上，人格之存在具有雙重性，

〔註83〕余英時：《中國知識階層史論古代篇》（臺北：聯經出版事業公司，1980 年 8
　　　　月），頁 261～262。而余氏所云之〈樂志論〉即仲長統之人生理想，見《後漢
　　　　書》卷七十九〈仲長統傳〉。余氏以爲，漢晉之際士大夫論人生理想之文甚多，
　　　　然罕有如仲長統〈樂志論〉之詳盡透徹，足爲典範者。如前揭書，頁 253。
〔註84〕陳祚明：《采菽堂古詩選》卷十一。

一重是「現實生活式」存在，一種是「文本式」存在。〔註85〕王瑤亦云：

> 在魏晉時期，我們只能說詩文中的思想和作者平生的行為大半不符
> 合……他們不滿意自己現實的生活，怕不能常保，怕名高禍至，因
> 而想要擺脫；但也不過只是想想而已，並沒有一點勇氣來嘗試，來
> 解脫。這就是他們生活的矛盾——現實與理想的矛盾。〔註86〕

王氏之說，可謂深得魏晉士人之底蘊。潘、陸兩人文采之風流，自是時代典
範，然二人俱是文雅人俗。另外，撰寫〈蘭亭集序〉的王羲之，無疑地，是
當代的名士，他「坦腹東床」的真率及「矯若遊龍」的書法，贏得多少人的
風靡愛煞。然其夫人卻云其勢利：

> 王右軍郗夫人謂二弟司空、中郎曰：「王家見二謝，傾筐倒廗；見汝
> 輩來，平平爾。汝可無煩復往。」（《世說新語·賢媛篇》第二十六條）

王述丁艱，王羲之的假意弔唁、侮辱喪家，更是顯示其心胸的狹窄與人格之
卑劣：

> 王右軍素輕藍田，藍田晚節論譽轉重，右軍尤不平。藍田於會稽丁
> 艱，停山陰治喪。右軍代為郡，屢言出弔，連日不果。後詣門自通，
> 主人既哭，不前而去，以陵辱之。於是彼此嫌隙大搆。後藍田臨揚
> 州，右軍尚在郡，初得消息，遣一參軍詣朝廷，求分會稽為越州，
> 使人受意失旨，大為時賢所笑。藍田密令從事數其郡諸不法，以先
> 有隙，令自為其宜。右軍遂稱疾去郡，以憤慨致終。（《世說新語·
> 仇隙篇》第五條）

　王子猷「乘興而行，興盡而返」的舉止，是何等的飄然出眾！然〈簡傲
篇〉第十五條卻云：

> 王子敬兄弟見郗公，躡履問訊，甚修外生禮。及嘉賓死，皆箸高屐，
> 儀容輕慢。命坐，皆云「有事，不暇坐。」既去，郗公慨然曰：「使
> 嘉賓不死，鼠輩敢爾！」

〔註85〕 李建中：《亂世苦魂——世說新語時代的人格悲劇》（北京：東方出版社，1998
　　　　 年 3 月），頁 78。
〔註86〕 王瑤：《中古文人生活》（臺北：長安出版社，1986 年 6 月），頁 103。

當郗超有權有勢時，王獻之兄弟「爲超敬愔」〔註87〕。等郗超一死，外甥對老舅人輕慢無禮。王氏兄弟只知依附權勢，而不明長幼有序之道，難怪爲郗愔斥爲「鼠輩」，劉義慶要歸之於「簡傲篇」了。而王氏父子在當代有「雅士」之盛譽，然在現實生活中，卻是如此勢利之「俗士」。「雅俗同體」，成爲名士的另一個重要的無形「徽章」。

周顗乃東晉之忠臣。《世說新語・方正篇》第三十條述其犯顏直諫之事；同篇第三十一條、三十三條記其痛斥王敦造反之事，義正辭嚴。周顗方正、忠勇，誠是魏晉時代少見。然〈任誕篇〉第二十五條卻記他私下言行被譏爲「穢雜無檢節」，周顗聞言辯稱曰：「吾若萬里長江，何能不千里一曲。」此條劉孝標注引鄧粲《晉紀》曰：

> 王導與周顗及朝士詣尚書紀瞻觀伎。瞻有愛妾，能爲新聲。顗於眾
> 中欲通其妾，露其醜穢，顏無怍色。有司奏免顗官，詔特原之。

周顗不顧廉恥地在公開場所露其醜態，這簡直令人不可思議。而如此好色的他竟與「忠臣」劃上等號。魏晉士人的人格之複雜、多樣，恐怕是歷史上少見的吧？

另外，孫綽有「彬彬藻思，綽冠群英」〔註88〕之譽。但其人品，則世人鄙之。他曾因聽妓樂露醜態而見譏於王羲之（見《世說・輕詆篇》第二十條），又《世說・品藻篇》第六十一條云：「孫興公、許玄度皆一時名流。或重許高情，則鄙孫穢行；或愛孫才藻，而無取于許。」劉孝標注引宋明帝《文章志》曰：「綽博涉經史，長於屬文，與許詢俱與負俗之談。詢卒不降志，而綽嬰綸世務焉。」注又引《續晉陽秋》云：「綽雖有文才，而誕縱多穢行，時人鄙之。」謝安之夫人即以夫婿有孫綽這樣的朋友爲恥：

> 孫長樂兄弟就謝公宿，言至款雜。劉夫人在壁後聽之，具聞其語。
> 謝公明日還，問：「昨客何似？」劉對曰：「亡兄門，未有如此賓客！」
> 謝深有愧色。（《世說新語・輕詆篇》第十七條）

謝安之夫人即劉惔之妹，她的才德素爲謝安所敬重。當謝安語帶炫耀的展示他交的朋友時，劉夫人一句冷漠的「亡兄門未有如此賓客！」使謝安深慚不已。那夜謝安與孫綽可能有近乎「誕言穢行」之舉止，以致獲劉夫人格調不

〔註87〕 本條劉孝標注云：「愔子超，有盛名，且獲寵于桓溫，故爲超敬愔。」
〔註88〕 《晉書》卷五十六〈孫綽傳〉贊語。

高之譏。而桓溫亦輕詆其言行不一的人格：

> 桓公欲遷都，以張拓定之業。孫長樂上表，諫此議甚有理。桓見表
> 心服，而忿其爲異，令人致意孫云：「君何不尋〈遂初賦〉，而彊知
> 人家國事？」（同前篇第十六條）

孫綽反對桓溫遷都洛陽，於是上表阻諫，其內容甚是有道理，以致桓心服而
口不服。於是叫他罷官退隱，得遂其初願，勿再干預國事。《世說・言語篇》
第八十四條云：「孫綽賦〈遂初〉，筑室畎川，自言見止足之分。」〈遂初賦〉
敘曰：「余少慕老莊之道，仰其風流久矣。卻感於凌賢妻之言，悵然悟之。乃
經始東山，建五畝之宅，帶長阜，倚茂林，孰與坐華幕擊鍾鼓者同年而語其
樂哉！」〔註89〕該賦膾炙人口，流布甚廣，名動當時。但其人卻是個熱衷「坐
華幕擊鍾鼓」（《晉書・本傳》）者，非淡泊名利之士。其言行不一，自相矛盾，
故《世說・輕詆篇》第九條云：「時咸笑其才而性鄙。」另外，他寫哀誄之作，
常爲文生「情」，然喪家往往不領其「情」，《世說新語》載：

> 孫興公作〈庾公誄〉，文多託寄之辭。既成，示庾道恩。庾見，慨然
> 送還之，曰：「先君與君，自不至於此。」（〈方正篇〉第四十八條）
> 孫長樂作〈王長史誄〉云：「余與夫子，交非勢利，心猶澄水，同此
> 玄味。」王孝伯見曰：「才士不遜，亡祖何至與此人周旋！」（〈輕詆
> 篇〉第二十二條）

庾亮曾以帝舅爲中書令，身分極是顯赫。孫綽之誄文，想必言過其實，大有
攀附之嫌，故亮子庾羲看了明告以交情不至於此；孫綽自以爲與王濛思想相
契合，非勢利之交，然濛孫王恭可不以爲然，故出語譏誚。所謂「辭立乎誠」，
孫綽爲文造情，言不由衷的虛僞行逕透露著內心的矛盾。他自許「不與時務
經懷」〔註90〕，然現實生活中，他又是處處忙著俗務、俗事。

　　早在北朝，顏之推便觀察到魏晉士人這種言行矛盾的現象。《顏氏家訓・
勉學篇》云：

> 夫老、莊之書，蓋全眞養性，不肯以物累己也。故藏名柱史，終蹈
> 流沙；匿跡漆園，卒辭楚相，此任縱之徒耳。何晏、王弼，祖述玄

〔註89〕《世說新語・文學篇》第八十四條劉孝標注。
〔註90〕《世說新語・品藻篇》第三十六條。

宗，遞相誇尚，景附草靡，皆以農、黃之化，在乎己身，周、孔之
業，棄之度外。而平叔以黨曹爽見誅，觸死權之網也；輔嗣以多笑
人被疾，陷好勝之井也；山巨源以蓄積取譏，背多藏厚亡之文也；
夏侯玄以才望被戮，無支離臃腫之鑒也；苟奉倩喪妻，神傷而卒，
非鼓缶之情也；王夷甫悼子，悲不自勝，異東門之達也；嵇叔夜排
俗取禍，豈和光同塵之流也？郭子玄以傾動專勢，寧後身外己之風
也？阮嗣宗沈酒荒迷，乖張途相誡之譬也；謝幼輿臟賄削，違棄其
餘魚之旨也。彼諸人者，並其領袖，玄宗所歸。其餘柾梏塵滓之中，
顛仆名利之下者，豈可備言乎！

魏晉人在出世與入世、理想與現實、個體與群體、自然與名教、雅與俗等等
的對立中徘徊；他們的曠達的外象或許是矯作的、假的，然而他們的內心的
矛盾與衝突、卻是普遍而真實存在的。「所謂的魏晉風流、飄逸超脫猶不過是
魏晉風度外在的一面，而這種由人格分裂所造成的困惑與痛苦才是它的真正
的底蘊。」〔註91〕他們人格的分裂、複雜，說明了魏晉人處世的艱難、並也
揭示了人性的脆弱面。

〔註91〕《玄妙之境──魏晉玄學美學思潮》（吉林：東北師範大學出版社，1997年5
月），頁81。

第三章　出處之人生觀

　　《易經·繫辭上》曰：「君子之道，或出或處，或默或語。」「出」即出仕，「處」即退隱，而「或默或語」是君子處世的對應態度。本章題名用「出處」而不用「仕隱」，乃因「出處」之涵蓋面更廣，它除了指涉君子「仕隱」的政治態度，亦可用來表述君子的處世態度。處世態度則包含了士人對生活、人群、文化、社會、自然……等等的態度。故「出處」一詞，可以包舉人與自己、人與他人、人與文化、人與社會、人與自然……等等諸多問題之探討。本章即由士人之政治態度開始探討，再展開士人生活、人群、文化、社會、自然諸多面向、層次之探討，期能正確掌握漢晉士人的出處觀。

第一節　三不朽人生觀之式微

　　孔子以爲：「邦有道，則仕；邦無道，則可卷而懷之。」(《論語·衛靈公》)孟子也說：「窮則獨善其身，達則兼善天下。」(《孟子·盡心上》)在孔子、孟子看來，士在國家有道時，不能有所做爲。無道時，又不能獨善其身，這都是非常可恥的。而出與處的抉擇，端視所事之君有道與否；君臣關係是一種相對關係，而非絕對關係。故孔、孟的「忠君」思想並非是至高無上的、絕對的；而是有前提、有條件的。故「用之，則行；舍之，則藏」的觀點，一向是孔子的行事圭臬。夫子以爲眞正的君子是該「兼濟」時，必須挺身而出，義無反顧；該「獨善」時，也必須不戀棧高薪厚祿，急流勇退。然而西漢董仲舒「三綱」之說〔註1〕，卻將國君之威權提到無以復加的地步。他認爲

〔註1〕董仲舒以君臣、夫婦、父子爲三綱，用陰陽卑尊的觀念，解釋雙方的對待關係。

「唯天子受命於天，天下受命於天子」（《春秋繁露‧深察名號》），「是故天執其道爲萬物主，君執其常爲一國主」（《春秋繁露‧天地之行》），故士人「忠君」、「憂道」的人格操守，被過份的強調而變成絕對。董仲舒的「三綱說」，雖有利於專制的統治政權，但破壞了儒家君君、父父、子子的相互對待的和諧關係。而兩漢士人，可以說是在儒家思想的哺育下成長的，故士人深受孔子、孟子、董仲舒「忠君」、「憂道」的人生觀影響，於是把「出仕」視爲忠於國君、改善社會、實現理想的方法。兩漢士人以維護朝綱、忠於皇權，爲大一統政權苦心劬勞，這種出處的人生觀，他們天經地義地服從著，從來沒有懷疑有何不妥。然而東漢後期，國運維危，「主荒政繆，國運委於閹寺」（《後漢書‧黨錮列傳》），君臣失序，宦官、外戚專權，這種政治環境，對士大夫的人生觀，起了化學變化。當士人忠君愛國的赤忱熱血，換來的卻是一次又一次的身繫囹圄，甚至血染刑場時，於是士人們不禁開始思索：這樣的「君」、「國」值得付出嗎？而正是這種環境，形塑了中國士人另一種迥於以往的政治性格。而東漢士大夫在外戚、宦官的抗爭中，我們看到了「孔儒人格的高揚及高揚後的斷裂。」〔註2〕

東漢士人，起先是極爲重視「立德」的，《世說新語‧德行篇》載：

> 陳仲舉言爲士則，行爲世範。……（第一條）
>
> 周子居常云：「吾時月不見黃叔度，則鄙吝之心已復生矣。」（第二條）
>
> 郭林宗……詣黃叔度，乃彌日信宿。人問其故，林宗曰：「叔度汪汪如萬頃之波。澄之不清，擾之不濁，其器深廣，難測量也。」（第三條）
>
> 李元禮風格秀整，高自標持。欲以天下名教是非爲己任。後進之士，有升其堂者，皆以爲登龍門。（第四條）

《春秋繁露‧基義》云：「是故仁義制度之數，盡取之天。天爲君而覆露之，地爲臣而持載之；陽爲夫而生之，陰爲婦而助之；春爲父而生之，夏爲子而養之，秋爲死而棺之，冬爲痛而喪之；王道之三綱，可求於天。」董仲舒又以爲臣、子、婦不得專起，不得分功；一切的判斷和行爲，都應服從君、父、夫的意見，行事有功都應歸功於君、父、夫。故《春秋繁露‧基義》又云：「君臣父子夫婦之義，皆取諸陰陽之道。君爲陽，臣爲陰；父爲陽，子爲陰；夫爲陽，妻爲陰。陰道無所獨行，其始也不得專起，其終也不得分功，有所兼之義。是故臣兼功於君，子兼功於父，妻兼功於夫，陰兼功於陽，地兼功於天。」

〔註2〕 李建中：《魏晉文學與魏晉人格》（武漢：湖北教育出版社，1998 年 3 月），頁23。

李元禮嘗歎荀淑、鍾皓曰：「荀君清識難尚，鍾君至德可師。」（第
五條）

陳紀……至德絕俗，與寔高名並著，而弟諶又配之。每宰府辟召，
羔雁成羣，世號「三君」。（第六條劉孝標注引《先賢行狀》）

陳蕃言行爲士林之準則；黃憲氣量恢宏，爲周乘、郭泰所稱譽，其學行爲時
人推崇，以爲「顏子復生」〔註3〕；李膺素有「天下楷模李元禮」之稱，只要
得到像李膺那樣的人接納、稱譽，便可「登龍門」；荀淑、鍾皓之見識、德行
爲李膺所宗；陳寔、陳紀、陳湛父子三人之德行足以傾動當時。可見，「至德」
之人，多麼爲時人所看重。劉義慶開篇就用近十則的篇幅，描述幾位東漢士
人的「德行」。該篇第九條更記載著一位以「義」感化「無義」的仁者：

荀巨伯遠看友人疾，值胡賊攻郡；友人語巨伯曰：「吾今死矣，子可
去！」巨伯曰：「遠來相視，子令吾去；敗義以求生，豈荀巨伯所行
邪？」賊既至，謂巨伯曰：「大軍至，一郡盡空，汝何男子，而敢獨
止？」巨伯曰：「友人有疾，不忍委之，寧以我身代友人命！」賊相
謂曰：「我輩無義之人，而入有義之國！」遂班軍而還，一郡並獲全。

荀巨伯爲漢桓帝時潁川人，其生平已不可考。他不肯「敗義以求生」，寧以己身
代友人命，這種高尚偉大的情操，連「無義」之胡賊，亦深受感動，望「義風」
而披靡，終於全軍撤退。一人之義，竟能保全全郡，由此可窺知其重德之時代
風尚。相反的，若是德行有虧，將受到時人嚴重的唾棄，《世說新語》記：

陳仲弓爲太丘長，時吏有詐稱母病求假，事覺收之，令吏殺焉。主
簿請付獄，考眾姦。仲弓曰：「欺君不忠，病母不孝；不忠不孝，其
罪莫大。考求眾姦，豈復過此？」（〈政事篇〉第一條）

陳仲弓爲太丘長，有劫賊殺主，主者捕之；未至發所，道聞民有在
草不起子者，回車往治之。主簿曰：「賊大，宜先按討。」仲弓曰：
「盜殺財主，何如骨肉相殘？」（同前篇第二條）

〔註3〕　本條劉孝標注引《典略》云：「黃憲字叔度，汝南慎陽人。時論者咸云：『顏
子復生』。而族出孤鄰，父爲牛醫。潁川荀季和執憲手曰：『足下吾師範也。』
後見袁奉高曰：『卿國有顏子，寧知之乎？』奉高曰：『卿見吾叔度邪？』載
良少所服下，見憲則自降薄，悵然若有所失。母問：『汝可不樂乎？復從牛醫
兒所來邪？』良曰：『瞻之在前，忽焉在後，所謂良之師也。』」

> 陳元方遭父喪，哭泣哀慟，軀體骨立；其母愍之，竊以錦被蒙上。
> 郭林宗弔而見之，謂曰：「卿海內之雋才，四方是則；如何當喪，錦
> 被蒙上？孔子曰：『衣夫錦也，食夫稻也，於汝安乎？』吾不取也！」
> 奮衣而去。自後賓客絕百所日。（〈規箴篇〉第三條）

第一則記陳寔將詐稱母病求假的屬吏處死，頗有小題大作的嫌疑。然《後漢書・陳寔傳》載：「除太丘長，修德清靜，百姓以安。鄰縣人戶歸附者，寔輒訓導譬解。發遣各令還本司官行部。吏慮有訟者，白欲禁之。寔曰：『訟以求直，禁之理將何申？其勿有所拘。』司官聞而歎息曰：『陳君所言若正，豈有怨於人乎？』亦竟無訟者。」可見陳寔斷案，自有過人之處。否則焉能使鄰人歸附、司官稱服？他處死屬吏，恐是期收殺一儆百之效。第二則記陳寔以為「骨肉相殘」，重於「盜殺財主」之罪，故主張先辦「骨肉相殘」的案件。陳寔以為「骨肉」本是人倫基礎。其對案情的處理井然有序，先後緩急可謂分辨得非常清楚。第三則記郭泰見守喪的陳紀被錦被，於是憤而拂袖離去，賓客也跟著不齒陳紀的作為，於是百日無人弔唁。這顯示了東漢士人把德行看得極為重要。這三條事例均說明了東漢人對「忠」、「孝」德行之重視，也顯現了傳統的人倫之教，仍是深繫人心。

儒家向來看重兼善天下、完成大我的道德生命價值。漢末士人胸懷壯志，他們放眼天下。《後漢書・范滂傳》曰：「范滂……慨然有澄清天下之志。」《世說新語・德行篇》也記：

> 陳仲舉……登車攬轡，有澄清天下之志。（第一條）
> 李元禮……欲以天下名教是非為己任。（第四條）

陳蕃從小就立志不凡，《後漢書・陳蕃傳》云：「蕃年十五，嘗閑處一室，而庭宇蕪穢。父友同郡薛勤來候之，謂蕃曰：『孺子何不灑掃以待賓客？』蕃曰：『大丈夫處世，當掃除天下，安事一室乎？』勤知其有清世志，甚奇之。……」〔註4〕而李膺以「名教」為己任，其志向也不小。兩人均體現了「憂以天下，樂以天下」的儒者胸懷。然兩人的優劣，引起了時人的熱烈討論：

> 汝南陳仲舉，潁川李元禮二人，共論其功德，不能定先後。蔡伯喈評

〔註4〕 《世說新語・德行篇》第一條劉孝標注引《汝南先賢傳》曰：「陳蕃……有室，
荒蕪不掃除，曰：『大丈夫當為國家掃天下。』……」此條可與《後漢書・陳
蕃傳》所記互資參考。

之曰：「陳仲舉彊於犯上，李元禮嚴於攝下。犯上難，攝下易。」仲
舉遂在三君之下，元禮居八俊之上。（《世說新語・品藻篇》第一條）

兩人正難分軒輊時，蔡伯喈的「犯上難，攝下易」之語，終使高下塵埃落定。
〔註5〕驗之史實，陳蕃果眞「彊於犯上」。《後漢書・陳蕃傳》記載，當陳蕃任
光祿勳一職時，由於桓帝封賞超過既定的制度，陳蕃上疏，〔註6〕桓帝還「頗
納其言」。接下來，延熹六年（西元 164 年），桓帝駕臨廣成苑圍獵，陳蕃上
疏勸諫，云：

> 臣聞人君有事於苑囿，唯仲秋西郊，順時講武，殺禽助祭，以敦孝
> 敬。如或違此，則爲肆縱。……況當今之世，有「三空」之厄哉！
> 田野空，朝廷空，倉庫空，是謂「三空」。加兵戎未戢，四方離散。
> 是陛下焦心毀顏，坐以待旦之時也。豈宜揚旗耀武，騁心輿馬之觀
> 乎！（《後漢書・陳蕃傳》）

陳蕃之疏義正詞嚴，一片赤忱，然桓帝「書奏不納」。八年（西元 166 年），
爲請求寬免翟超等人之罪，朝廷上下，獨他一人上疏救之，此疏亦是直辭不
諱，桓帝看完「愈怒，竟無所納。」不僅如此，連「朝廷眾庶莫不怨之。宦
官由此疾蕃彌甚。」整個朝廷，陳蕃得罪殆盡，只是礙於陳蕃是名臣，故不
敢加害。九年（西元 167 年），李膺因黨事下獄，蕃又上疏救曰：

〔註5〕 而爲何「三君之下」會優於「八俊之上」呢？《後漢書・黨錮列傳》序云：「自
　　　是正直廢放，邪枉熾結，海內希風之流，遂共相標榜，指天下名士，爲之稱
　　　號。上曰『三君』，次曰『八俊』，次曰『八顧』，次曰『八及』，次曰『八廚』，
　　　猶古之『八元』、『八凱』也。竇武、劉淑、陳蕃爲『三君』。君者，言一世之
　　　所宗也。李膺、荀翌、杜密、……爲『八俊』。俊者，言人之英也。……」由
　　　於「三君」爲「一世所宗」，故排於「三君之下」的陳蕃，猶勝居於「八俊之
　　　上」的李膺。

〔註6〕 陳蕃上疏諫曰：「高祖之約，非功臣不侯。而聞追錄河南尹鄧萬世父遵之微功，
　　　更爵尚書令黃雋*先人之絕封，近習以非義授邑，左右以無功傳賞，授位不料
　　　其任，裂土莫紀其功，至乃一門之內，侯者數人，故緯象失度，陰陽謬序，
　　　稼用不成，民用不康。臣知封事已行，言之無及。誠欲陛下從是而止。又比
　　　年收斂，十傷五六，萬人饑寒，不聊生活，而采女數千，食肉衣綺，脂油粉
　　　黛，不可貲計。鄙諺言『盜不過五女門』。以女貧家也。今後宮之女，豈不貧
　　　國乎？……陛下宜采求失得，擇從忠善。尺一選舉，委尚書三公，使褒責誅
　　　賞，各有所歸，豈不幸甚！」此時桓帝的反應是「帝頗納其言，爲出宮女五
　　　百餘人，但賜雋爵關內侯，而萬世南鄉侯。」見《後漢書・陳蕃傳》。

　　臣聞賢明之君，委心輔佐；亡國之主，諱聞直辭。……伏見前司隸
　　校尉李膺、太僕杜密、太尉掾范滂等，正身無玷，死心社稷。以忠
　　忤旨，橫加考案，或禁錮閉隔，或死徙非所。杜塞天下之口，聾盲
　　一世之人，與秦焚書坑儒，何以為異？昔武王克殷，表閭封墓，今
　　陛下臨政，先誅忠賢，遇善何薄？待惡何優？……人君者，攝天地
　　之政，秉四海之維，舉動不可以違聖法，進退不可以離道規。謬言
　　出口，則亂及八方，何況髡無罪於獄，殺無辜於市乎！……天之於
　　漢，恨恨無已，故殷勤示變，以悟陛下。除妖去孽，實在修德。臣
　　位列臺司，憂責深重，不敢尸祿惜生，坐觀成敗。如蒙采錄，使身
　　首分裂，異門而出，所不恨也。（《後漢書‧陳蕃傳》）

陳蕃以知識分子應有的道德勇氣以及政治之責任感，慷慨陳詞，直言無諱。其
為公忘私、捨身殉國的大無畏精神，千載以下，尤令人感佩。陳蕃只求桓帝能
採納己言，即便身首異處，又何足惜？此次的上疏，桓帝「諱其言切，託以蕃
辟召非其人，遂策免之。」顯然桓帝已不勝其擾，於是藉故罷免了他的職位。
陳蕃一波波地把自己推向危險的境地，而終罹禍。像陳蕃這樣不畏強梁、不懼
犯上的風格，時人稱之「不畏彊禦陳仲舉」（《世說新語‧品藻篇》第一條劉孝
標注引張璠《漢紀》）。而姚信《士緯》亦頗有見地的指出陳蕃的氣質、稟賦：「陳
仲舉體氣高烈，有王臣之節。」（同前條劉注所引）范曄在論及東漢士人的氣節
時，特別指出其「死與義合」、「不為求生以害仁」的崇高人格：

　　夫稱仁人者，其道弘矣！立言踐行，豈徒殉名安己而已哉，將以定
　　去就之節，正天下之風，使生以理全，死與義合也。夫專為義則傷
　　生，專為生則騫義，專為物則害智，專為己則損仁。若義重於生，
　　捨生可也；生重於義，全生可也。上以殘闇失君道，下為篤固盡臣
　　節。臣節盡而死之，則為殺身以成仁，去之不為求生以害仁也。（《後
　　漢書‧李杜列傳》）

東漢士人「義重於生」、「殺身成仁」的人格境界，正是儒家所謂道德生命更
重於生物生命（自然生命）的具體表現。范曄亦以為東漢末期國事日非，唯
靠著像陳蕃這類講求節義的士人，方能維繫國祚，使漢室多維持了將近百年。
〔註7〕陳蕃最後死於閹寺之手，李密、魏朗等名士自盡獄中。李膺坐罪在家，

〔註7〕　《後漢書》卷六十一〈左周黃列傳〉：「所以傾而未顛，決而未潰，豈非仁人

鄉人勸其逃難，膺對曰：「事不辭難，罪不逃刑，臣之節也。」（《後漢書・黨錮列傳》）巴肅遭捕，不僅不逃，還「自載詣縣。縣令見肅，入閣解印綬與俱去。肅曰：『爲人臣者，有謀不敢隱，有罪不逃刑。既不隱其謀矣，又敢逃其刑乎？』遂被害。」（《後漢書・黨錮列傳》）李膺、巴肅兩人俱以不拖累他人的氣慨自投獄中，而一般士人爲掩護黨人而破家收容的精神，均是道德生命不朽的映照。趙翼於《二十二史札記》卷五「黨禁之起」條云：

> 其時黨人之禍愈酷而名愈高，天下皆以名入黨人中爲榮。范滂初出獄歸汝南，南陽士大夫迎之者車千兩。景毅遣子爲李膺門徒，而祿牒不及，毅乃慨然曰：「本謂膺賢，遣子師之，豈可因漏名而幸免哉。」遂自表免歸。皇甫規不入黨籍，乃上表言，臣曾荐張奐，是阿黨也。臣昔坐罪，太學生張鳳等上書救臣，是臣爲黨人所附也。臣宜坐之。張儉亡命困迫，望門投止，莫不重其名行，破家相容。此亦可見其時風氣矣。

尚道尚義、殉道殉義的人生觀，在當時的士大夫中蔚爲風氣。黨錮之禍中，「黨人若遣鄉返里則會如凱旋的英雄一般受到歡迎；若幽囚獄中，則會有成百上千的人爲之上書爲之請願；若慘遭殺戮，會有更多的士人爲之祭奠爲之哭泣。」[註8] 東漢士人，是中國歷史上首次以群體殉道的方式，身體力行了儒家所倡導的「成仁取義」的生死觀。清代顧炎武對於東漢士風亦極爲推許，以爲是三代以下最淳美者，《日知錄》卷十七「兩漢風俗」條：

> 漢自孝武表章六經之後，師儒雖盛而大義未明，故新莽居攝，頌德獻符者遍於天下。光武有鑒乎此，故尊崇節義，敦屬名實，所舉用者莫非經明行脩之人，而風俗爲之一變。至其末造，朝政昏濁，國事日非，而黨錮之流、獨行之輩依仁蹈義，舍命不渝，風雨如晦，雞鳴不已；三代以下，風俗之美，無尚於東京者。

顧氏感於亡國之痛，平生最重視者乃節操廉恥。故對於亂局中，仍能「依仁蹈義，舍命不渝」之東漢士人，顧氏大力稱揚。而這些人，對國家的命運的影響力，也是難以評估的。

　　君子心力之爲乎？」
〔註8〕李建中：《魏晉文學與魏晉人格》（武漢：湖北教育出版社，1998 年 3 月），頁23。

　　兩次黨錮之禍，使精英喪失殆盡。朝廷大規模的殺戮，導致士人與朝廷的關係漸行漸遠，而終致決絕斷裂。對於皇權的拚死維護，竟然喚不回國家的強盛；血濺朝廷亦無法力挽既倒的政權。士人不禁開始反思，這樣做到底有沒有意義？有沒有價值？黨人不禁迷惘了。第一次黨錮之禍時，范滂被誣下獄，倍受楚毒，於是他仰天嘆曰：「古之循善，自求多福；今之循善，身陷大戮。身死之日，願埋滂於首陽山側，上不負皇天，下不愧夷、齊。」（《後漢書・黨錮列傳》）去惡循善，本是儒家歷來的重要主張。而今循善，卻「身陷大戮」，人生的價值何在？立身之本又何在？范滂不禁有些迷惘了。第二次黨禁，范滂被繫入獄，臨訣謂其子曰：

> 吾欲使汝爲惡，則惡不可爲；使汝爲善，則我不爲惡。（《後漢書・黨錮列傳》）

「欲使爲惡」，先賢訓示惡不可爲；「使汝爲善」，自己循善一生，卻是換來如此悲慘的下場。在善惡之間，范滂徬徨了、失據了，他已不知如何教導兒子安身立命了。范滂在走到生命的盡頭，回首這短暫的人生，便不能不對自己所篤信的孔孟價值進行反思。范滂的遺囑，無寧視爲迷惘心態的自我表白。大陸學者李建中先生以爲范滂在臨終時顯露出「善惡不爲」的道家人格傾向。《淮南子・說山篇》云：「善且猶弗爲，況不善乎？」《淮南子》旨近老子，其「善惡弗爲」之論，是將老子的「無爲」及莊子的「齊物」人格化。〔註9〕故范滂的迷惘，似乎也代表著儒家思想在士人心目中，已無法取得領銜的地位。

　　而「三不朽」的人生觀至建安時期仍爲主流之思想，由於大一統的帝國尚未崩潰，面對混亂的世局，文士們還寄望能有所作爲。建安文人大部份的作品都直接、間接地表現出對生命的體認與反思，他們最大的願望是追求生命的永恆價值。由於亂世戰火頻仍、百廢待興的特定背景，使建安士人的人生觀，特別崇尚「立功」。王粲〈登樓賦〉所云：「惟日月之逾邁兮，俟河清其未極。冀王道之一平兮，假高衢而騁力。懼瓠瓜之徒懸兮，畏井渫之莫食。」此種經世濟用的志向，可以說是建安士人的共同追求，亦是建安文人歌詠的主旋律。而曹操〈讓縣自明本志令〉之所以引起無數人之喜好與回響，不在於他以巧妙的言辭掩飾了其政治野心，而在於他如實地道出了一個普通士人

〔註9〕同前註，頁25～26。

對於生命價值的追求，在平淡樸素的文字中，表現了難以掩藏的旺盛生命力：

> 孤始舉孝廉，年少，自以本非岩穴知名之士，恐爲海内人之所見凡愚，欲爲一郡守，好作政教，以建立名譽，使世士明知之；故在濟南，始除殘去穢，平心選舉，違忤諸常侍。以爲彊豪所忿，恐致家禍，故以病還。去官之後，年紀尚少，顧視同歲中，年有五十，未名爲老。内自圖之：從此卻去二十年，待天下清，乃與同歲中始舉者等耳。故以四時歸鄉里，於譙東五十里築精舍，欲春夏讀書，秋冬射獵。求底下之地，欲以泥水自蔽，絕賓客往來之望，然不能得如意。後徵爲都尉、遷典軍校尉，意遂更欲爲國家討賊立功，欲望封侯作征西將軍，然後題墓道言：「漢故征西將軍曹侯之墓」，此其志也。……

曹操欲「建立名譽，使世士明知之。」欲爲「國家討賊立功」，並希望生前之功績鐫刻金石之上，流芳百世。建安士人，所重者「功德名聲」，所輕者「爵祿尊養」。而曹植〈與楊德祖書〉也說：

> 辭賦小道，固未足以揄揚大義，彰示來世也。昔揚子雲先朝執戟之臣耳，猶稱壯夫不爲也。吾雖德薄，位爲藩侯。猶庶幾戮力上國，流惠下民，建永世之業，留金石之功，豈徒以翰墨爲勳績，辭賦爲君子哉？若吾志不果，吾道不行，亦將采庶官之實錄，辨時俗之得失，定仁義之衷，成一家之言。雖未能藏之於名山，將以傳之於同好。

曹植最大的願望亦是「建永世之業，留金石之功」，至於以文章「立言」，只是退而求其次的心理補償作用罷了。曹氏父子的人生觀——「建功立業」，可以說是這個時代士人的共同價值取向。陳琳〈佚題詩〉所云：「騁哉日月馳，年命將西傾。建功不及時，鐘鼎何所銘？」所謳歌的都是與曹氏父子同一曲調。「出門無所見，白骨蔽平原。」（王粲〈七哀詩〉三首其一）的殘酷現實，促使士人關懷全體生命的生命意識覺醒，建安士人將對「個體生命」的關注轉向對「群體生命」的關注，因此激發了建安士人的社會責任感。可以說，「建安時代上層思想的主流，還是屬於儒家一派的，尤其是在生命價值觀方面。」〔註10〕然而建安文人畢竟生長於一個多事之秋的時代，故而他們較爲崇尚實

〔註10〕大陸學者錢志熙先生以爲：徐幹的《中論》可以說是建安時代士人思想的總反映，《中論》上卷《治學》、《法象》、《修本》、《虛道》、《貴驗》、《貴言》、

際而具體的功業，而較不談抽象迂闊的德行。此點又與傳統的純儒不同。「崇尚立功」才是這個時代最大的特徵；而士人最大的願望是追求生命的永恒價值。

時至魏晉，士人之人生觀又一變，此時的士人出處態度又有明顯之改變，他們不再將君臣關係視為絕對：

> 司馬景王東征，取上黨李喜，以爲從事中郎。因問喜曰：「昔先公辟君不就，今孤召君，何以來？」喜對曰：「先公以禮見待，故得以禮進退；明公以法見繩，喜畏法而至耳！」（《世說新語‧言語篇》第十六條）

李喜欲隱不能，故而勉強就仕。這透顯著士人在出處的命題上，不盡然以「仕」為優位抉擇。如有充分的自主權，他寧可選擇「隱」。東漢士人以「仕」為報效國家、服務人民的最佳場域，而君臣之義，是無所逃於天地之間的。而李喜的出處觀，適足說明士人君臣觀念的遞變。

另外，殉義殉節的風氣，在魏晉時代已大為衰退。《世說新語‧方正篇》第三條載：

> 魏文帝受禪，陳群有慼容。帝問曰：「朕應天受命，卿何以不樂？」群曰：「臣與華歆，服膺先朝，今雖欣聖化，猶慼氣於色。」

陳群事奉異朝，但因道德良心的驅使，而面有愧色。洪邁《容齋隨筆》卷十曰：

> 夫曹氏篡漢，忠臣義士之所宜應痛心疾首，縱力不能討，忍復仕其朝為公卿乎？歆、群為一世之賢，所立不過如是。蓋自黨錮禍起，天下賢士大夫如李膺、范滂之徒，屠戮殆盡，故所存者，如是而已！士風不競，悲夫！〔註11〕

東漢崇尚氣節的士風，到此已是強弩之末，欲振乏力了。劉義慶將陳群歸入「方正」，更是顯示魏晉「方正」之士的蕩然殆盡。而求忠義之士於魏晉，亦

《藝紀》、《核辨》、《智行》、《爵祿》諸篇，是一個完整的人生思想體系，是對「三立」（立德、立功、立言）的人生觀的具體的展開的論證。見錢志熙：《唐前生命觀和文學生命主題》（北京：東方出版社，1997年6月），頁215。

〔註11〕余嘉錫撰：《世說新語箋疏》（臺北：仁愛書局，1984年）所引，頁281。

可謂鳳毛麟角。〈方正篇〉第十條亦記：

> 諸葛靚後入晉，除大司馬，召不起。以與晉室有讎，常背洛水而坐。
> 與武帝有舊，帝欲見之而無由，乃請諸葛妃呼靚。既來，帝就太妃
> 間相見。禮畢，酒酣，帝曰：「卿故復憶竹馬之好不？」靚曰：「臣
> 不能吞炭漆身，今日復睹聖顏。」因涕泗百行。帝於是慚悔而出。

劉孝標注引《晉諸公贊》云：「吳亡，靚入洛，以父誕為太祖所殺，誓不見世
祖。世祖叔母琅邪王妃，靚之姊也。帝後因靚在姊間，往就見焉，靚逃於廁
中，於是以至孝發名。時嵇康亦被法，而康子紹死蕩陰之役。談者咸曰：『觀
紹、靚二人。然後知忠孝之道，區以別矣。』」此說與《世說》所記大抵相同。
昔日的竹馬之交，而今卻是殺父仇人之子，諸葛靚不能效法豫讓漆身變形，
以圖報仇，因而涕泗百行。《晉諸公贊》作者敘諸葛靚因此以「至孝」而得名。
然余嘉錫以為：「傅暢沒在胡中，為石勒之臣，乃著《諸公贊》，降志辱身，
何足以議紹？」余氏以《春秋》大義責魏晉士人，是非曲直自是標準極嚴。
西方哲人有云：「我也是人，也有人的缺點和弱點。」我們固然看到諸葛靚的
軟弱，但在改朝易代之際，士人之出處動輒得咎之下，若用此嚴格之尺規衡
準當代士人，恐怕人人都是「降臣叛將」。不過話再說回來，東漢士人殉道殉
義的生死觀，在魏晉士人之身上，似乎已是不容易再見到了。翻開《世說》，
「忠君」之事極為少見。而何以如此呢？此與魏晉時代的政治背景有密切之
關係，魏晉之立國，均是竊奪而來。立國者自己就是弑君之劊子手，故怎能
提倡忠君呢？若提倡「忠」，無異是自打嘴巴，故只能提倡「孝」。魯迅即極
有見地地指出：「（魏晉）為何以孝治天下呢？因為天位從禪讓，即巧取豪奪
而來，若主張以忠治天下。他們的立足點便不穩，辦事便棘手，立論也難了。」
〔註12〕由於主政者的失德，使得魏晉士人進退失據，於是阮籍佯狂了，劉伶
縱酒了，向秀變改箕山之志了，君臣上下演出一幕幕脫序荒誕的戲碼。魏晉
的「士無特操」可謂其來有自。〔註13〕後人與其責備這些「降臣叛將」，似乎
不如以同情諒解的眼光來面對歷史。相對地，像周顗、溫嶠、鍾雅、三人忠
君愛民的行誼，在亂世中更顯得彌足珍貴。《世說新語‧方正篇》以三則筆墨
極力描摹周顗的忠藎耿直：

〔註12〕魯迅：〈魏晉風度及文章與藥及酒之關係〉，收於《魯迅論文學與藝術》（北京：
　　　　人民文學出版社，1982年2刷），頁512。
〔註13〕詳見下文第二節「不嬰事務與士無特操」。

> 明帝在西堂，會諸公飲酒，未大醉，帝問：「今名臣共集，何如堯、
> 舜？」時周伯仁爲僕射，因屬聲曰：「今雖同人主，復那得等於聖治！」
> 帝大怒，還內，作手詔滿一黃紙，遂付廷尉令收，因欲殺之。後數
> 日，詔出周，群臣往省之。周曰：「近知當不死，罪不足至此。」（第
> 三十條）
>
> 王大將軍當下，時咸謂無緣爾。伯仁曰：「今主非堯、舜，何能無過？
> 且人臣安得稱兵以向朝廷？處仲狼抗剛愎，王平子何在？」（第三十
> 一條）
>
> 王大將軍既反，至石頭，周伯仁往見之。謂周曰：「卿何以相負？」
> 對曰：「公戎車犯正，下官忝率六軍，而王師不振，以此負公。」（第
> 三十三條）

第三十條乃記晉元帝在江東建立政權後，政局暫獲穩定，即志得意滿地自以
爲有如堯、舜之治，周顗當面潑元帝之冷水，帝惱羞成怒，差點殺了周顗以
洩憤。周顗犯顏直諫之個性，實令人擊節讚賞。第三十一條乃記王敦於東晉
元帝永昌元年（西元 322 年），反於武昌。於時率兵南下，有專制王朝之野心，
周顗得知後憤慨言道：「王平子何在？」平子，是王澄的字。根據《晉書‧本
傳》云：「澄夙有盛名，出於敦右，士庶莫不傾慕之，兼勇力絕，素爲敦所憚。」
只可惜當時王澄已早被王敦所害。後來王敦攻入建康，專制政柄，多殘害忠
良，元帝備受恐懼，帝位幾至不保。第三十三條同上條亦是記王敦興兵造反
之事。《世說》劉孝標注引《晉陽秋》云：「王敦既下，六軍敗績，顗長史郝
嘏及左右文武勸顗避難，顗曰：『吾備位大臣，朝廷傾撓，豈可草間求活？投
身胡虜耶？』乃與朝士詣敦，敦曰：『近日戰有餘力不？』對曰：『恨力不足，
豈有餘邪！』」由此可見周顗不畏強權、不降志辱身之忠勇氣慨。其政治家的
風範氣節，令人感佩動容。余嘉錫以爲：「伯仁臨難不屈，義正詞嚴，可謂正
色立朝，有孔父之節者矣。……」〔註14〕透過以上三則之描寫，周顗正直忠
勇之形象呼之欲出。另外，溫嶠亦是忠臣，《世說新語‧方正篇》第三十二條
記載：

> 王敦既下，住船石頭，欲有廢明帝意。賓客盈坐，敦知帝聰明，欲
> 以不孝廢之。每言帝不孝之狀，而皆云溫太眞所說。溫常爲東宮率，

〔註14〕孔父乃春秋時代宋國之大夫。《公羊傳》桓公二年記：「（孔父）正色而立於朝，
則人莫敢過而致難於其君」。用以比擬周顗，可說是十分貼切。

後爲吾司馬，甚悉之。須臾，溫來，敦便奮其威容，問溫曰：「皇太子作人何似？」溫曰：「小人無以測君子。」敦聲色並厲，欲以威力使從己，乃重問溫：「太子何以稱佳？」溫曰：「鉤深致遠，蓋非淺識所測。然以禮侍親，可稱爲孝。」

王敦以「威容」、「威力」相逼，硬是要溫嶠說出明帝之不孝，然溫嶠不畏強權，正言以對，使叛臣之奸計無法得逞。《太平御覽》四百十八引《晉中興書》云：「王敦欲謗帝以不孝，於眾坐明帝罪云：『溫太眞在東宮久，最所知悉。』因厲聲問嶠，謂懼威必與己同，嶠正色對曰：『鉤深致遠，小人無以測君子。當今諒闇之際，唯有至性可稱。』敦嘿然不悅。然憚其居正，不敢害之。」「諒闇」，係天子居喪之稱。而此事當在永昌元年閏十一月元帝崩之後，明帝太寧元年（西元 323 年）四月王敦下屯于湖之前。王敦方謀篡逆，故有廢帝之意。〔註15〕溫嶠獨爲人所不敢爲，誠是國家之中流砥柱。而《世說新語·方正篇》第三十四條是這樣歌頌鍾雅的：

蘇峻既至石頭，百僚奔散，唯侍中鍾雅獨在帝側。或謂鍾曰：「見可而進，知難而退，古之道也。君性亮直，必不容於寇讎，何不用隨時之宜、而坐待其斃邪？」鍾曰：「國亂不能匡，君危不能濟，各遜遁以求免，吾懼董狐將執簡而進矣！」

蘇峻之亂，〔註16〕在朝廷百官紛紛倉皇逃亡的情況之下，侍中鍾雅能「獨在帝側」，實令人敬佩萬分。余嘉錫以爲：「《世說》方正之目，惟伯仁、太眞（溫嶠）及鍾雅數公可以無愧，其他諸人之事，雖復播爲美談，皆自好者優爲之耳。」〔註17〕「方正」，乃指品行的正直不阿，該篇所敘之士人德行，雖有傳統的儒家人格內容，如信、孝、忠、不佞……等等，但無可避免的，它也深深地打上時代的烙印。該篇共 66 則，可謂不少。然若欲從中求周顗那樣的忠臣，卻是寥寥無幾。第五條記辛毗立軍門，阻止司馬懿出兵、第四十三條記孔坦臨終，責備庾冰作兒女相問，尚可稱「忠」外，其餘諸例，均無忠節事

〔註15〕余嘉錫：《世說新語校箋》（臺北：仁愛書局，1984 年 10 月），頁 314。
〔註16〕蘇峻因討王敦有功，升爲歷陽內史，本來朝廷對他寄望頗深，仰爲禦北之屏障。但是他潛蓄逆志，招納亡命，逐漸擴充實力，在東晉成帝咸和二年（西元三二三年）反於歷陽，渡江直攻建康。見劉正浩等注譯：《新譯世說新語》（臺北：三民書局，1986 年 8 月），頁 262～263。
〔註17〕余嘉錫撰：《世說新語箋疏》（臺北：仁愛書局，1984 年 10 月），頁 315。

蹟。固然《世說》一書以對人的審視呈現豐富多元而寬闊的審美視野著稱，然而該書也傳遞著——傳統的儒家之德行操守，逐漸式微，再也不能像往昔般地領銜引導魏晉士人的人生價值取向。以下二則故事最足以說明儒家道德操守在士人心目中式微的疲態：

> 世論溫太眞，是過江第二流之高者。時名輩共說人物，第一將盡之間，溫常失色。（《世說新語・品藻篇》第二十五條）
>
> 褚太傅南下，孫長樂於船中視之。言次，及劉眞長死，孫流涕，因諷詠曰：「人之云亡，邦國殄瘁。」褚大怒曰：「眞長平生，何嘗相比數，而卿今日作此面向人！」孫回泣向褚曰：「卿當念我！」時咸笑其才而性鄙。（同前書〈輕詆篇〉第九條）

第一則乃敘述像溫嶠那樣忠勇愛國之士，在魏晉的人物品鑒中，竟是二流人物，無怪乎溫嶠聽了，要大爲失色。溫嶠智勇兼備，忠義過人，求之兩晉，殆罕其匹，然當時人卻以爲第二流，可見品鑒之趨向所在。若用傳統的儒家思想來看待溫嶠，必屬第一流人物。然在道家思想掛帥的魏晉南北朝，溫嶠注定要委屈了。第二則是記載褚裒深知劉惔倘若在世，絕不以聖賢自居。由於魏晉深受老子「絕聖棄智」之說的影響，以爲心中必須去除對聖智之執著，方能爲「眞人」。而孫綽的「人之云亡，邦國殄瘁！」的讚美，時人卻以爲庸俗不耐、淺薄無知。魏晉之審美趣味，由此可略知一二。而「三不朽」的人生觀，在這個時代裡，可以說，是寂寞而乏人問津的。

第二節　不嬰事務與士無特操

　　東漢士人的從政態度，一般而言，是爲朝廷、人民苦心劬勞，忠心耿耿，死而後已的。然而入晉後的士人，其從政態度卻有了一百八十度的改變。歸納兩晉士人之從政態度，約有「不嬰事務」與「士無特操」兩項特徵，茲分述如后：

一、不嬰事務

　　東漢至東晉間，政局的混亂，使得士人之出處更形艱難。在仕與隱、去與就間，士人內心交戰不已。《魏志・王昶傳》載昶爲兄子及子作名字，且以書戒之，略曰：「夫人爲子之道，莫大於寶身全行，以顯父母。欲使汝曹立身行己，遵儒者之教，履道家之言，故以玄默沖虛爲名。欲使汝顧名思義，不敢違越也。

夫能屈以爲伸，讓以爲得，弱以爲彊，鮮不逐矣。若夫山林之士，夷、叔之倫，甘長飢於首陽，安赴火於緜山，雖可以激貪勵俗，然聖人不可爲，吾亦不願也。」王昶所言，足見魏晉士大夫心理之一斑。王昶不願違反儒教，也不願長饑首陽。他希望子孫依違在儒、道之間，而以道家爲行事圭臬。

　　莊子之道玄遠，不切人事，荀子謂其「蔽於天而不知人」(《荀子·非十二子篇》)，揚雄亦謂「莊、揚蕩而不法」(《法言·五百篇》)，而「不知人」與「放蕩不法」正是處亂世之護身符。魏晉士人喜談老莊，而不務實事。他們以爲處理政事應以簡馭繁、拱手無爲方爲高明，像何充、陶侃那樣勤於政事的，可謂鳳毛麟角。王導手握國柄，而以玄言爲高。其施政風格，就頗有老莊的玄理玄味，堪稱時代下之典範：

> 丞相末年，略不復省事，正封錄諾之。自嘆曰：「人言我憒憒，後人當思此憒憒。」(《世說新語·政事篇》第十五條)

表面上看來，王導晚年好像糊塗的一無作爲，而實際上，卻可收到「無爲而無不爲」的效果。同條劉孝標注引徐廣《歷紀》云：「導阿衡三世，經綸夷險，政務寬恕，事從簡易，故垂遺愛之譽也。」「遺愛」一詞係出《左傳》魯昭公二十年：「及子產卒，仲尼聞之，出涕曰：『古之遺愛也！』」徐廣將王導比爲子產，更見其愛慕敬重之意。《漢書·藝文志·諸子略序》云：「道家者流，蓋出於史官……。然後知秉要執本、清虛以自守，卑弱以自持。」而魏晉士人亦頗能實踐道家「秉要執本」之理：

> 王長史與劉尹書，道淵源（殷浩）：「觸事長易。」(《世說新語·賞譽篇》第一百二十一條)
>
> 司馬文王問武陔：「陳玄伯何如其父司空？」陔曰：「通雅博暢，能以天下聲教爲己任者，不如也；明練簡至，立功立事，過之。」(〈品藻篇〉第五條)
>
> 王丞相辟王藍田爲掾，庾公問丞相：「藍田何似？」王曰：「眞獨簡貴，不減父祖；然曠澹處，故當不如爾。」(同前篇第二十三條)

殷浩處理緊急繁雜的事務，能從容不迫，井井有條，故給人「觸事長易」之感；武陔以爲陳泰辦事明達幹練，精簡妥當，則非其父陳群可比擬；王導讚賞王述的「眞獨簡貴」，不遜於他的父、祖。由三例顯示，魏晉士人處理政事之態度，以「簡約」取勝。若能從繁複的事務中，找出它的規律、法則，自然能「觸事

長易」。此種處世哲學，與老子「致虛極，守靜篤。萬物並作，吾以觀復。」（《老子·第十六章》）和莊子「庖丁解牛，遊刃有餘」（《莊子·養生主》）之理相應。《世說新語》及《晉書》中，另有「和靜致治」、「清鑒貴要」、「清蔚簡令」、「清令易達」、「穆然清恬」、「沖虛簡貴」、「拱默守道」〔註18〕之語詞，均可反映出老莊思潮左右魏晉士人處理政事之態度，其影響可謂至深且鉅。老莊玄默沖虛，不尚事功的人生哲學，成了這一代士人的行事圭臬。《世說新語》中之士人，常是「居官無官官之事，處事無事事之心」〔註19〕：

> 歆雖居職任，未嘗以事自嬰，從容博暢，寄通而已。是時天下多故，機事屢起，有爲者拔奇吐異，而禍福繼之。歆常默然，故憂喜不至也。（〈賞譽篇〉第四十四條注引《名士傳》）
> 夷甫雖居台司，不以事物自嬰，當世化之，羞言名教。自臺郎以下，皆雅崇拱默，以遺事爲高。（〈輕詆篇〉第十一條注引《八王故事》）
> 撫軍問孫興公：「……卿自謂何如？」曰：「下官才能所經，悉不如諸賢；至於斟酌時宜，籠罩當世，亦多所不及。然以不才，時復託懷玄勝，遠詠老、莊，蕭條高寄，不與時務經懷，自謂此心無所與讓也。」（〈品藻篇〉第三十六條）
> 胡之常遺世務，以高尚爲情，與謝安相善也。（〈賞譽篇〉第一百二十五條注引《王胡之別傳》）

「未嘗以事嬰心」、「以遺事爲高」、「不與時務經懷」成爲名士普遍之從政態度。王孝伯更云「名士不必須奇才，但使常得無事，痛飲酒，熟讀〈離騷〉，便可稱名士。」（《世說新語·任誕篇》第五十三條）由此可知，「常無事」，成爲名士之必備條件之一。若是仕不事事，不盡職守，反而能得致上司之青睞：

> 羅君章爲桓宣武從事，謝鎮西作江夏，往檢校之。羅既至，初不問郡事；徑就謝數日，飲酒而還。桓公問有何事？君章云：「不審公謂謝尚何似人？」桓公曰：「仁祖是勝我許人。」君章云：「豈有勝公

〔註18〕 以上諸語，係分別出自：「和靜致治」語見《世說新語·政事篇》第二十一條。「清鑒貴要」語見《世說新語·賞譽篇》第一百條。「清蔚簡令」語見《世說新語·品藻篇》第三十六條。「清令易達」語同上條。「穆然清恬」語見《世說新語·雅量篇》第二十五條。「沖虛簡貴」、「拱默守道」二語均見《晉書·簡文帝紀》。

〔註19〕 孫綽爲劉惔所作之誄文，見《晉書》卷七十五〈劉惔傳〉。

人而行非者，故一無所問。」桓公奇其意而不責也。（《世說新語・規箴篇》第十九條）

嘉（孟嘉）少以清操知名。太尉庾亮領江州，辟嘉部廬陵從事。下都還，亮引問風俗得失。對曰：「待還，當問從事吏。」亮舉塵尾掩口而笑，語弟翼曰：「孟嘉故是盛德人。」轉勸學從事。（《世說新語・識鑒篇》第十六條注引《嘉別傳》）

據程炎震考證，羅含（羅君章）「爲桓宣武從事」，應是「爲庾翼從事」之僞誤。〔註 20〕羅含奉庾翼之命，巡視江夏郡太守謝尚。抵達時，根本「不問郡家事」。孟嘉爲庾亮州從事，當庾亮問及廬陵當地風俗時，一問三不知。羅含、孟嘉兩位從事，「吏非吏，隱非隱」（《晉書》卷五十六〈孫綽傳〉），反倒是讓庾氏兄弟讚譽有加。彼時之風氣，由此略知一二。《世說新語・簡傲篇》第十一條又云：

王子猷作桓車騎騎兵參軍，桓問曰：「卿何署？」答曰：「不知何署，時見牽馬來，似是馬曹。」桓又問：「官有幾馬？」答曰：「不問馬，何由知其數？」又問：「馬比死多少？」答曰：「未知生，焉知死？」

王子猷荒腔走板地引經據典，實令人啼笑皆非，其廢務遺事至此！而一般世俗之人，若得升官之機會，往往雀躍非常，然魏晉士人自視甚高，往往不屑擔任小職位之工作，因而辜負了長官之美意：

王中郎年少時，江虨爲僕射領選，欲擬之爲尚書郎。有語王者。王曰：「自過江來，尚書郎正用第二人，何得擬我？」江聞而止。（《世說新語・方正篇》第四十六條）

王坦之不屑擔任伏案撰擬文書的職位，本條余嘉錫云：「蓋自中朝名士王衍之徒，祖尚浮虛，不以物務自嬰，轉相放效，習成風尚。以遺事爲高，以任職爲俗，江左偏安，此弊未改。尚書諸曹郎，主文書起草，無吏部之權勢，而有刀筆之煩，固名士之所不屑。惟出身寒素者爲能黽勉奉公，不以簿書期會爲恥，選曹亦樂得而用焉。相沿日久，積重難返。坦之嘗著《廢莊》之論，非不欲了公事者，然以世族例不爲此官，亦拂然拒之矣。士大夫之風氣如此，而欲望其鞠躬盡瘁，知無不爲，何可得也！」〔註 21〕余氏之批評，可謂中的之

〔註 20〕見余嘉錫：《世說新語箋疏》（臺北：仁愛書局，1984 年 10 月），頁 569。

〔註 21〕余嘉錫：《世說新語箋疏》（臺北：仁愛書局，1984 年 10 月），頁 324。

論。由此也間接地看出，直至劉宋時期，皇室、士族仍以簿書期會為恥，而「不以物務自嬰」仍是時人的從政態度。另外，王徽之亦不屑於小官：

> 王子猷作桓車騎參軍。桓謂王曰：「卿在府久，比當相料理。」初不答，直高視，以手版拄頰云：「西山朝來，致有爽氣。」（《世說・簡傲篇》第十三條）

當桓沖欲調升王徽之職位時，徽之聽完不但不領情，反言「西山朝來，致有爽氣」，言外之意，暗指升官之事乃濁氣、瘴氣。殷浩曾云：「官本是臭腐，所以將得而夢棺尸；財本糞土，所以將得而夢穢污。」（《世說新語・文學篇》第四十九條）殷浩將官位視為「臭腐」，將財富視為「糞土」的觀點，頗能迎合名士「視富貴如浮雲」之作風，故時人以為名言（同上條）。而王坦之、王徽之的行事風格，體現當代的名士對政事「依心阿無」、「不事世事」之漠然態度。是故，士人若太勤於政事、實務，將遭致同僚好友的奚落或規勸：

> 丞相嘗夏月至石頭看庾公。庾公正料事，丞相云：「暑可小簡之。」庾公曰：「公之遺事，天下亦未以為允。」（《世說新語・政事篇》第十四條）
>
> 王、劉與林公共看何驃騎，驃騎看文書不顧之。王謂何曰：「我今故與林公來相看，望卿擺撥常務，應對玄言，那得方低頭看此邪？」何曰：「我不看此，卿等何以得存？」諸人以為佳。（同前篇第十八條）
>
> 范榮期見郗超俗情不淡，戲之曰：「夷、齊、巢、許，一詣垂名。何必勞神苦形，支策據梧邪？」郗未荅。韓康伯曰：「何不使遊刃皆虛？」（〈排調篇〉第五十三條）
>
> 褚季野問孫盛：「卿國史何當成？」孫云：「久應竟，在公無暇，故至今日。」褚曰：「古人『述而不作』，何必在蠶室中？」（同前篇第二十五條）

王導勸庾亮稍簡公務。《晉書》卷七十三〈庾亮傳〉云：「王導輔政，以寬和得眾；亮任法裁物，頗以此失人心。」王導為政憒憒，寬簡不苛，贏得人心；王濛、劉惔與竺法深三人希何充擺撥時務，而與之清言。所幸何充能先公後私，而王濛等人亦是明理；范啟見郗超悉心塵務，於是以師曠拄策假寐、惠施憑几而眠來作喻；「褚季野把利用公餘撰寫國史的孫盛，比作陷身在蠶室中

受盡折磨的司馬遷。勸他趕緊放棄。」〔註22〕如此官場文化，正是干寶於《晉紀・總論》所云：

> 仕進者以苟得爲貴，而鄙居正；當官者以望空爲高，而笑勤恪。是以目三公以蕭杌之稱，標上議以虛談之名。劉頌屢言治道，傅咸每糾邪正，皆謂之俗吏。其倚杖虛曠，依阿無心者，皆名重海內。若夫文王日昃不暇食，仲山甫夙夜匪懈者，蓋共嗤點以爲灰塵，而相詬病矣。由是毀譽亂於善惡之實，情匿奔於貨欲之塗。選者爲人擇官，官者爲身擇利。而秉鈞當軸之士，身兼官以十數。大極其尊，小祿其要，機事之失，十恒八九。而世族貴戚子弟，陵邁超越，不拘資次。悠悠風塵，皆奔競之士。

而當所有士人都以不嬰事務爲貴時，這個國家也就岌岌可危了，王衍臨死之前，即深深譴責自己的不豫世事、祖尙浮虛之病：「嗚呼！吾曹雖不如古人，向若不祖尙浮虛，勠力以匡天下，猶可不至今日！」（《晉書》卷四十三〈王衍傳〉）而東晉人在論西晉之亡，也歸罪於他。《世說新語・輕詆篇》第十一條載：「桓公入洛，過淮、泗，踐北境，與諸僚屬登平乘樓，眺矚中原，慨然曰：『遂使神州陸沈，百年丘墟，王夷甫諸人，不得不任其責！』」以王衍所處的地位與聲望，其對士林之影響力，無疑的是相當巨大的。雖說晉室之亡，原因複雜，然其依阿無心，崇尙浮虛之爲官作風，對國家存亡，仍是必須負相當大的責任。流風所及，南朝士族亦自視清高，不肯從事政治實務，不會帶兵打戰，無實際才能，這些士族，「膚脆骨柔，體羸氣弱，不耐寒暑，坐死倉猝者，往往而然。」（《顏氏家訓・涉務篇》）士大夫至此，國家之命運可知矣！

二、士無特操

士人從政態度另一個特徵爲──「士無特操」。嚴格說來，士人之品行操守不佳，應溯本追源於魏晉立國之不正當性。以西晉立國而言，在君臣綱紀上一直處於兩難之境地中。司馬昭對王經的處置，最能說明對此問題的兩難處境。《資治通鑑》卷七十七載：

> 帝（曹髦）見威權日去，不勝其忿。五月巳丑，召侍中王沈、尚書王經、散騎常侍王業，謂曰：「司馬昭之心，路人皆知也。吾不能坐

〔註22〕劉正浩等：《新譯世說新語》（臺北：三民書局，1996 年 8 月），頁 726。

受廢辱，今日當與卿自出討之。」王經曰：「昔魯昭公不忍季氏，敗
走失國，爲天下笑，今權在其門，爲日久矣，朝廷四方皆爲之致死，
不顧逆順之理，非一日也。且宿衛空闕，兵甲寡弱，陛下何所資用；
而一旦如此，無乃欲除疾而更深之邪！禍殆不測，宜見重詳。」帝
乃出懷中黃素詔投地，曰：「行之決矣！正使死何懼，況不必死邪！」
於是入白太后。沈、業奔走告昭，呼經欲與俱，經不從。⋯⋯

王沈、王業乃賣主求榮之人，而王經卻能在此關鍵時刻，堅守君臣間之道義
而不告密，表現了對魏室之耿耿忠心，於是司馬昭便把他殺了。臨死前，王
經母以子忠孝兩全爲榮，《世說新語・賢媛篇》第十條載：

王經少貧苦，仕至二千石，母語之曰：「汝本寒家子，仕至二千石，
此可以止乎！」經不能用。爲尚書，助魏，不忠於晉，被收。涕泣
辭母曰：「不從母敕，以至今日！」母都無慼容，語之曰：「爲子則
孝，爲臣則忠。有孝有忠，何負吾邪？」

當年王經受高貴鄉公曹髦之倚重，官至尚書，可謂權傾一時。但母親卻勸他
居高思危，急流勇退，其洞燭先機、智慧之過人由此可見。而後王經罹難，
母親也跟著受牽連。王經深覺愧對母親，然其母卻以忠孝雙全的兒子爲傲。
大難當前，絲毫無懼色，其大仁大勇之風範，直追東漢士人范滂之母。王經
母所說的「忠」，顯然是從忠於魏室的角度而說的，但忠於魏，即是不忠於司
馬氏。司馬昭把王經殺掉，大有以警效尤之味道。但在四年後的泰始元年（西
元 265 年），司馬炎卻下詔曰：

故尚書王經，雖身陷法辟，然守志可嘉。門户堙沒，意常愍之，其
賜經孫郎中。〔註23〕

「殺王經，是讓王朝臣們看看不跟司馬氏走有什麼結果，因爲其時雖已政歸
司馬氏，然尚未正式登位。而獎勵王經的志守忠節，是晉國已建，需要提倡
忠節。」〔註 24〕這種前後矛盾的處理方式，說明了君臣綱紀之問題，對司馬
氏政權而言，是相當棘手的問題。晉朝對此問題的搖擺不定，透顯了處理此
事的高難度。

〔註23〕 《三國志・魏書・夏侯玄傳》裴注引《漢晉春秋》。

〔註24〕 羅宗強：《玄學與魏晉士人心態》（臺北：文史哲出版社，1992 年 11 月），頁
195。

而王經之事後十年，另一個兩難的處境又出現：

> 充自以位隆望重，意殊不平。及純行酒，充不時飲。純曰：「長者爲壽，何敢爾乎？」充曰：「父老不歸供養，將何言也！」純因發怒，曰：「賈充，天下凶凶，由爾一人！」充曰：「充輔助二世，蕩平巴蜀，有何罪而天下爲之凶凶？」純曰：「高貴鄉公安在？」從坐因罷。充左右欲執純，中護軍羊琇、侍中王濟佑之，因得出。（《晉書》卷五十〈庾純傳〉）

賈充爲弒高貴鄉公曹髦的主謀。如此不忠於魏室之人，卻偏以「不孝」之罪加之於人，而庾純在群臣面前，把弒君之尖銳問題再度掀出來，可想而知，當時之情況有多緊張，更不可思議地在弒君後的第十年的當日，居然還有人敢出面保護他。羅宗強先生以爲這件事的背後，實在有著史書缺載的更爲豐富之含蘊。這件事至少說明，司馬氏弒君篡位，在士人心中引起的不平，長期並沒有平復。而庾純對賈充的指責，是不平鬱積於心的一次爆發。〔註25〕而對於庾純如此「脫序違紀」的演出，朝廷兩次下詔，前次免庾純官，詔的核心，是說他「托醉肆忿」、「陵上無禮」、「悖言自口」；而第二次復官之詔卻云禮不加責，並「疑賈公亦醉」，把賈充也罵了進去。〔註26〕朝廷依違在兩可之間，此又再一次地顯示了司馬氏政權在處理君臣綱紀問題的爲難處境。

　　司馬氏竊魏，無君父之節的不忠行徑，是導致了晉朝處理君臣綱紀的兩難境地之主因。司馬炎在立國之初，即倡言名教，然他本身卻是個違背儒家名教竊位篡國之人，故其崇儒重教，多是虛僞矯飾之擧。這種政治氛圍，造成了一種特殊的道德環境，那就是「士無特操」，此時的士人，大部分是不以忠節爲念的：

〔註25〕同前註，頁196。
〔註26〕免庾純官詔：「先王崇尊卑之禮，明貴賤之序，著溫克之德，記沈酗之禍，所以光宣道化，示人軌儀也。昔廣漢陵慢宰相，獲犯上之刑；灌夫托醉肆忿，致誅戮之罪。純以凡才，備位卿尹，不惟謙敬之節，不忌覆車之戒，陵上無禮，悖言自口，直加顯黜，以肅朝論。」見復庾純官詔：「自中世以來，多爲貴重順意，賤者生情，故令釋之，定國得揚名於前世。今議責庾純，不惟溫克，醉酒沈湎，此責人齊聖也。疑賈公亦醉，若其不醉，終不於百客之中責以不去官供養也。大晉依聖人典禮，制臣子出處之宜，若有八十，皆當歸養，亦不獨純也。古人云：『由醉之言，俾出童羖。』明不責醉，恐失度也。所以免純官者，當爲將來之醉戒耳。齊王、劉掾議當矣。」（以上二文均見《晉書》卷五十〈庾純傳〉）

時帝素知太子闇弱,恐後亂國,遣勖及和嶠往觀之。勖還稱太子之
德,而嶠云太子如初,於是天下貴嶠而賤勖。……勖久管機密,有
才思,探得人主微旨,不犯顏迕爭,故得始終全其寵祿。(《晉書》
卷三十九〈荀勖傳〉)

元皇帝既登阼,以鄭后之寵,欲舍明帝而立簡文。時議者咸謂:「舍
長立少,既於理非倫,且明帝以聰亮英斷,益宜爲儲副。」周、王諸
公,並苦爭懇切。唯刁玄亮獨欲奉少主,以阿帝旨。元帝便欲施行,
慮諸公不奉詔。於是先喚周侯、丞相入,然後欲出詔付刁。周、王既
入,始至階頭,帝逆遣傳詔,遏使就東廂。周侯未悟,即卻略下階。
丞相披撥傳詔,逕至御床前曰:「不審陛下何以見臣。」帝默然無言,
乃探懷中黃紙詔裂擲之。由此皇儲始定。周侯方慨然愧歎曰:「我常
自言勝茂弘,今始知不如也!」(《世說新語‧方正篇》第二十三條)

鯤不徇功名,無砥礪行,居身可否之間,雖自處若穢,而動不累高。
敦有不臣之跡,顯於朝野。鯤知不可以道匡弼,乃優遊寄遇,不屑
政事。(《晉書》卷四十九〈謝鯤傳〉)

對太子繼位之事,荀勖、刁協均佞諛取容,不顧國家未來之安危,只求眼前
自身之利祿;謝鯤雖知王敦有問鼎之跡,卻選擇「優遊寄遇」,置身世外,與
政局疏離。「無砥礪行」,成爲魏晉士人之另一種「標誌」。士人爲求自保及自
身之利益,往往極力討好皇帝,取媚當世:

晉武帝始登阼,探策得「一」。王者世數,繫此多少。帝既不說,群
臣失色,莫能有言者。侍中裴楷進曰:「臣聞天得一以清,地得一以
寧,侯王得一以爲天下貞。」帝說,群臣歎服。(《世說新語‧言語
篇》第十九條)

桓玄既篡位,後御床微陷,群臣失色。侍中殷仲文進曰:「當由聖德
淵重,厚地所以不能載。」時人善之。(同前篇第一百零六條)

裴楷釋「一」與殷仲文釋「御床微陷」,兩則故事有異曲同工之妙。〔註27〕另

〔註27〕 李慈銘先生以爲殷仲文即是從裴楷處學來的討好技倆:「案此學裴楷『天得一
以清』之言,而取媚無稽,流於狂悖。晉武帝受禪,至惠而衰,得一之微,
實爲顯著。靈寶篡逆,覆載不容,仲文晉臣,謬稱名士。而既棄朝廷所授之
郡,復忘其兄仲堪之仇。蒙面喪心,敢誣厚地。犬彘不食,無忝小人。」見
余嘉錫:《世說新語箋疏》(臺北:仁愛書局,1984年10月),頁158。

外，中朝名士樂廣雖口談玄虛，風流瀟灑，裴楷、王衍、劉訥等人對其讚譽有加，然奉璽綬一事，亦成爲人格上的一大污點：

> 謝公與時賢共賞說，遏、胡兒並在坐。公問李弘度曰：「卿家平陽，何如樂令？」於是李潛然流涕曰：「趙王篡逆，樂令親授璽綬。亡伯雅正，恥處亂朝，遂至仰藥。恐難以相比！此自顯於事實，非私親之言。」謝公語胡兒曰：「有識者果不異人意。」（《世說新語·品藻篇》第四十六條）

趙王倫篡奪帝位，樂廣不能討伐制止，反趨炎附勢，親授璽綬；而李重「恥處亂朝，仰藥而盡。」兩人高下，自不可同日而語。王鳴盛即云：「潘岳、石崇附賈謐，望塵而拜，不待言矣。而劉琨、陸機亦皆附謐，在二十四友之數。越王倫之篡，樂廣號玄虛，仍奉璽綬勸進，而劉琨則爲倫所信用，晉少貞臣如此！」（《十七史商榷》卷四十九）假若連當時最負盛名的「名士」，也不以忠節爲念，可想見，士人操守會淪落到何種之境地。更不可思議的是，士人竟能欣賞像王敦那樣的叛臣：

> 桓溫行經王敦墓邊過，望之云：「可兒！可兒！」（〈賞譽篇〉第七十九條）

桓溫處處以王敦爲仿效之對象，故經其墓旁連呼兩聲「可兒！」他引王敦爲同類，包藏禍心，人人皆知。《世說·尤悔篇》第十三條記桓溫曾云：「作此寂寂，將爲文、景（晉文帝、晉景帝）所笑！」又云：「既不能流芳萬世，亦不足復遺臭萬載邪？」桓溫不能號令天下而屈身爲臣，自是寂寞難奈。於是他決心行險徼幸，縱使遭千古罵名也不悔。他之所以欣賞王敦，正是王敦的梟雄氣慨與不臣之心與他相類。而《世說》將桓溫對王敦之讚美歸入〈賞譽篇〉，亦是不當的，若收於〈假譎篇〉〈尤悔篇〉反更爲切當。〔註28〕然此適足以反映當時的審美觀，那就是：「魏晉人士更看重的是英雄（或奸雄）豪傑，而不是忠臣義士。」〔註29〕《世說·豪爽篇》共十三則而已，而王敦之事例

〔註28〕 李慈銘即云：「案此桓溫包藏逆謀，引爲同類，正與『作此寂寂，將令文景笑人！』語同一致。深識之士，當屛弗談；即欲收之，亦當在假譎、尤悔之列。而歸之賞譽，自爲不倫。」見余嘉錫：《世說新語箋疏》（臺北：仁愛書局，1984 年 10 月），頁 467。

〔註29〕 柳士鎮、錢南秀譯注：《世說新語》（臺北：錦繡出版社，1992 年）5 月，頁223。

獨佔了四則：

> 王大將軍年少時，舊有田舍名，語音亦楚。武帝喚時賢共言伎藝事。
> 人皆多有所知，唯王都無所關，意色殊惡，自言知打鼓吹。帝令取
> 鼓與之，於坐振袖而起，揚槌奮擊，音節諧捷，神氣豪上，傍若無
> 人。舉坐歎其雄爽。（第一條）
> 王處仲世許高尚之目，嘗荒恣於色，體為之敝。左右諫之，處仲曰：
> 「吾乃不覺爾。如此者，甚易耳！」乃開後閤，驅諸婢妾數十人出
> 路，任其所之，時人歎焉。（第二條）
> 王大將軍自目：「高朗疎率，學通左氏。」（第三條）
> 王處仲每酒後輒詠「老驥伏櫪，志在千里。烈士暮年，壯心不已」。
> 以如意打唾壺，壺口盡缺。（第四條）

王敦打鼓吹，神氣豪放過人，舉坐「歎其雄爽」；王敦也曾沈迷女色，體為之
敝，但他卻能從諫如流，壯士斷腕之魄力，非常人可及；左氏乃闡發《春秋》
大義為主，王敦有沒有讀「通」，這頗令人質疑；但他自許為「高朗疎率」，
卻也挺符合他的個性；王敦高詠曹操詩句之舉動，充份體現了野心家壯心未
酬的焦灼心態。王敦在當代，即有「可人」之名〔註 30〕，而此四則也道盡了
時人對他的崇拜。

魏晉士人亦欣賞桓溫：

> 顧長康拜桓宣武墓，作詩云：「山崩溟海竭，魚鳥將何依。」人之曰：
> 「卿憑重桓乃爾，哭之狀其可見乎？」顧曰：「鼻如廣莫長風，眼如
> 懸河決溜。」或曰：「聲如震雷破山，淚如傾河注海。」（《世說新語·
> 言語篇》第九十五條）
> 初，熒惑入太微，尋廢海西。簡文登阼，復入太微，帝惡之。時郗
> 超為中書在直。引超入曰：「天命脩短，故非所計，政當無復近日事
> 不？」超曰：「大司馬方將外固封疆，內鎮社稷，必無若此之慮。臣
> 為陛下以百口保之。」帝因誦庾仲初詩曰：「志士痛朝危，忠臣哀主
> 辱。」聲甚悽厲。郗受假還東，帝曰：「致意尊公，家國之事，遂至
> 於此！由是身不能以道匡衛，思患預防，愧歎之深，言何能喻？」

〔註 30〕余嘉錫注引《文館詞林》六百九十九東晉庾亮〈黜故江州刺史王敦像贊教〉
　　　　云，見余氏：《世說新語箋疏》（臺北：仁愛書局，1984 年 10 月），頁 467。

因泣下流襟。（同前篇第五十九條）

袁彥道有二妹：一適殷淵源，一適謝仁祖。語桓宣武云：「恨不更有
一人配卿。」（同前書〈任誕篇〉第三十七條）

劉尹道桓公：鬢如反蝟皮，眉如紫石稜，自是孫仲謀、司馬宣王一
流人。（同前書〈容止篇〉第二十七條）

顧愷之對桓溫之死，哀慟至極；郗超拿全家百口性命來擔保桓溫之忠貞；袁
耽恨少一個妹妹匹配桓溫，可見其對桓溫愛慕景仰之深；劉惔把桓溫歸之於
孫權、司馬懿之類，大有讚賞之意，而如此其貌不揚之人，竟歸之於〈容止
篇〉，更顯現了當時的審美意趣。無怪乎郗超欣喜於被比為苻堅（〈企羨篇〉
第五條）；張天錫稱制西隅，卻仍為晉孝武帝所器、王舒所愛（〈言語篇〉第
九十四條、第九十九條）。此時士人，是忠奸不分，名義不識的。

魏晉士人厚顏大倡「身名俱泰」的人生觀：

石崇每與王敦入學戲，見顏、原象而歎曰：「若與同升孔堂，去人何
必有間！」王曰：「不知餘人云何？子貢去卿差近。」石正色云：「士
當令身名俱泰，何至以甕牖語人！」（《世說新語・汰侈篇》第十條）

石崇只知以富驕人，焉得見顏回、原憲人格之偉大？然此種「身名俱泰」的
價值觀，卻是普遍士人的行事準則。為求能「身泰」、「名泰」，魏晉士人可以
寡廉鮮恥，不顧道義。《世說》中之士人，多為「噉名客」：

簡文在殿上行，右軍與孫興公在後。右軍指簡文語孫曰：「此噉名
客！」簡文顧曰：「天下自有利齒兒。」後王光祿作會稽，謝車騎出
曲阿祖之。王孝伯罷秘書丞在坐，謝言及此事，因視孝伯曰：「王丞
齒似不鈍。」王曰：「不鈍，頗亦驗。」（〈排調篇〉第五十四條）

由此可見簡文等人均俱求名之俗情。另外《世說》還載韓康伯預言謝玄「好
名，必能戰。」（〈識鑒篇〉第二十三條）、龐統品評全琮云：「全子好聲名，
似汝南樊子昭」（〈品藻篇〉第二條）……等等，可見，魏晉士人好名之一斑，
以下一則最足以說明士人好名之心態是至死不休的：

王珣疾，臨困，問王武岡曰：「世論以我家領軍比誰？」武岡曰：「世
以比王北中郎。」東亭轉臥向壁，歎曰：「人固不可以無年！」（〈品
藻篇〉第八十三條）

王珣病重，心理牽掛的是世人對父親王洽之品評，當得知世人將之比附王坦之時，於是向壁而嘆。劉孝標注云：「珣意以其父名德過坦之而無年，故致此論。」王珣臨危時，心念所繫，竟是父親在當代的排名、地位。這種對名的追求，竟連方外之士也趨之若鶩，《世說》曰：

> 于法開始與支公爭名，後精漸歸支，意甚不忿，遂遁跡剡下。遣弟子出都，語使過會稽。于時支公正講《小品》。開戒弟子：「道林講，比汝至，當在某品中。」因示語攻難數十番，云：「舊此中不可復通。」弟子如言詣支公。正值講，因謹述開意。往反多時，林公遂屈。屬聲曰：「君何足復受人寄載！」（〈文學篇〉第四十五條）

于法開授予弟子法威攻難之術〔註31〕，只為能打倒支遁，以雪昔日爭名落敗之恥；若非對「名」的痴迷，何苦以對手之動態、講經之時間、次第為念；而支遁若非對「名」的執著，何苦理屈而大怒？佛家言四大皆空，而法開、支遁顯然俗「名」難忘。

士人另一個心態即貪圖人間享受而嗜利如命：殷仲文「輿馬器服，窮極綺麗，後房妓妾數十，絲竹不絕音。性甚貪吝，多納賄賂，家累千金，常若不足。」（〈言語篇〉第一百零六條注引《續晉陽秋》）、石崇「資產累巨萬金，宅室輿馬，僭擬王者。庖膳必窮水陸之珍。後房百數，皆曳紈綉，珥金翠，而絲竹之藝，盡一世之選。築榭開沼，彌極人巧。」（〈汰侈篇〉第八條注引《續文章志》）、祖約好財（〈雅量篇〉第十五條）、郗愔「大聚斂，有錢數千萬。」（〈汰侈篇〉第九條）、王戎「殖財賄，家僮數百，計算金帛，有如不足，以此獲譏於時。」（徐廣《晉紀》）簡文以為王述「才既不長，於榮利又不淡」（〈賞譽篇〉第九十一條）、和嶠「家產豐富，擬於王者，然性至吝。以是獲譏於世。」（《晉書》卷四十五〈和嶠傳〉）、山濤「以蓄積取譏」（《顏氏家訓·勉學篇》）……。一長串唯錢是求的名單，令人嘖嘖稱奇。《世說新語·規箴篇》第九條記載王衍從來口不言錢：

> 王夷甫雅尚玄遠，常嫉其婦貪濁，口未嘗言「錢」字。婦欲試之，令婢以錢遶床，不得行。夷甫晨起，見錢閡行，呼婢曰：「舉卻阿堵物。」

〔註31〕據《高僧傳》卷四載：「開有弟子法威，清悟有樞辯。開嘗使威出都，經過山陰，支遁正講〈小品〉。開語威言：『道林講，比汝至，當至某品中。』示語攻難數十番，云：『此中舊難通。』威既至郡，正值遁講，果如開言。往復多番，遁遂屈，因屬聲曰：『君何足復受人寄載來耶！』」由此可知，此弟子即是法威。

乍看之下，王衍似不貪財，然本條劉孝標注引王隱《晉書》云：「夷甫求富貴得富貴，資財山積，用不能消，安須問錢乎？而世以不問為高，不亦惑乎？」王隱之評論，甚有見識。像王衍口談玄虛，卻是「資財山積」的士人，這看來極不協調，老莊講無欲無求，然魏晉士人貪鄙成風，何以解釋這種矛盾現象呢？羅宗強先生以為：

> （魏晉士人）用老莊思想來點綴充滿強烈私慾的生活，把利欲燻心和不嬰世務結合起來，口談玄虛而入世甚深，得到人生的最好享受又享有名士的聲譽。瀟灑而又庸俗，出世而又入世。出世，是尋找精神上的滿足；入世，是尋找物質上的滿足。宋人蘇軾在論阮咸的時候，說山濤薦阮咸，稱其清正寡欲，而咸之所為，卻大不然。於是蘇軾評論說：「意以謂心、迹不相關，此最晉人之病也。」所謂心、迹不相關，其實正是這種口談玄虛而入世甚深的表現。〔註32〕

這就是魏晉士人的人生觀。由於魏晉竊國的不正當性，衍生了「政失準的」的政局，間接地塑造了士人忠奸不分、士無特操、利慾燻心的道德性格。

當求利未逞，士人便斤斤計較：周邵不滿二千石之俸祿，抱怨說：「為庾元規（庾亮）所賣！」（〈尤悔篇〉第十條）；郝隆任桓溫南蠻參軍，在修禊聚會之時，以蠻語入詩，桓問其故，隆曰：「千里投公，始得一蠻府參軍；那得不作蠻語也！」（〈排調篇〉第三十五條）；袁宏自比為國士，但桓溫未能委以重任，不禁感慨萬千。（〈輕詆篇〉第十二條）魏晉士人之出處態度，與孔子所云：「人不知而不慍」（《論語·學而篇》）、「君子喻於義，小人喻於利」（《論語·里仁篇》）、「富與貴，是人之所欲也，不以其道得之，不處也；貧與賤，是人之所惡也，不以其道得之，不去也。」（同前篇）之道理，是大相逕庭、南轅北轍的。另外，亦有士人過於使用智數，以致弄巧成拙，喪失做官之機會：

> 范玄平為人，好用智數，而有時以多數失會。嘗失官居東陽，桓大司馬在南州，故往投之。桓時方欲招起屈滯，以傾朝廷；且玄平在京，素亦有譽，桓謂遠來投己，喜躍非常。比入至庭，傾身引望，語笑歡甚。顧謂袁虎曰：「范公且可作太常卿。」范裁坐，桓便謝其遠來意。范雖實投桓，而恐以趨時損名，乃曰：「雖懷朝宗，會有亡

〔註32〕羅宗強：《玄學與魏晉士人心態》（臺北：文史哲出版社，1992年11月），頁266～267。

> 兒癡在此，故來省視。」桓悵然失望，向之虛佇，一時都盡。(〈假
> 譎篇〉第十三條)

范汪之矜假，終致錯失做太常卿之良機。而范汪仍舊是落入「趨時損名」的
評價。魏晉人之工於心計，除了用於求名求利外，亦用於自保，如八王之亂
王戎僞裝藥發而墮廁（《晉書・本傳》）、王衍在趙王倫簒位後，佯狂斫婢（《晉
書・本傳》）。二王爲一代名士，然爲避禍所做之種種行爲，頗令人不齒，羅
宗強先生極有先識遠見地指出：

> 現代治美學史者論晉人風流，往往視之若神仙，而其實入世之深，
> 機心之重，亦莫過於晉人。集瀟灑風流與濃重機心於一身，這才是
> 晉人的歷史眞實的面貌。若能考慮到這上點，在論及晉人之美時，
> 可能會有另外的更爲豐富的體驗。〔註33〕

羅氏所云，提供了我們審視魏晉人的另一個面向。望之若神仙、口操清言、
瀟灑出塵之神姿，固然是歷史上魏晉人的眞實的面貌；然而機心重重、言行
不符、士無特操等之言行，卻也是後人在審視魏晉人時，不可忽視的另一個
眞實的面貌。

第三節　山水審美與企慕隱逸

在人與自然的漫長互動中，人對自然的觀點，歷經了——宗教、尚用、
比德、暢神四大變化。這四種觀點不見得有明確的界限，且有可能是同時進
行的。首先，我們的祖先奉祀山川之神，實出於對自然山水之畏懼、崇敬、
依賴，誠如《韓詩外傳》卷三所云：「山者萬民之所瞻仰也，草木生焉，萬
物殖焉。」早期的初民將自然神化，以爲它可以宰制人類的一切，對它既害
怕又尊敬。而《說文》曰：「美，甘也，從羊大。」這說明了先民以肥碩之
羊爲美。這是從實用觀點來看美的。而從歷史上說，「以功利觀點來觀待事
物，總是先於以審美觀點來看事物的。」〔註34〕故先民接著又以實用觀點來
看待自然。《荀子・王制》云：「山林川谷美，天材之利多。」王先謙《荀子
集解》釋云：「多良材及灌溉之利也。」然荀子所云已含「制天命而用之」

〔註33〕同前註，頁 245。
〔註34〕普列漢諾夫（Polethannorffe）著，曹葆華譯：《論藝術》（香港：三聯書局，
　　　　1973 年），頁 108。

的天人觀，此時人們已漸漸擺脫了對自然之恐懼。而孔子多將自然來比況君子之德。他說：「智者樂山，仁者樂水。」(《論語‧庸也》)此種比德的山水觀，引導人們通過山水的體驗去反思仁、智的人格特徵。

真正以無關功利的審美情趣來看山水，是直至魏晉才開始的。此時人們將山水當成一純粹的審美客體，在這客體中逍遙散懷，怡情養性。山水不僅提供了物質的資源，同時也提供了精神的糧食。這種審美意識，可用晉、宋時代山水畫家宗炳《畫山水序》中所提出的「暢神」術語來概括。山水使人暢神，使「人情開滌」(《世說‧言語篇》第八十一條)、「神超形越」(同前書〈文學篇〉第七十六條)。魏晉人在山水美景中，精神得到極大的富足。時人的山水審美意識可從莊子所云：「原天地之美，達萬物之情」(《莊子‧知北遊》)、「大地與我並生，萬物與我爲一」(《莊子‧齊物論》)去找到源頭的。故李文初先生即云：「莊子的思想，散發著非常濃厚的「潛在山水精神」。」〔註35〕由於老莊思想和玄學的思潮的風靡，魏晉人與自然山水有著更深化的對談。隨著與山水接觸機會的增多，對山水的熱愛和審美品味也相對的提高。莊子所云「就藪澤，處閒曠，釣魚閒處，無爲而已矣。」(《莊子‧刻意》)的生活型態，走入了日常的士人生活，《世說新語》載：

> 簡文入華林園，顧謂左右曰：「會心處，不必在遠。翳然林水，便自有濠、濮閒想也。覺鳥獸禽魚，白來親人。」(〈言語篇〉第六十一條)
> 王司州至吳興印渚中看。歎曰：「非唯使人情開滌，亦覺日月清朗。」(同前篇第八十一條)
> 顧長康從會稽還，人問山川之美，顧云：「千巖競秀，萬壑爭流，草木蒙籠其上，若雲興霞蔚。」(同前篇第八十八條)
> 王子敬云：「從山陰道上行，山川自相映發，使人應接不暇。若秋冬之際，尤難爲壞。」(同前篇第九十一條)
> 道壹道人好整飾音辭，從都下還東山，經吳中。已而會雪下，未甚寒。諸道人問在道所經。壹公曰：「風霜固所不論，乃先集其慘澹。郊邑正自飄瞥，林岫便已皓然。」(同前篇第九十三條)
> 康僧淵在豫章，去郭數十里，立精舍。旁連嶺，帶長川，芳林列於軒庭，清流激於堂宇。(〈棲逸篇〉第十一條)

〔註35〕李文初：《中國山水文化》(廣東：人民出版社，1996年9月)，頁133。

簡文帝走進南京華林園，就會有莊子優遊於濠上、垂釣於濮濱之玄想；王胡之至吳興丘渚，覺日月清淨明亮，心情也變得開朗清爽；顧愷之眼中之山水，彷彿有生命般，或競秀，或爭流，均生意盎然，朝氣蓬勃；王獻之「應接不暇」、「尤難為懷」二語，透露著對自然美的敏感與深情；僧人竺道壹由都城回東山，一路上風霜由「慘澹」變為「飄瞥」，最後是天地一片「皓然」之色；康僧淵之精舍，依山帶水，美不勝收。由此可知，吳興、會稽、東山、豫章等地的江南山水，不管是春夏秋冬之時序，也不管是山上渚邊之地點，均已吸引了方內方外之注意。

　　偏安一隅的政權，意外地使得東晉士人將雙眸投向了這鶯飛草長的江南勝景。江南山水風物之美，使士人自然而然興起審美情懷，紛紛投向它的懷抱，這時便不獨是出於避世的需要，而是真正折服於山水之美而走向自然。羅宗強先生即全面地分析魏晉山水審美意識形成之因：

> 學者們常常說，魏晉士人向內發現了獨立的人格，發現了自我，而向外則發現了山水自然的美。山水審美意識的產生，當然與個性的覺醒有關，但又不能完全歸結於這一點。在中國，山水審美意識的形成，不僅是個性覺醒、提倡任自然的玄學思潮產物，而是江南秀麗山水和這片秀麗山水偏安一隅，經營莊園的士人生活的產物。是偏安心態、閒適情趣、閒適生活促進了山水的美的發現。〔註36〕

羅氏從個體自覺、玄學之興、偏安心態及地理環境特色、莊園之興起等多方面來闡述山水審美意識產生之因，可謂是相當周衍宏觀的考察。江南優美的山水風光，激發了文人的審美情思。而山水詩、山水畫之所以產生於此時，除了社會政治、經濟條件及崇高自然的哲學思想影響以外，地理環境就是一個不可缺少的客觀條件。山水秀麗的江南激發了詩人、畫家的靈感，使他們創作出大批的山水詩畫。〔註37〕而此時士人瘋狂地投入自然的懷抱：

> 承公少誕任不羈，家於會稽，性好山水。及求鄞縣，遺心細務，縱意遊肆，名阜盛川，靡不歷覽。（《世說・任誕篇》第三十六條注引《中興書》）

〔註36〕羅宗強：《玄學與魏晉士人心態》（臺北：文史哲出版社，1992年11月），頁336～337。

〔註37〕謝凝高：《山水審美：人與自然的交響曲》（北京：北京大學出版社，1991年11月），頁27。

義之雅好服食養性，不樂在京師，初渡浙江，便有終焉之志，會稽
有佳山水，名士多居之，謝安未仕時亦居焉。孫綽、李充、許詢、
支遁等皆以文義冠世，并筑室東土，與義之同好。嘗與同志宴集于
會稽山陽之蘭亭。（《晉書》卷八十〈王義之傳〉）

（謝安）寓居會稽，與王義之及高陽許詢、桑門支遁游處，出則
漁弋山水，入則言詠屬文，無處世意。（《晉書》卷七十九〈謝安
傳〉）

孫統「名阜盛川，靡不歷覽。」可見其對自然山水之酷愛；《晉書》卷八十〈王
義之傳〉記王義之在去官後，與東土人士「盡山水之遊」，以「釣弋爲娛」，
游名山，泛滄海，嘆曰：「我卒當以樂死！」可見其對山水之至愛。王義之「嘗
與同志宴集于會稽山陽之蘭亭。」所謂「同志」，即指「同隱逸之志」。據《會
稽志》載，與蘭亭之會的名流計有：王義之、王凝之、王彬之、王徽之、王
獻之、王肅之、謝安、謝萬、徐豐之、曹茂之、孫統、袁嶠、謝瑰等四十多
人，規模之大、影響之廣，實爲歷史罕見。至此，「隱逸已由原來的個別高尚
之士的奇操異行，演變爲一種群體文人的自覺社會行爲。」〔註38〕士人愛好
山水，反映出了士人生觀的改變，此時人們的生活態度趨向以游樂適意的心
態來對待人生和自然。

士人在「崇山峻嶺、茂林修竹、清流激湍、流觴曲水」中，「仰觀宇宙之
大，俯察品類之盛」，感到「快然自足，不知老之將至。」〔註39〕山水走入了
士人的生活，於是「會心處不必在遠」、「鳥獸禽魚自來親人」，名士「非必絲
與竹，山水有清音」〔註40〕。所謂的魏晉風度，便在士人與山水的對話中展
現出來；魏晉人以玄心玄味，妙賞天地大塊文章。《世說・容止篇》第二十四
條注引孫綽《庾亮碑文》曰：

公（庾亮）雅好所托，常在塵垢之外，雖柔心應世，蠖屈其跡，而
方寸湛然，固以玄對山水。

孫綽以爲庾亮能忘卻功名利祿，以湛然方寸朗照山水。「以玄對山水」，即是
以超越於世俗的虛靜之心對山水；此時的山水，「乃能以其純淨之姿，進入於
虛靜之心的裡面，而與人的生命融爲一體，因而人與自然，由相化而相忘。」

〔註38〕張叔寧：《世說新語整體研究》（南京：南京出版社，1994年9月），頁196。
〔註39〕王義之〈蘭亭集序〉。
〔註40〕左思〈招隱詩〉。

〔註41〕魏晉人將自然山水看成是體道味玄的媒介，是溝通人與道的橋樑。「自然」一詞，在《老》、《莊》的論著中，原是一個抽象的哲學概念，是對「道」的本質特徵的最高概括。而玄學家十分強調山水對人的暢神、適性的作用，這可以視為莊子「遊」（〈逍遙遊〉）的觀念的延伸。徐復觀先生以為：「有了玄學中的莊學向魏晉人士生活中的滲透，除了使人的自身成為美地對象以外，才更使山水松竹等自然景物，都成為美地對象。」〔註42〕而「以玄對山水」與宗炳所云「澄懷觀道」〔註43〕，可視為等同的表述內容。魏晉人面對自然時，以空明的心境，將自己昇華到「道」或「玄」的境地，心與道冥合為一。此種用玄學觀照山水的方式，與以往士人山水賞會之活動有了極大心境上之不同。嵇康云：「游山澤，觀魚鳥，心甚樂之。」（〈與山巨源絕交書〉）王徽之曰：「散懷山水，蕭然忘羈。」（〈蘭亭詩〉）而「散懷山水，十年有餘」（《晉書·本傳》）的孫綽自云：「釋域中之常戀，暢超然之高情。」（〈游天台山賦〉）士人「遊」於山水間，心靈得到極大的自在與滿足，山水使人超然物外，滌盡百慮。

　　山水不僅是可以體道修玄之所，同時也成為士人的審美對象。而不懂山水審美，在當代就不能稱為名士。而能領略山水之美，無形中也就成為名士身分的一種標誌，可以自矜，亦可以驕人：

> 孫興公為庾公參軍，共游白石山。衛君長在坐，孫曰：「此子神情都不關山水，而能作文。」（《世說·賞譽篇》第一百零七條）
>
> 明帝問謝鯤：「君自謂何如庾亮？」答曰：「端委廟堂，使百僚準則，臣不如亮。一丘一壑，自謂過之。」（同前書〈品藻篇〉第十七條）

衛永「神情都不關山水」有損名士風範。而孫綽之語，大有鄙視之意。孫綽是玄言詩的主要作家，而玄言家大多喜好登山臨水，借山水言玄。而孫綽的〈蘭亭詩〉，就有相當生動的景物描寫，他深知山水對文章的妙用；而《漢書·敘傳》班嗣論莊周曰：「漁釣于一壑，則萬物不干其志。栖遲于一邱，則天下不易其樂。」謝鯤「一丘一壑」之語本此。而庾亮與謝鯤，一仕一隱，然從

〔註41〕徐復觀：《中國藝術精神·魏晉玄學與山水畫的興起》（臺北：臺灣學生書局，1988年1月10刷），頁236。
〔註42〕同前註，頁236。
〔註43〕《宋書·宗炳傳》曰：「好山水，愛遠遊，西陟荊巫，南登衡岳。因而結宇衡山，欲尚平之志。有疾還江陵，嘆曰，老疾俱至，名山恐難睹；唯當澄懷觀道，共以遊之。凡所遊履，皆圖之於室。」

謝鯤的回答中，絲毫看不出有自卑之色，反倒大有「隱優於仕」的態勢。東晉半壁江山的勝景，喚起了人們山水審美意識。魏晉人在一丘一壑、一觴一詠中，道盡了名士的風流。

　　而隨著與山水的互動增加，審美意識的抬高，於是士人常以自然物比況人物之美，《世說》即有諸多這方面的例子：

> 世目李元禮：「謖謖如勁松下風。」（〈賞譽篇〉第二條）
> 王戎云：「太尉神姿高徹，如瑤林瓊樹，自然是風塵外物。」（同前篇第十六條）
> 世目周侯：嶷如斷山。（同前篇第五十六條）
> 山公曰：「嵇叔夜之為人也，巖巖若孤松之獨立；其醉也，傀俄若玉山之將崩。」（〈容止篇〉第五條）
> 有人歎王恭形茂者，云：「濯濯如春月柳。」（同前篇第三十九條）

時人以「勁松下風」來比況李膺之德，而在中國，一向以松、柏來比喻堅貞的節操，所謂「松柏後凋於歲寒」。而《論語・顏淵》云：「君子之德風，小人之德草，草上之風，必偃。」用「勁松下之強風」來讚美李膺，驗之史傳，實是切當而不溢美之辭。他可說是東漢時代國家之棟樑、社會之良知、人民之表率；王衍「天形奇特，明秀若神。」（〈賞譽篇〉第十六條注引《名士傳》）可見其風采出塵的特質，故用「瑤林瓊樹」來比況其神姿，可謂相當貼切；仙樹狀神人，王衍之奇特，居然可知；周顗之威儀，如嚴峻的斷山，令人不敢輕慢。同篇第五十六條劉注引《晉陽秋》曰：「顗正情嶷然，雖一時儕類，皆無敢媟近。」由此可見其莊嚴之相狀。《世說・言語篇》第三十條劉注又引《晉陽秋》云：「汝南賈泰淵通清操之士，嘗嘆曰：『汝、潁固多賢士，自頃陵遲，雅道殆衰，今復見周伯仁。伯仁將袪舊風，清我邦族矣！』」周顗負天下之眾望，由此可見一斑。故用斷山形容其德操之挺拔卓絕，是相當妥善的；而嵇康之高峻如孤松之獨立，人們敬畏其孤高之美。他喝了酒之後，頹然欲傾就好像玉山將崩，惹人憐惜；有人讚歎王恭形貌如春月柳，可見其清新之狀。由上諸例可知，時人用自然美映襯、比附人格美，於是自然之美與人格之美巧妙地糅合在一起。且劉義慶也善於利用自然景物表現人物之風采形貌。這間接地說明了自然與人的親密關係；人與自然的關係，在魏晉時代以前，從來沒有這麼深契過。

　　而縱情山水加速地促成希慕隱逸之風；希慕隱逸之風又促成山水之美的發現，兩者互爲因果循環關係。由於士人在山水中精神得到莫大的解放與欣慰，且又能體道味玄，洗滌塵慮。於是士人紛紛希冀隱逸，以便求取更多與「山水」（或與「道」）契合的機會。學者王國瓔曾云企慕隱逸在魏晉蔚爲風尚：

> 知識分子在自我意識的覺醒中，深深感到精神的苦悶與心靈的枯竭，因而企圖從儒家名教世界的囹圄中自我解放出來，追求一種以個人爲中心的人生天地。……有的以避世不仕、縱跡山水，或雖仕卻消極世務、寄懷隱逸來追求老、莊的無爲自然。……總之，隨著時代的動盪不安，道家思想的抬頭，以及個人自我意識的高度覺醒，企慕超世絕俗的隱逸思想，在魏、晉時代的知識階層中，蔚然成爲風尚。〔註44〕

王氏以「政治動盪」、「道家抬頭」、「自我意識」三項，說明當時企慕隱逸之風形成之原因，其說固是不移之論。然而士大夫若想長期的隱逸山林又必須有強大的經濟來源做後盾，加以士人名利之心未能淡忘，於是士人便發明了所謂的「朝隱」理論，以便能一石二鳥，漁翁得利。魏晉以後，隱於朝市隱於官的大隱、朝隱之說廣爲流行，晉王康琚曰：「小隱隱林藪，大隱隱朝市。」（〈反招隱詩〉）魏嵇喜曰：「都邑可優游，何必栖山原。」（〈答嵇康詩〉）晉鄧粲曰：「隱之爲道，朝亦可隱，市亦可隱。隱初在我，不在於物。」（《晉書》卷八十二〈鄧粲傳〉）既然隱逸的目的在於隱逸本身的愜意適足，則只要能「得意」，即使身在朝市，也可不失爲隱逸。王瑤先生即認爲：「魏晉人重『意』的理論，其勢必然要發展到這一點——『朝隱』」。〔註45〕章尚正先生也云：

> 大隱、朝隱之說以仕爲隱、化隱爲仕，從根本上取消了隱與仕的理論界分，適應了士大夫懼禍企隱又戀棧求祿的雙重需求，爲天下朝士開闢了既散冕榮華，又揮麈談玄，名利雙收的隱逸新途徑。〔註46〕

爲「適應了士大夫懼禍企隱又戀棧求祿的雙重需求」，士人發展出「出處同歸」的理論：

〔註44〕王國瓔：《中國山水詩研究》（臺北：聯經出版社，1988年4月），頁104～105。
〔註45〕王瑤：《中古文學史論》（臺北：長安出版社，1986年6月），頁96。
〔註46〕章尚正：《中國山水文學研究》（上海：學林出版社，1997年9月），頁31。

（謝萬）敍漁父、屈原、季主、賈誼、楚老、龔勝、孫登、嵇康四
隱四顯爲〈八賢論〉，其旨以處者爲優，出者爲劣。以示孫綽，綽與
往返，以體玄識遠者，則出處同歸。（《晉書》卷七十九〈謝萬傳〉）
謝萬作〈八賢論〉，與孫興公往反，小有利鈍。謝後出以示顧君齊，
顧曰：「我亦作，知卿當無所名。」（《世說新語‧文學篇》第九十一
條）

孫綽「出處同歸」之思想，溯本追源，在東漢《抱朴子‧逸民篇》一書中即
云：「在朝者陳力以秉庶事，山林者修德以厲貪污，殊塗同歸。」而孫綽以「體
玄識遠」來衡量八賢之優劣，顯然比謝萬以「處者爲優，出者爲劣」的仕隱
行爲來判定上下，更爲高明合理，無怪乎顧夷看了說：「如果是我，也會提出
詰難，猜想你也無話可說。」孫綽、顧夷之語，顯示了玄學名士對出處問題
的調和努力，他們欲化解兩者的對立與衝突，爲自己的仕隱的雙重行爲做辯
解與維護。然而這種「出處同歸」的理想，並不容易達到。「以仕爲隱，化隱
爲仕」的心理，造成了士人言行不符的矛盾。《朱子語類》卷三十四即云：「晉
宋間人物，雖曰向清高，然箇箇要官職。這邊一面清談，那邊一面招權納貨。」
魏晉士人看似出處皆宜，實則進退兩難。李清筠先生也認爲：「表面上是仕隱
兼得，實際上，卻往往使得仕和隱的精神同時喪失了。」〔註47〕他們希冀端
委廟堂，但又捨不得蕭條方外的樂趣。於是在去就間徘徊。這種出處的徘徊
表現於魏晉士人身上，便是「居朝端而慕江湖」、「處江湖而不能忘情於魏闕」
的雙重矛盾行爲。《世說新語》記：

謝靈運好戴曲柄笠，孔隱士謂曰：「卿欲希心高遠，何不能遺曲蓋之
貌？」謝答曰：「將不畏影者，未能忘懷。」（〈言語篇〉一百零八條）

謝靈運好戴曲蓋笠，〔註48〕孔淳譏之不能忘情軒冕。而謝靈運反說孔淳心中
因存貴賤之跡，方才作如是言。謝靈運引《莊子》一書所載，有人害怕自己
影子、腳跡的故事，來反說孔淳心中存有貴賤的形跡，才會如是言。其回答
可謂巧妙而貼切。然孔淳所言，並非空穴來風，《宋書‧謝靈運傳》云：「自

〔註47〕李清筠：《魏晉名士人格研究》（臺北：文津出版社，2000 年 10 月），頁 150。
〔註48〕余嘉錫云：「笠者，野人高士之服，而曲柄笠，笠上有柄，曲而後垂，絕似曲
蓋之形。靈運好戴之，故淳之譏其雖希心高遠，而不能忘情於軒冕也。靈運
以爲惟畏影者乃始惡跡，心苟漠然不以爲意，何跡之足畏。」見余氏：《世說
新語箋疏》（臺北：仁愛書局，1984 年 10 月），頁 161。

謂才能宜參權要，既不見知，常懷憤憤。……既自以名輩，才能應參時政、初被召，便以此自許；既至，文帝唯以文義見接，每侍上宴，談賞而已。王曇首、王華、殷景仁等名位素不踰之，並見任遇。靈運意不平，多稱疾不朝直。」可見他未能忘卻俗務、忘情軒冕。該傳又載他「尋山陟嶺，必造幽峻；巖障千重，莫不備盡。登躡嘗著木履，上山則去前齒，下山去其後齒。」謝靈運以高士自居，流連山水，然對於塵世俗務，未能捨離。《世說‧黜免篇》又云：

> 鄧竟陵免官後赴山陵，過見大司馬桓公。公問之曰：「卿何以更瘦？」
> 鄧曰：「有愧於叔達，不能不恨於破甑！」（第六條）
>
> 殷中軍被廢，在信安，終日恒書空作字。揚州吏民尋義逐之，竊視，唯作「咄咄怪事」四字而已。（第三條）
>
> 殷中軍廢後，恨簡文曰：「上人箸百尺樓上，儋梯將去。」（第五條）

鄧遐的破甑之恨，顯示了士人無法抵禦軒冕官祿之誘惑；殷浩曾云：「官本是臭腐，所以得而夢棺尸。」（《世說‧文學篇》第四十九條）身為「中軍」之高位如此回答，後來一夜之間由將軍降為庶民之後，心情截然不同，終日書空作「咄咄怪事」，還罵簡文帝（司馬昱）誘人上樓，然後再去梯，斷人退路。殷浩雖身處江湖，口誦佛經，卻心存魏闕。故「『怪事』之書與『去梯』之怨，表明殷浩並非真的視『官』為『腐臭』，倒是有些失落之感。」〔註49〕《續晉陽秋》云：「外生韓伯始隨（浩）至徙所，周年還都，浩素愛之，送至水側，乃詠曹顏遠詩曰：『富貴他人合，貧賤親戚離。』因泣下。」（《世說‧黜免篇》第五條注引）人情冷暖，殷浩可謂體會良深。他在高位時，能豁然地把官位視為腐臭，然被黜後，又難掩罷官失勢的悲哀。然而殷浩的政治才能到底如何呢？唐代史家批評云：

> 殷浩清徹雅量，眾議攸歸，高秩厚禮，不行而至。咸謂教義由其而興，社稷俟以安危。及其入處國鈞，未有嘉謀善政；出總戎律，唯聞蹙國喪師。是知風流異貞固之才，談論非奇正之要。」（《晉書》卷七十七〈殷浩傳〉）

可見他未能有真實才學，故而遭後人之譏。其做官之時，未能敏於事功、效

〔註49〕李建中：《亂世苦魂——世說新語時代的人格悲劇》（北京：東方出版社，1998年3月），頁69。

力社稷；罷官後又不能安於隱居生活，故仕與隱的精神雙重失落了。魏晉士人「居朝端而慕江湖」之例，求之《世說》，有以下諸條：

> 孫齊由、齊莊二人小時詣庾公，公問：「齊由何字？」答曰：「字齊由。」公曰：「欲何齊邪？」曰：「齊許由。」「齊莊何字？」答曰：「字齊莊。」公曰：「欲何齊？」曰：「齊莊周。」公曰：「何不慕仲尼而慕莊周？」對曰：「聖人生知，故難企慕。」庾公大喜小兒對。（〈言語篇〉第五十條）
>
> 郗超每聞欲高尚隱退者，輒為辦百萬資，并為造立居宇。在剡為戴公起宅，甚精整。戴始往舊居，與所親書曰：「近至剡，如官舍。」郗為傅約亦辦百萬資，傅隱事差互，故不果遣。（〈棲逸篇〉第十五條）

官至秘書監的孫盛，給兒子取名齊由、齊莊，以表明欽羨許由、莊周之意；而郗超為隱者造立居宇，極為禮敬隱者。他自己未能擺脫世情，卻能與人為善。重隱逸之風氣，由此可窺見一斑。以上諸例，顯示了「出處同歸」的處世哲學，只是一個很難付諸實際行動的高遠理想罷了！而出與處何者為優，也引起了時人的關注。而無論隱者或仕者，在看待這個命題上，似乎有一致的解答：

> 何驃騎弟以高情避世，而驃騎勸之令仕。答曰：「予第五之名，何必減驃騎？」（《世說新語・棲逸篇》第五條）
>
> 戴安道既厲操東山，而其兄欲建「式遏」之功。謝太傅曰：「卿兄弟志業，何其太殊？」戴曰：「下官『不堪其憂』，家弟『不改其樂』。」（同前篇第十二條）

何準不慕榮利，隱居終身，自認「第五之名」不輸於位居宰相、權傾一時的哥哥——何充；戴逵把自己列入凡人，而將弟弟戴逯比為顏回，大有表揚弟弟志節，而自愧弗如的意思。由以上二例顯示，隱者之地位甚是崇高。劉義慶在《世說》的三十六門中，獨立出〈棲逸篇〉，亦顯示了這特殊的時代風潮。

第四節　棲逸的通例與特例

漢末之大亂，促成隱逸之風的興起。士人眼見漢帝國行將崩潰，紛紛棄仕從隱。《後漢書・郭泰傳》載泰答友勸仕者云：「方今運在明夷之交，值勿用之位，蓋盤桓潛居之時，非在天利見之會也。雖在原陸，猶恐滄海橫流，

吾其魚也,況可冒衝風而乘奔波乎?未若巖岫頤神,娛心彭老,優哉游哉,聊以卒歲。」郭泰向以知人見幾著稱。他看到漢末局勢的不可爲,於是選擇高蹈棲遁以保餘生。其次,政治迫害的頻仍,亦是使文人走向深山大澤的一個原因。《世說新語·言語篇》第九條劉注引《司馬徽別傳》曰:

> 徽……有人倫鑒識,居荊州。知劉表性暗,必害善人,乃括囊不談議時人。有以人物問徽者,初不辨其高下,每輒言佳。其婦諫曰:「人質所疑,君直辨論,而一皆言佳,豈人所以咨君之意乎?」徽曰:「如君所言,亦復佳。」其婉約遜遁如此。

司馬徽以爲「雖有竊秦之爵,千駟之富,不足貴也。」在亂世中,功名利祿已不足貴,唯有隱居以採桑爲業,〔註50〕「括囊不談議時人」,方能保命以卒。司馬徽所云:「如君所言,亦復佳」之意趣與阮籍「發言玄遠,口不臧否人物」(《晉書》卷四十九〈阮籍傳〉)、嵇康「不露喜慍之色」(《晉書》卷四十九〈嵇康傳〉)相去不遠。《世說·棲逸篇》第二條注引王隱《晉書》云:「魏晉去就,易生嫌疑,貴賤竝沒,故登(孫登)或默也。」可見孫登的隱居,亦是爲了逃避政治上之迫害,嵇康於幽囚縲紲時作〈幽憤詩〉云:「性不傷物,頻致怨憎。昔慚柳惠,今愧孫登。」嵇康之所以「今愧孫登」,係因自慚蹈禍之故,乃因未能及時隱居所致。再者,魏晉文人希企隱逸之風,也深受玄學之影響,王瑤便認爲:

> 玄學標榜老莊,而老莊哲學本身就是由隱士行爲底理論化出發的。玄者玄遠,宅心玄遠必然超乎世俗,不以物務營心;而同時崇眞,重自然,則當然會抗志塵表,希求隱逸。〔註51〕

而老莊思想所標榜的適性足意,成爲隱居人的最高理想境界:

> 阮光祿在東山,蕭然無事,常內足於懷。有人以問王右軍,右軍曰:

〔註50〕《世說新語·言語篇》第九條記:「郡龐士元聞司馬德操在潁川,故二千里候之。至,遇德操采桑,士元從車中謂曰:『吾聞丈夫處世,當帶金佩紫,焉有屈洪流之量,而執絲婦之事。』德操曰:『子且下車,子適知邪徑之速,不慮失道之迷。昔伯成耦耕,不慕諸侯之榮;原憲桑樞,不易有官之宅。何有坐則華屋,行則肥馬,侍女數十,然後爲奇。此乃許、父所以慷慨,夷、齊所以長歎。雖有竊秦之爵,千駟之富,不足貴也!』士元曰:『僕生出邊垂,寡見大義。若不一叩洪鍾,伐雷鼓,則不識其音響也。』」

〔註51〕王瑤:《中古文學史論》(臺北:長安出版社,1986年3版),頁90。

「此君近不驚寵辱，雖古之沈冥，何以過此？」（《世說新語・棲逸篇》第六條）

阮裕隱居東山，寵辱兩忘，自足於懷，堪稱隱逸之典範。《老子》第十三章云：「得之若驚，失之若驚，是謂寵辱若驚。」阮裕可謂深契此理，在自然之中，寵辱兩忘。嵇康亦云：「息徒蘭圃，秣馬華山，流磻平皋，垂綸長川。目送歸鴻，手揮五絃；俯仰自得，遊心太玄。」（〈贈秀才入軍十九首〉之十五）詩人在山川中「俯仰自得」。故知政治因素與玄學思想是促成隱逸風氣的重要原因。

而《世說》共有三十六門，每一門類都代表當時人的某種「獨特之個性之表現」，也代表當時人對人物品鑑有多元的新角度。劉義慶專立〈棲逸篇〉，顯現了對隱者之重視。考察此篇之隱士計有：蘇門眞人、孫登、嵇康、李廞、何準、阮裕、孔愉、劉驎之、翟湯、周邵、孟陋、康僧淵、戴逵、許詢、范宣、傅約、謝敷等十七人。本文乃以《世說・棲逸篇》爲考察之中心，先探討隱者歷代之通則共相，再探討隱者別於其他時代的特例殊相。

一、棲逸之通例

「隱者」，並非在魏晉時代才有。故魏晉之隱士其行爲與思想，亦有所謂的「承繼面」。茲將《世說・棲逸篇》中隱者共相特徵歸納五點，分述如下：

（一）疏離世務

《論語・泰伯》曰：「天下有道則見（同「現」），無道則隱。」孔子將「現」與「隱」對舉，「現」或「隱」取決於「天下」（或是「社會」）之清平與否。依孔子所言，「現」或「隱」「是相對於社會而言，是對於社會的一心理或行爲上的反應。」〔註52〕而古代士人認爲最好的「現」身舞台就是「仕」，也就是做官。這當然是受了傳統儒家道統思想的制約，故而以爲「仕」是成就個人價值的最佳方式、場域。而「現」的反義詞爲「隱」，《易・坤・文言》云：「天地變化草木蕃，天地閉，賢人隱。」「隱者，匿而不見也。」《說文解字》釋「隱」字曰：「隱，蔽也。」段玉裁注曰：「蔽、茀，小也。小則不可見，故隱之訓曰蔽。」《玉篇》亦謂：「隱，不見也。」《廣韻》又云：「隱，藏也。」故綜合言之，「隱」有「藏匿不見」之意。例如《左傳》僖公二十四年記介之推云：「身將隱，焉用文之？」故隱者最大的特徵即是藏匿不見，亦即疏離社會、官場。若從「仕與隱」的觀點來看，《世說・棲逸篇》中之隱者可分爲以下三類：

〔註52〕陶東風、徐莉萍：《死亡・情愛・隱逸・思鄉——中國文學四大主題》（杭州：杭州大學出版社，1993 年 12 月），頁 109。

> 第一類、終身不仕者：蘇門眞人、孫登、李廞、劉驎之、翟湯、孟
> 　　陋、范宣、戴逵、許詢、何準、謝敷、康僧淵
> 第二類、先仕後隱者：嵇康、孔愉、阮裕
> 第三類、先隱後仕者：周邵、傅約

第一類中何準、謝敷二人因信仰佛教的關係，〔註 53〕而終生不仕。另外，康僧淵爲比丘，故亦不涉足官場俗務。由此可知，「不仕」幾成隱逸者的重要標誌。隱者能疏離世務，此正是與俗者最大之不同所在，而「不仕」正是疏離世務最佳正本清源之處，故他們能仕而不仕：

> 李廞是茂曾第五子，清貞有遠操，而少羸病，不肯婚宦。居在臨海，
> 住兄侍中墓下。既有高名，王丞相欲招禮之，故辟爲府掾。廞得牋
> 命，笑曰：「茂弘乃復以一爵假人！」（《世說新語・棲逸篇》第四條）

李廞爲李重第五子。據《晉書》卷四十六〈李重傳〉所說，趙王倫用李重爲相國左司馬，以憂逼成疾而卒。而《世說・品藻篇》第四十六條記謝安曾問李充：「卿家平陽（李重曾任平陽太守），何如樂令？」李充潸然流涕曰：「趙王篡逆，樂令親授璽綬；亡伯（指李重）雅正，恥處亂朝，遂至仰藥，恐難以相比。……」李重之死因到底是仰藥自盡抑或憂疾而死，至今恐難以情測。〔註 54〕然政治因素使他生命提早隕逝自是不爭的事實。或許是李重非自然之死，使得他的兒子們，崇尚隱逸的生活方式。李重長子李式「思理儒隱」〔註 55〕，而五子李廞更是落實隱逸之生活，堅辭仕路。而李重在世時，「特留心隱逸，由是群才畢舉，拔用北海西郭湯、琅邪劉珩、燕國霍原、馮翊吉謀等爲祕書郎及諸王文學，故海內莫不歸心。」（《晉書》卷四十六〈李重傳〉）由此可知其父對隱者之尊崇推重，其子耳濡目染下，自是對棲身巖穴、隱跡丘園的隱士嚮往異常，這也可能是促成李廞走上隱者之路的原因之一。而〈棲逸篇〉中幾乎個個都曾被朝廷舉薦，但也都個個推辭。該篇第三條載山濤舉嵇康爲選曹，嵇康反作〈與山巨源絕交書〉與之告絕。此舉似乎不近人情，然鍾鼎山林，各有所好。嵇康恐欲借此書以杜薦者之口，永絕後患。故告絕是假的，是惑人耳目的，不想以官務累

〔註 53〕 《晉書》卷九十二〈何準傳〉云：「準散帶橫門，不及人事，唯誦佛經，修營塔廟而已。」《世說・棲逸篇》第十七條注引檀道鸞《續晉陽秋》曰：「謝敷……崇信釋氏。」
〔註 54〕 《世說・賢媛篇》第十七條也記李重女示父自裁。故其死因更加撲朔迷離。
〔註 55〕 《世說・棲逸篇》第四條注引〈文字志〉。

己才是真的，在他想來，做官是對身心最大的束縛。同篇第五條又記：「何驃騎弟以高情避世，而驃騎勸之令仕。答曰：『予第五之名，何必減驃騎？』」由於何準信佛，故「散帶衡門，不及人事，唯誦佛經，修營塔廟而已。」（《晉書》卷九十三〈何準傳〉）或許誦佛、營塔之事，使他覺生命更有意義，故雖有權傾一時的宰相哥哥（何充），也絲毫不能動搖他的東山之志。而翟湯也屢次地辭官：「司徒王導辟，不就，隱於縣界南山。……康帝復以散騎常侍徵，固辭老疾。」（《晉書》卷九十四〈翟湯傳〉）他自己嚴守隱士不仕之分際，對好友周邵的中途變節，便以沈默表示抗議：

> 南陽翟道淵與汝南周子南少相友，共隱于尋陽。庾太尉說周以當世
> 之務，周遂仕，翟秉志彌固。其後周詣翟，翟不與語。（《世說・棲
> 逸篇》第九條）

魏晉人對「終身不隱「、「先仕後隱」的隱者，都是極為推崇尊敬的。但隱士若是「降志出仕」，不能「秉志彌固」，通常會獲致時人的調侃。以謝安為例，他高臥東山時，朝廷屢次下令徵召，他都不肯出仕，後來做為桓溫司馬，高崧、郝隆兩人即不約而同地嘲弄他不能堅守初志：

> 謝公在東山，朝命屢降而不動。後出為桓宣武司馬，將發新亭，朝
> 士咸出瞻送。高靈時為中丞，亦往相祖。先時，多少飲酒，因倚如
> 醉，戲曰：「卿屢違朝旨，高臥東山，諸人每相與言：『安石不肯出，
> 將如蒼生何？』今亦蒼生將如卿何？」謝笑而不答。（《世說・排調
> 篇》第二十六條）
> 謝公始有東山之志，後嚴命屢臻，勢不獲已，始就桓公司馬。于時
> 人有餉桓公藥草，中有「遠志」。公取以問謝：「此藥又名『小草』，
> 何一物而有二稱？」謝未即答。時郝隆在坐，應聲答曰：「此甚易解：
> 處則為遠志，出則為小草。」謝甚有愧色。桓公目謝而笑曰：「郝參
> 軍此過乃不惡，亦極有會。」（同前篇第三十二條）

謝安對於高崧借酒力的嘲弄，只能「笑而不答」；對於郝隆機智巧妙的諷喻，也只能「甚有愧色」。那些所謂「朝隱」、「市隱」、「心隱」的人，〈棲逸篇〉無一收入，就可證明劉義慶在看待隱者出處問題時，其尺規是頗為嚴格，而不容魚目混珠的。而這些隱者可仕而不仕，勢必有一套更好的生活內容、方式使他們對紅塵俗務能捨離。這些隱者所追求的到底是什麼呢？謝師大寧即指出：

> 隱士之所以爲隱，其本質仍只是追求某種人生超越價值的貞定，捨
> 此便無以名之爲隱，至於隱居之形，不過成全其人生價值之一手段
> 而已。〔註56〕

隱居只是手段，不是目的。他們的目的，只是爲了實現、貫徹他們人生的某
種價值，甚至是超越價值的一種人生觀。相對地，他們對於一般世俗所肯定
的價值（如名利價值、社會地位價值），自動地揚棄捨離。

　　隱者不僅疏離名利，通常也疏離人群。孔愉「永嘉大亂，入臨海山中，
不求聞達。」（《世說·棲逸篇》注引《孔愉別傳》）孟陋「未曾交游……孤興
獨往，雖家人亦不知其所終也。」（《晉書·本傳》）而阮裕雖曾作官，然退隱
後也刻意地與昔日同僚疏離：

> 阮光祿赴山陵，至都，不往殷、劉許，過事便還。諸人相與追之，
> 阮亦知時流必當逐己，乃遄疾而去，至方山不相及。劉尹時爲會稽，
> 乃歎曰：「我入當泊安石渚下耳。不敢復近思曠傍，伊便能捉杖打人，
> 不易。」（《世說新語·方正篇》第五十三條）

阮裕曾與何充、王敦、王羲之、殷浩、劉惔等人有同事之誼。他歸隱後，仍
特別去拜謁晉成帝之陵寢，顯然君臣之義未斷。然他一辦完正事之後，馬上
加速離開，他深知若不儘速回山，昔日同僚舊友，必當追逐自己。而劉惔之
所以欲捨阮裕而就謝安，乃因「思曠赴陵歸剡之日，亦正安石高臥東山之
時。……安石爲眞長妹婿，且其平日攜妓游賞，與人同樂，固自和易近人。
而思曠則務遠時流，沈冥獨往故也。」〔註57〕由阮裕「務遠時流，沈冥獨往」
可見其律己甚嚴，在出處之間，他已劃下一道無形之鴻溝。「遄疾而去」的動
作，說明他刻意與俗世俗人保持距離。他在東山自足於懷，王羲之以爲「雖
古之沈冥，何以過此？」（《世說·棲逸篇》第六條）而隱士交朋友多半也是
有選擇性的，嵇康即自云不喜歡結交俗人，也不喜歡俗世之應酬：「不喜俗人，
而當與之共事，或賓客盈坐，鳴聲聒耳，囂塵臭處，千變百伎，在人目前。」
（〈與山巨源絕交書〉）故對權貴公子鍾會之來訪，他揚錘不輟，視而不見（見
《世說·簡傲篇》第三條）。對於好友呂安，「每一相思，千里命駕」；戴逵「多

〔註56〕謝師大寧：〈儒隱與道隱〉《國立中正大學學報》人文分冊，第三卷第一期，
　　　　1992年，頁140。
〔註57〕余嘉錫箋注，見前揭文，頁328。

與高門風流者游」(《世說·雅量篇》第三十四條注引《晉安帝紀》),然聞太
宰、武陵王欲聽他鼓琴時,即對來使破琴曰:「戴安道不爲王門伶人!」(《晉
書·本傳》)可見「同聲相應、同氣相求」成爲隱士擇友的標準。他們藐視權
貴,但求適意稱心;他們追求的是人格的獨立與自由;他們渴望做自己的主
人,而不役於人、事、物。故「從哲學上來說,隱逸謀求身心自由的舉動,
本質上是長久以來人類對其『自在』終極目標的艱苦追求的一種折射。」〔註
58〕隱士之所以避世、避地、避色、避言,與求人格之獨立完整,其實應是有
極大的關聯。

(二)過檢僕生活

　　隱者之物質環境,可以說是相當簡陋的。孫登「夏則編草爲裳,多則被
髮自覆。」(《世說·棲逸篇》第二條注引〈康集序〉)孟陋「布衣蔬食,棲遲
蓬蓽之下」(同篇第十條注引袁宏〈孟處士銘〉)范宣「閑居屢空」(《晉書·
本傳》)「家至貧,罕交人事。」(《世說·德行篇》第三十八條注引《中興書》)
孔愉「以稼穡爲務」(《晉書·本傳》)翟湯「耕而後食」(《晉書·本傳》)以
上可管窺隱者生活之困苦。

　　他們的居處之所,有住土窟、洞穴者:如孫登「不知何許人。無家,於
汲郡北山土窟住。」(《世說·棲逸篇》第二條注引〈康集序〉),又如許詢「隱
在永興南幽穴中」(同前篇第十三條)。亦有住墳墓旁者:如李廞「住兄侍中
墓下」(同前篇第四條)。另有隱於山澤者,如謝敷「入太平山十餘年」(同
前篇第十七條)、孔愉「入臨海山中」(同前篇第七條)。今日,我們在看隱
者山居野處,多用審美的眼光視之,並幻想著漱石枕流的放逸生活。其實,
隱者跑到山林中,有可能誤食植物而死;也有可能受山中猛獸攻擊而死。大
自然中可以致人類死亡的因素極多。西漢時代淮南小山的〈招隱士〉,詩人
就極陳山中窮苦之狀。這些危險,隱者不是不知道,然而他們想借著身體的
回歸自然,讓生命復歸於原始的樣態,與自然萬物合一,進而找到精神的家
園。

　　《世說·棲逸篇》中的隱者,他們的謀生方式約有以下四種:一、躬耕
捕魚條桑者。如翟湯、孔愉均是「耕而後食」(均見《晉書·本傳》)孟陋「時
或漁弋」(《太平御覽》五百四引《晉中興書》)二、採藥者。如劉驎之,史載

〔註58〕徐波:〈從仕與隱看歷史上知識分子的價值實現與阻斷〉《歷史月刊》99 期,
　　　　1996 年 4 月,頁 42。

桓沖訪他時，他正在「絛桑」（見《世說・棲逸篇》第八條注引鄧粲《晉紀》）三、講學授徒者。如范宣「講授爲業」（《晉書・本傳》）四、鍛鐵者。如嵇康「嘗與向秀共鍛於大樹之下，以自贍給」（《晉書・本傳》）。由此可知隱者的食衣住行是非常清苦的。這種生活也可以說是一種簡樸的生活。現代台灣區紀復先生，他於花蓮創立「鹽寮淨土」，其生活方式、理念頗近於隱者，他曾描述實踐簡樸生活的內心欣喜狀態：「這是一種經過反省、思辨，而選擇的生活態度，並非一種特定的生活方式型態，是自願、積極、主動去過的一種生活。貧窮生活大多是無可奈何的、被動的，甚至被迫的生活方式，不是經過選擇，也可能是生下來就得如此。而簡樸生活是一種自願的貧窮。」又說：「積極的簡樸生活也是一種回歸自然的生活，返璞歸眞，與自然和諧、尊重自然，欣賞自然、愛護自然。」〔註59〕區先生出生於戰亂中的澳門，畢業於台大化工，留學瑞士專攻高分子化學。後被王永慶延攬回國，擔任南亞化工塑膠研究部主任。然而在認知台灣污染問題後，毅然捨離繁華，甘心依皈簡樸生活，且樂在這種生活之中，故而有以上斯語。「隱」是相對於「現」的，若是無「現」之機會，也就無所謂「隱」。區先生與古代隱者均有「現」（得官做、謀高薪）之機會，然而他們卻是決絕捨去。他們不僅安於貧窮，甚至做到樂在貧窮，身乏而心不窮；物質雖乏，而心卻不以爲窮。他們不爲物役、身役，以嬰兒之純眞回歸原始生活。隱者承繼了顏回的「一簞食，一瓢飲，不改其樂」生活美學。此正是荀子所稱頌的「彼正身之士，捨貴而爲賤，捨富而爲貧，捨佚而爲勞，顏色黎黑而不失其所。」（《荀子・堯問》）簡樸生活所掛念的不是飲食、物質、財富、名利、權勢……等等物質欲望，他們將對外境的追逐，轉而對自我內在的探索，而希望有更多的時間去追求心靈的提升，故此種生活是靈性而高品質的生活。大陸學者王德保先生也說：「幽居之士最大的特點是清心寡欲、淡泊名利，他們追求生活質量，不在物質生活的充裕滿足，而是精神世界的自由、擺脫束縛，因而在物質方面，往往隨遇而安……在精神方面，他們維護的是自由意志，追求心靈的寧靜安謐。」〔註60〕隱者不讓功名利祿之俗事擾亂內心的寧靜，身苦而心不苦反樂，他們無視於世俗對苦的定義，他們自己重新義界苦與樂，他們是自己心靈的主宰者。隱者的生活是

〔註59〕 區紀復：《簡樸的海岸——鹽寮淨土十年記》（臺北：晨星出版有限公司，2000年11月），頁43～46。
〔註60〕 王德保：《仕與隱》（北京：華文出版社，1997年2月），頁63。

損之又損、減之又減的，龔鵬程先生即云：

> 隱者脫離人世功名利祿，回歸自然，棄去一切營爲造作，其生活型
> 態是減法的，損之又損的，減至不可再減，也簡至不可再簡，故能
> 復歸於樸。〔註61〕

隱者把「我」以外的物質，層層抖落，減之又減，甚至減到「空空如也」，天地之間剩一個單純的「我」，獨與天地精神往來。「我」在拋開物質、名利等等人世的枷鎖後，「我」的自由卻反而更大，「我」的生命精神境界也無限的寬廣。而一般凡俗之人，卻將妻子兒女、金錢財産、房屋土地、名利地位，視爲「我」的外延，於是無所不用其極地去佔有；汲汲營營地去謀求。其生活型態是加法的。加的愈多，他愈有安全感、成就感。但在加法中，也逐漸地迷失了自我、異化了自己的人格，而成物質慾望的奴隸。故隱者在「減」的生活中，尋回眞我；而俗者在「加」的生活中，迷失了自我。莊子之所以不願成爲神龜（《莊子‧列禦冠》）、犧牛（《莊子‧達生》），良有以也。故隱士們雖窮困，而不願接受世俗的餽贈，身雖窮乏不堪，仍以保大節爲要務，他們用實際行動來表示他們的遺世獨立的高尚情操。

（三）自足於懷

《世說‧棲逸篇》中的隱者，其性情常是「自足於懷」的。爲便於說明並使讀者一目了然，茲將該篇隱者之性情整理如下表：

隱者姓名	隱者之性情	資料之出處
孫　登	性無喜怒，或沒諸水，出而觀之，登復大笑。……魏、晉去就，易生嫌疑，貴賤竝沒，故登或默也。	《世說‧棲逸篇》第二條注引《魏氏春秋》
	性無恚怒，人或投諸水中，欲觀其怒，登既出，便大笑。……以魏晉去就，易生嫌疑，故或嘿者也。	《晉書》卷九十四〈孫登傳〉
嵇　康	王戎云：「與嵇康居二十年，未嘗見其喜慍之色。」	《世說‧德行篇》第十六條
	性含垢藏瑕，愛惡不爭於懷，喜怒不寄於顏。	同上條注引《康別傳》
	（嵇康）自說不堪流俗。	同前書〈棲逸篇〉第三條注引《康別傳》

〔註61〕龔鵬程：《飲食男女生活美學》（臺北：立緒文化事業有限公司，1998 年 9 月），頁 247。

	遠邁不群。……天質自然。恬靜寡欲，含垢匿瑕，寬簡有大量。……長好老莊……自足於懷……孫登云：「君性烈而才儁，……」……高情遠趣，率然玄遠。	《晉書》卷四十九〈嵇康傳〉
李 廞	清貞有遠操。	《世說·棲逸篇》第四條
何 準	高情避世。	同前篇第五條
	雅好高尚……不及世事。	同上條注引《中興書》
	高尚寡欲。	《晉書》卷九十三〈何準傳〉
阮 裕	蕭然無事，常內足於懷。…右軍曰：「此君不驚寵辱，雖古之沈冥，何以過此？」	《世說·棲逸篇》第六條
	裕終日頹然，無所錯綜，而物自宗之。	《世說·方正篇》第五十三條
	有肥遁之志……終日靜默，無所修綜，而物自宗焉。……裕曰：「吾少無宦情，兼拙於人間……」	《晉書》卷四十九〈阮裕傳〉
劉驎之	少尚質素，虛退寡欲。好遊山澤閒，志存遁逸。	《世說·棲逸篇》第八條注引鄧粲《晉紀》
	少尚質素，虛退寡欲，不修儀操，人莫之知，好游山澤，志存遁逸。嘗採藥至衡山，深入忘反。	《晉書》卷九十四〈劉驎之傳〉
翟 湯	篤行任素，義讓廉潔。	《世說·棲逸篇》第九條注引《晉陽秋》
	篤行純素，仁讓廉潔，不屑世事。	《晉書》卷九十四〈翟湯傳〉
孟 陋	澹然無悶，卒不降志。	《世說·棲逸篇》第十條注引袁宏〈孟處士銘〉
	少而貞潔，清操絕倫，……口不及世事，未曾交遊……雖家人亦不知其所之也。	《太平御覽》五百四十引《晉中興書》
康僧淵	希心理味。	《世說·棲逸篇》第十一條
戴 逵	性甚快暢，泰於娛生。……尤樂遊燕，多與高門風流者游。	《世說·雅量篇》第三十四條注引《晉安帝紀》
	性不樂當世。	《晉書》卷九十四〈戴逵傳〉
范 宣	少尚隱遁，……，以清潔自立。	《世說·棲逸篇》第十四條注引《續晉陽秋》
	少尚隱遁。	《晉書》卷九十一〈范宣傳〉
謝 敷	澄靖寡欲。	《晉書》卷九十四〈謝敷傳〉

　　根據諸書所載，隱者之性情特徵不謀而合的指向以下幾點：（一）、恬靜寡欲。（二）、少言語。（三）、無喜慍之色。（四）、性好山水。（五）、尚隱遁。〔註62〕以往論魏晉士大夫的避世，總是重視外緣環境因素。而近代學者卻漸

〔註62〕許尤娜先生歸納隱者之性情有下列五項：一、恬靜、二、寡欲。三、寡言語。四、無喜慍之色。五、好山水。可參見許氏：《魏晉隱逸思想及其美學涵義》

漸地由外緣轉向內緣因素之探討。牟宗三先生在論魏晉士人才性之形成，即極有啓示性地指出：

> 外緣對於此種生命並無決定的作用，而只有引發的作用。假定其生命中無此獨特之才性，任何外緣亦不能使之有如此之表現。……魏晉名士人格，外在地說，當然是由時代而逼出，內在地說，亦是生命之獨特。人之內在生命之獨特的機括在某一時代之特殊情境中迸發出此一特殊之姿態。〔註63〕

余英時先生也指出：

> 學者王瑤先生論魏晉以下士大夫之避世甚詳，但惜其過分著重政治社會背景，而未能自士之內心覺想立論。中古士大夫最重脫落形跡，宅心玄遠，得魚而忘筌。今之治史者雖當發掘其現實之根源，但亦不宜矯枉過正，而完全忽視其內在之一面。否則縱得其形象，亦必不能心知其意也。〔註64〕

牟氏、余氏之說可以讓我們在考察隱逸相關議題時，有更多元、更周延宏觀的視角。也唯有外緣、內緣兼顧的思考，才不會有見樹不見林之憾。這好比一些近代的精神學家、人類基因學家，也不約而同地將人類之病因紛紛指向先天的、內在的基因一般。如肥胖者本身有肥胖基因；精神分裂者，本身頭腦就有與此相應的基因；過去的研究則偏向病人後天的、外在的周遭環境、飲食習慣等等之探討，然而近代的科學實證，已漸漸證實肥胖者、精神分裂者、好動者、痴呆者的基因明顯地與健康者不同。以往我們開玩笑說肥胖的人連喝水也會胖，以今日基因學視之，也應有幾分道理在。此種新的方法，適足以提供醫界在審察病因形成的另一個新的面向。故「鐘鼎山林，各有所好。」一個人會喜歡棲逸山林或功名富貴，均有與之相應的內在質性，這些質性就好比是「種子」一般，而外在的環境若足以引發「種子」發芽生長，若又遇天時、地利、人和，種子欣欣向榮，蔚為大樹，便不是不可能。而無疑地，東漢至東晉政治黑暗之時期，給了隱者滋生最好的土壤，於是隱者大行其道。陶淵明〈歸去來兮〉序文言其辭彭澤令之因，也言「質性自然，非

（臺北：文津出版社，2001年7月），頁50。

〔註63〕牟宗三：《才性與玄理》（臺北：臺灣學生書局，1985年4月），頁71。

〔註64〕余英時：《中國知識階層史論》（臺北：聯經出版事業有限公司，1980年8月），頁255。

矯厲所得，饑凍雖切，違己交病。」故在論及士人之出處時，其內在自然之「質性」，是研究者不可偏廢的一個審察視角。

所以，我們可以說凡是能窮老山林的隱者都是個性極為頑強的人。他們有一個內在心靈的世界：一個以自我為中心的人生天地、一個不為任何勢力所屈服的倔強的人格、一種崇尚自然的天性以及一種自足於懷的精神境界。而這種內心世界不需依靠任何外境而獨立存活，且能自得自樂。

（四）道德可風

〈棲逸篇〉中隱者德行皆為時人稱述，如孔愉「信著鄉里」（《晉書·本傳》），劉驎之「信義著於群小」（《晉書·本傳》），而范宣、孟陋均是以孝子著稱於世：

> 范宣年八歲，後園挑菜，誤傷指，大啼。人問：「痛邪？」答曰：「非為痛，身體髮膚，不敢毀傷，是以啼耳！」（《世說新語·德行篇》第三十八條）〔註65〕

> （孟陋）喪母，毀瘠殆於滅性，不飲酒食肉十有餘年。親族迭謂之曰：「少孤！誰無父母？誰有父母！聖人制禮，令賢者俯就，不肖企及。若使毀性無嗣，更為不孝也。」陋感此言，然後從吉。由是名著海內。（《晉書》卷九十四〈孟陋傳〉）

另外，隱者泰半多是以「廉者」之形象為為世人敬仰。隱者既能棄官不做，自然不貪求人間之富貴，對於他人之餽贈，通常敬謝婉拒，不妄求非分之物。或者說，隱者本身把物質慾望降至最低，自甘過著清貧的生活，故也不願以物累己。如范宣「潔行廉約，韓豫章遺絹百匹，不受。減五十匹，復不受。如是減半，遂至一匹，既終不受。韓後與范同載，就車中裂二丈與范，云：『人寧可使婦無褌邪？』范笑而受之。」（《世說新語·德行篇》第三十八條）。由此可見范宣守身安貧的操守。《晉書·本傳》還記載豫章太守殷羨見范宣居處簡陋，於是想為他修整，范宣堅決推辭。庾爰之看范宣太過貧窮了，加上荒年疾疫，故厚贈米糧財物，范宣亦一概不受。其收受之間，自有一把極嚴之尺規，不容自己言行有些許差池。另外，翟湯亦是廉潔之人。《晉書·本傳》云「人有餽贈，雖釜庾一無所受。」他與干寶有通家之好，干寶曾遣船送米

〔註65〕《晉書》卷九十一〈范宣傳〉亦載：「十歲，……嘗以刀傷手，捧手改容。人問痛邪，答曰：『不足為痛，但受全之體而致毀傷，不可處耳。』家人以其年幼而異焉。……親沒，負土成墳，廬于墓側。」兩者可相互參照。

給他，然翟湯卻還寄絹物。干寶本欲施惠予故人，然卻反讓故人增添麻煩，於是內心更加地愧咎，並對故人之節操益加感佩讚嘆（見《晉書》卷九十四〈翟湯傳〉）！翟湯廉潔的形象，亦使寇敵不敢來犯：「永嘉末，寇害相繼，聞湯名德，皆不敢犯，鄉人賴之。」〔註66〕翟湯一夫當關，萬夫莫敵，他以至大至正的磅礴精神力量，來捍衛家園，趕走寇敵。「廉」者無敵，剎那之間便使不廉者望風披靡。翟湯發揮了孟子所謂「頑夫廉，懦夫有立志」（《孟子・萬章篇》）之影響力。而劉驎之亦是以廉而知名於當時：

> 南陽劉驎之，……隱於陽岐。于時符堅臨江，荊州刺史桓沖將盡訏謨之益，徵爲長史，遣人船往迎，贈貺甚厚。驎之聞命，便升舟，悉不受所餉，緣道以乞窮乏，比至上明亦盡。一見沖，因陳無用，翛然而退。居陽岐積年，衣食有無常與村人共。值己匱乏，村人亦如之。甚厚，爲鄉閭所安。（《世說新語・棲逸篇》第八條）

劉驎之辭謝桓沖之徵召，與鄉人互通有無。由此可見他雖避「仕」，但卻不避「世」。本條注引鄧粲《晉紀》曰：「人士往來，必投其家。驎之身自供給，贈致無所受。去家百里，有孤嫗疾，將死，謂人曰：『唯有劉長史當埋我耳！』驎之身往候之疾終，爲治棺殯。其仁愛皆如此。以壽卒。」鄧粲爲劉驎之之同志，其所云應爲實錄。〔註67〕而劉驎之胸懷本趣，頗具宗教家淑世的熱忱。而阮裕亦垂仁愛之遺風：「阮光祿在剡，曾有好車，借者無不皆給。有人葬母，意欲借而不敢言。阮後聞之，嘆曰：『吾有車而使人不敢借，何以車爲？』遂焚之。」（《世說新語・德行篇》第三十二條）以上這些隱者的道德可風，堪稱時代的精神領袖。

（五）文化在身

《世說・棲逸篇》中的隱者多半有很高的文化素養，如蘇門眞人善於「高嘯，有如鳳音。」（《世說・棲逸篇》第一條注引魏氏春秋）、孫登「好讀《易》，撫一絃琴。」（《晉書・本傳》）、李廞「好學，善草隸……彈琴、讀誦不輟。」（《世說・棲逸篇》第四注條引《文字志》）、劉驎之「善史傳」（同前篇第八

〔註66〕《晉書》卷九十四〈翟湯傳〉。另外，《世說新語・棲逸篇》第九條劉注引《晉陽秋》也載：「翟湯……篤行任素，義讓廉潔，饋贈一無所受。值亂多寇，聞湯名德，皆不敢犯。」兩者可相互參照。

〔註67〕《太平御覽》五百三引王隱《晉書》曰：「鄧粲，……與南陽劉驎之、南郡劉尚公同志友善。」據此可推，鄧粲所云，乃親所見聞，應爲實錄。

條）、孔愉「以稼穡讀書爲務」（《晉書·本傳》）、翟湯「能言」（同前篇第九條注引《晉陽秋》）、康僧淵「閒居研講」、「運用吐納」（同前篇第十一條）、戴逵「以琴書自娛」（同前篇第十二條注引《續晉陽秋》）「少博學，好談論，善屬文，能鼓琴，工書畫，其餘巧藝靡不畢綜。」（《晉書·本傳》）而范宣更不僅文化在身，更是化育一方之偉大儒者：

> （范宣）閒居屢空，常以講授爲業，譙國戴逵等皆聞風宗仰，自遠而至，諷誦之聲，有若齊魯。太元中，順陽范甯爲豫章太守，甯亦儒博通綜，在郡立鄉校，教授恒數百人。由是江州人士並好經學，化二范之風也。（《晉書》卷九十一〈范宣傳〉）

由上述可知，隱者的物質生活雖然匱乏，然而其精神生活卻是相當豐富的，無論琴、書、詩、畫、嘯、歌等等，隱者均有相當出色的表現。《齊書·高逸傳序》即云：「含貞養素，文以藝業，不然，與樵者之在山，何殊別哉？」而《梁書·處士傳》所錄，亦是「道德可宗，學藝可範」之人，可見，「德」與「藝」是歷代史者評定樵者與隱者不同之所在。驗之史實，嵇康特爲隱士作《高士傳》，陶淵明「臨清流而賦詩」，謝靈運曠職悠遊，「所至輒爲歌詠」，他們或爲隱士立傳，或自抒懷抱，這種以詩書自娛的趣向，不僅有別於樵夫，同時也深化了隱士的文化內涵。

　　以上五點可以說是隱者之通例，歷代的隱者無不疏離世務、過簡樸生活、自足於懷、道德可風、文化在身的。從《後漢書·隱逸傳》開始，均可找到各時代隱者的五種行事特徵與風格。

二、棲逸之特例

　　《世說·棲逸篇》之隱者在顯示這些通例時，也傳達了其異於其他時代的特例。茲簡述如後：

（一）儒道佛玄之合流會通

　　《世說·棲逸篇》的隱者有的堅守儒家思想，如阮裕「嘗以人不須廣學，正應以禮讓爲先。」（《晉書·本傳》）他曾批評謝萬「新出門戶，篤而無禮。」（《世說·簡傲篇》第九條）可見他以禮爲第一要務，並據此品評人物。而戴逵「性高潔，常以禮度自處，深以放達爲非道」（《晉書·本傳》），乃著論批評，可見隱者對社會風氣深切之關注。另外，孟陋曾爲《論語》作注。（《晉書·本傳》）以上之隱者可歸之於「儒隱」。而亦有「道隱」者，如孫登喜讀《易》經，

而《易》雖是儒家經典，然而它之所以被魏晉士人推重，乃是因爲它具有「通向老學」的潛力。〔註68〕看他「所居懸巖百仞，叢林鬱茂，而神明甚察……神謀所存良妙。」（《世說・棲逸篇》第二條注引《文士傳》）似乎是一位有神妙道術之人，且他會「嘯」，而「嘯」正是六朝奉道者養生之法。孔愉「百姓謂有道術」（《世說・棲逸篇》第七條）。另外，亦有「佛隱」者。如何準「唯誦佛經，修營塔廟而已。」（《晉書》卷九十三〈何準傳〉）謝敷「崇信釋氏……以長齋供養爲業，招引同事，化納不倦。」（《世說・棲逸篇》第十七條）。

有的隱者是儒道均有所涉獵，如嵇康、范宣等。嵇康生於儒學世家，甚是重視名教。然後來他轉習道家、道教之思想，終生在儒、道之間徘徊、逡巡，甚是痛苦。然他卻是將莊子的理想人生境界人間化了的一位隱士。近人羅宗強先生以爲嵇康把莊子的純哲學的境界，變爲一種實有的境界；把道的境界，化爲詩的境界。〔註69〕而范宣曾自道：「漢興，貴經術，至於石渠之論，實以儒爲弊。正始以來，世尙老莊。逮晉之初，競以裸裎爲高。僕誠太儒，然『丘不與易』。」（《晉書・本傳》）乍看之下，他是一位固守儒家之人，然而《晉書・本傳》接著記載：「客有問人生與憂俱生，不知此語何出。宣云：『出《莊子・至樂篇》。』客曰：『君言不讀《老》、《莊》，何由識此？』宣笑曰：『小時嘗一覽。』時人莫測也。」范宣不必翻檢書籍，立即知曉出處，其對《老》、《莊》浸淫之深，可由此推知。自稱「太儒」的他，也不能自外於玄風時潮。亦有佛道雙修的，如康僧淵，雖是比丘，但卻能「吐納」（《世說・棲逸篇》第十一條）。而魏晉之名僧有許多是玄佛雙修的學者，他們同玄學家一樣棲隱山林，以山水言佛理，將山水視爲「證得理體」（慧遠〈肇論疏〉）的手段或工具。〔註70〕由上述可知，隱者思想的多元化，以及儒、道、釋合流之略況。

（二）隱者的名士化、人間化、世俗化

魏晉名士清談之時風，亦吹向了隱者，使隱者多半沾了一些名士氣。隱者率能品鑑人物與清談，如阮裕曾目王羲之、王承、王應、謝萬等人。〔註71〕

〔註68〕唐君毅：《中國人文精神之發展》（臺北：學生書局，1979年3月），頁32。

〔註69〕羅宗強：《玄學與魏晉士人心態》（臺北：文史哲出版社，1992年11月），頁112。

〔註70〕李文初：〈中國的山水文化觀〉《文學學術研究》，1995年第二期，頁100。

〔註71〕《世說・賞譽篇》第九十六條云：「阮光祿云：『王家有三年少：右軍、安期、長豫。』」《世說・簡傲篇》第九條云：「謝萬在兄前，欲起索便器。于時阮思曠在坐曰：『新出門戶，篤而無禮。』」

又曾應少年謝安之邀，講「白馬論」（《世說・文學篇》第二十四條）。而許詢更是清談高手，他與謝安、王濛、劉惔、王羲之、王敬仁、孫綽等名流相善。《世說・賞譽篇》第一百四十四條更云他與簡文帝暢談達旦，可見他在名士間炙手可熱之狀。同篇第一百十九條又載：「孫興公、許玄度共在白樓亭，共商略先往名達。林公既非所關，聽訖云：『二賢故自有才情。』」可見許詢人物品鑑之能力亦不讓時人專美於前。另外，清談之風亦使隱者也拿起塵尾與名士較長論短。《高僧傳》卷四云：「（康僧淵）常執塵尾行，每值名賓，輒清談盡日。」《世說新語・文學篇》第四十七條也記：「康僧淵初過江，未有知者，恆周旋市肆，乞索以自營。忽往殷淵源許，值盛有賓客，殷使坐，麤與寒溫，遂及義理。語言辭旨，曾無愧色。領略麤舉，一往參詣。由是知之。」可見僧人亦好與名士清談。其中最頻繁者，應屬支遁。光是《世說・文學篇》中有關清談之條例，支遁就獨佔十五條之多。可見當時僧人與名士互動熱絡。

而隱士的人格魅力吸引了當代名士之目光，使得名士紛紛趨前拜訪。《世說・棲逸篇》中載阮籍訪蘇門山真人，對之長嘯（第一條）、嵇康遇孫登，從遊三年（第二條注引《文士傳》）、孟陋不曾出任公職，而京邑人士「思欲見之」。（第十條）、康僧淵於離城數十里立精舍，庾亮等名賢多人前往探望（第十一條）、許詢隱居在永興南幽穴中，其盛名招來四方諸侯的餽贈（第十三條）、郗超甚至為戴逵造立居宇，動輒百萬巨資（第十五條）。不僅如此，連平民百姓亦樂與隱者親近：孫登「見者皆親樂之」、「時時出入人間，所經家設衣食者，一無所辭，去皆舍去。」（第二條注引《康集序》、《魏氏春秋》）劉驎之「居陽岐積年，衣食有無，常與村人共。值己匱乏，村人亦如之，甚厚，為鄉閭所安。」（第八條）、孔愉「遊散山石，百姓謂有道術，為生立廟，至今有孔郎廟。」（第七條）據此，可知隱者的親和力。人們被隱士人格所吸引，而隱士也走向人間，他們不再是山澤祕客，而是可見、可感、可親與人們互動頻繁的隱士。

一般隱士不重視物質享受，然許詢卻是難捨世情，貪圖衣食享受：

> 劉真長為丹陽尹，許玄度出都就劉宿。床帷新麗，飲食豐甘。許曰：「若保全此處，殊勝東山。」（《世說新語・言語篇》第六十九條）
> 許玄度隱在永興南幽穴中，每致四方諸侯之遺。或謂許曰：「嘗聞箕山人，似不爾耳！」許曰：「筐篚苞苴，故當輕於天下之寶耳！」（《世說新語・棲逸篇》第十三條）

這說明了東晉隱者漸漸趨向世俗化。這可能是許詢未能保持對人群的疏離，故而名士的奢侈貪競之頹風，使他深習致此。而戴逵亦是世俗化之隱者。郗超送他郊縣精緻宅第，住進了以後告知親友：「近在郊，如入官舍。」（《世說・棲逸篇》第十五條）得意之狀，溢於言表。如此沈溺世俗享樂，無怪乎其所畫之佛像「神明太俗」，導致庾龢有「卿世俗未盡」之譏（《世說・巧藝篇》第八條）。戴逵在當代有「通隱」之稱：「戴逵……少有清操，恬和通任，為劉真長所知。性甚快暢，泰於娛生。好鼓琴，善屬文，尤樂遊燕，多與高門風流者游，談者許其通隱。」（《世說・雅量篇》第三十四條注引《晉安帝紀》）「通隱」說明了隱士的人間化、世俗化。劉義慶從蘇門真人的巖穴擁膝寫到戴逵住百萬別墅，這似乎說明了魏至東晉之隱者之生活型態已漸漸變形；山林隱逸漸漸變成田園隱逸，於是乎有陶淵明「結廬在人境」。隱者走向人間化、世俗化，「桃花源」之生活模式逐漸地落實人間而非仙境。

　　（三）「逸」之美學

　　劉義慶以「棲逸」命篇，為隱士留下驚鴻一瞥。而「棲逸」到底指涉什麼內容呢？謂根據《說文》，棲在「西」部。西本是象形字，象「鳥在巢上」，後來西被假借為東西之西，原義被奪，於是再造「棲」字。《詩經・陳風・衡門》被視為最早的隱逸詩，其中有云：「衡門之下，可以棲遲。」意指簡陋之處可棲遲之意。而《說文》云「逸」字：「失也，從辵兔，兔謾馳善逃也。」逸字有奔縱、隱遁、放佚、閑適等多種引申義。故「棲遲」兩字合起來，有「棲遲衡門而內心安逸閑適之意」。「棲」是指身處簡陋之相，而「逸」指內心安適之狀。而在「棲」與「逸」中，魏晉人更重視「逸」的心靈狀態，儘管他們也極為重視「棲」的外在形式，但是他們更重視「逸」的精神展現，以「逸」為鑑賞之極則，這與魏晉人重神遺骸的美學觀點，都可以取得一種內在的聯繫。故嚴格來說，隱士戴逵、許詢，所棲之地，並非衡門，然仍以高情「逸」態為人欣賞。牟宗三先生以為名士的本質特徵表現為「清逸之氣」。清則超脫「物質機括」，而逸則超脫社會上「成規通套」，顯露了一種與常規不同的風神氣韻，予人瀟灑、活動、風流之印象。〔註72〕據此，逸不僅有閑暇安適之意，還有不拘格套之意。魏晉時期，「逸」則成為魏晉士風品鑑的重要內容。竹林七賢可以說是魏晉隱逸文化的先驅者，他們以自然的生活態度對抗名教。西晉時期陸機作〈逸民賦〉，陸雲作〈逸民箴〉，以寄託自己枕石

〔註72〕見牟宗三：《才性與玄理》（臺北：臺灣學生書局，1985年4月），頁68。

漱流的情懷。鍾嶸《詩品》評陶潛爲「古今隱逸詩人之宗」。這都凸顯了當代重視放任自由的時風。《世說》中，更有五條事例直接提到「逸」字：

一、「邊讓……才儁辯逸。」（〈言語篇〉第一條注引《逸士傳》）

二、「存（虞存）……幼而卓拔，風情高逸。」（〈政事篇〉第十七條注引孫統〈存誄敍〉）

三、「裴使君（裴楷）有高才逸度，善言玄妙也。」（〈文學篇〉第九條注引《管輅傳》）

四、「鯤（謝鯤）……好跡逸而心整，形濁而言清。」（〈賞譽篇〉第九十七條注引《江左名士傳》）

五、「謝安目支道林……略其玄黃，取其儁逸。」（〈輕詆篇〉第二十四條注引《支遁傳》）

這些逸字，有「清」、「遠」、「曠」、「達」等之概念。「逸」可以與魏晉遺形重神的美學觀取得內在之連結。而後代，更將「逸」用來品評藝術作品，其精神是與魏晉品評人物的內涵相一致的。唐代的李嗣眞第一次提出了「逸品」的概念。司空圖《二十四詩品》有「飄逸」一品。而朱景玄在張懷瓘提出的神、妙、能三品之外，增加了「逸品」。而宋代黃休復則把「逸品」內涵和地位重新定認定，推「逸品」爲四品之首。「逸」是強調超越常法，是在與眾、凡、庸、常的對立中體現特色的。〔註 73〕不管是人之逸，氣韻中之逸，或是繪畫中之逸，「逸的基本性格，是由隱逸而來的。」〔註 74〕

（四）「嘯」傲山林

《世說‧棲逸篇》一開始便介紹了兩個會「嘯」的隱者——蘇門眞人、孫登，這似乎有先導之作用。「嘯」頗類似今日的口哨。《說文》：「嘯，吹聲也，從口，肅聲。」許愼以爲嘯是「吹氣之聲」。《詩經‧召南‧江有汜》曰：「之子歸，不我過，其嘯也歌。」鄭箋云：「嘯，蹙口而出聲也。」蹙口即相當於聲韻學所說的合口呼，即雙唇向前努起，作圓形，氣流從舌尖吹出。〔註 75〕最原始嘯之產生乃源自於人類對動物之模仿，虎嘯深山、高猿啼峽、蟬唱

〔註 73〕孫克強：《雅俗之辨》（北京：華文出版社，1997 年 2 月），頁 205～212。

〔註 74〕徐復觀：《中國藝術精神‧逸格地位的奠定》（臺北：臺灣學生書局，1988 年 1 月 10 刷），頁 319。

〔註 75〕范子燁：《中古文人生活研究》（濟南：山東教育出版社，2001 年 7 月），頁 454。

高枝、黃鶯出谷，先民置身於天籟中，便不由自主地對境模仿。而自從阮籍、嵇康將「嘯風」吹起後，「嘯」便變成另一種高情逸態之舉。《世說・棲逸篇》第一條曰：

> 阮步兵嘯，聞數百步。蘇門山中，忽有真人，樵伐者咸共傳說。阮籍往觀，見其人擁膝巖側。籍登嶺就之，箕踞相對。籍商略終古，上陳黃、農玄寂之道，下考三代盛德之美，以問之，仡然不應。復敘有為之教，棲神導氣之術以觀之，彼猶如前，凝矚不轉。籍因對之長嘯。良久，乃笑曰：「可更作。」籍復嘯。意盡，退，還半嶺許，聞上籊然有聲，如數部鼓吹，林谷傳響。顧看，迺向人嘯也。

採樵者的傳說引起了阮籍前往觀看的動機。所謂「棲神導氣之術」，增加了此句導氣之說明，才夠引起長嘯之情節。〔註76〕本條注引袁宏《竹林七賢論》云：「籍歸，遂著〈大人先生論〉，所言皆胸懷本趣，大意謂先生與己不異也，觀其長嘯相和，亦近乎目擊道存矣。」阮籍的〈大人先生論〉中的大人，即是以蘇門真人為原生形象去加工創造的。而「目擊道存」語出《莊子・田子方》：「仲尼曰：『若夫人者，目擊而道存矣，亦不可以容聲矣。』」孔子以為像溫伯雪子這樣的人，視線所觸而道自存，也就是眼睛看到哪裡，真理就在哪裡，故會見他根本不費語言溝通。袁宏借這個典故說明蘇門真人與阮籍二人已不需要用語言溝通，「嘯」已變成他們兩人論道的特殊方式。二人得「嘯」忘言、以「嘯」論道。另外，《太平御覽》又記：

> 孫登字公和，汲郡人。清靜無為，好讀《易》彈琴，頹然自得。觀其風神，若游六合之外者。當魏末，居北山中。石窟為宇，編草自覆。阮嗣宗見登被髮端坐，岩下逍遙，然鼓琴。嗣宗自下移進，冀得與言。嗣宗乃長嘯，與琴諧會，登因嘯和之，妙響動林壑。（卷五七九引《孫登別傳》）
>
> 孫登字公和，不知何許人，散髮宛地，行吟樂天。居白鹿、蘇門二山，彈一絃琴，善嘯，每感風雷。嵇康師事之，三年不言。（卷五七九引《晉紀》）〔註77〕

〔註76〕 見李豐楙：《六朝隋唐仙道類小說研究》（臺北：臺灣學生書局，1986 年 4 月），頁 261。

〔註77〕 王隱《晉書》以為蘇門真人即是孫登，這可能是誤解，此點已由清人李慈銘、

孫登之嘯竟能「響動林壑」、「感風雷」，威力之猛，令人咋舌，故而吸引阮籍、嵇康的注意。唐人孫廣所作的《嘯旨》是今日所見唯一論嘯之專書。該書〈動地章第十〉即云：

> 動地者，出於孫公，其音師曠清徵也。其聲廣博宏壯，始末不屈。
> 隱隱習習，震霆所不能加，郁結掩過，若將大激大發；又以道法，
> 先存以身，入于太上之下，鼓怒作氣，呵叱而令山岳俱舉。

可見孫登的「動地」嘯功實在不同凡響。而在阮籍、嵇康名士之影響下，不管是朝廷高員、名士清流、山林隱士，紛紛發嘯。嘯以富於藝術美的音樂形式生動地反映了中古時代風氣。連仕女也習染此風：「王渾妻鍾氏，字琰，潁川人，魏太傅繇曾孫也。琰數歲能屬文，及長，聰慧弘雅，博覽記籍。美容止，善嘯詠。」（《晉書》卷九十六《列女傳‧王渾妻鍾氏》）而至六朝，嘯與道教之服食養生發生了更密切關連。王謝子弟多嫻習嘯法，《世說新語》載：

> 王子猷嘗暫寄人空宅住，便令種竹。或問：「暫住何煩爾？」王嘯詠
> 良久，直指竹曰：「何可一日無此君？」（〈任誕篇〉第四十六條）
> 謝萬北征，常以嘯詠自高，未嘗撫慰眾士。（〈簡傲篇〉第十四條）
> 桓宣武作徐州，時謝奕爲晉陵。……俄而引奕爲司馬。奕既上，猶
> 推布衣交。在溫坐，岸幘嘯詠，無異常日。（〈簡傲篇〉第八條）

王家奉道，人盡皆知。而謝氏亦與道門中人來往密切，《洞仙傳》載謝安、謝玄與道士杜昺屢有過從，即可了知。故而魏晉名士之嘯多可從道教嘯法加以解釋。〔註78〕而劉義慶將發嘯功的名流納入〈任誕篇〉、〈簡傲篇〉，亦顯示了嘯的睥睨萬物之高態。而陶淵明〈歸去來兮〉云：「登東皋以舒嘯，臨清流而賦詩。」高情逸態，讓人心嚮往之。無怪乎鍾嶸譽爲「古今隱逸之宗」。而嘯的高逸之態，成爲中古時期最鮮明、漂亮的一個姿勢。

近人余嘉錫先生考證過。兩人之看法，俱見於余氏：《世說新語箋疏》（臺北：仁愛書局，1984 年），頁 650～652。

〔註78〕見李豐楙：《六朝隋唐仙道類小說研究》（臺北：臺灣學生書局，1986 年 4 月），頁 241～242。亦見於同作者《魏晉南北朝文士與道教之關係》（臺北：國立政治大學中國文學研究所博士論文，1978 年）。

第四章　深情之人生觀

　　漢晉士人高倡情感的自然性、合理性。他們對情感的處理，不採取儒家「發乎情，止乎禮」之態度，也與道家之忘情、絕情迥然不同。他們大膽承認情感的價值與其對自身的意義。故不論是親情、愛情、友情，這個時期的人均有極為不凡的演出。由於看重情感的價值，以致於當「情」與「禮」相違時，他們往往是捨禮而存情，甚至為情而冒禮犯紀。而重情之人生觀傾向，亦使他們對於宇宙萬物常懷悲情之眼看待，他們以驚心動魄的心情體驗時光的飛逝。這時期的士人，以至性真情寫下別具一格的歷史扉頁。

第一節　一往情深

　　由於玄學思潮之風靡、禮教之式微、及自我意識的覺醒、張揚……等等因素之影響，人們對自身情感看法起了很大的變化。魏晉人用全新的眼光來看待情感的價值與它對自身生命的意義。他們高倡人的情感的自然性、合理性。魏晉人公然宣稱「情之所鍾，正在我輩」：

> 王戎喪兒萬子，山簡往省之，王悲不自勝。簡曰：「孩抱中物，何至於此？」王曰：「聖人忘情，最下不及情；情之所鍾，正在我輩。」簡服其言，更為之慟。（《世說新語・傷逝篇》第四條）

王戎認為聖人以道化解感情，故不為情所牽。而下等人冥頑不靈，不能體會情為何物；兩者都可以歸於無情之類。而那不屬於上智下愚的中庸之人，正是情之所聚！劉鶚在《老殘遊記・初編》自敘中說：「哭泣也者，固人之所以成始成終也。……蓋哭泣者，靈性之現象也，有一分靈性即有一分哭泣，而

際遇之順逆不與焉。」〔註1〕魏晉人正是以如此豐盈的靈性，鑄成「魏晉風采」而為後人稱述。古希臘時期，有一愚者看見雅典著名政治家梭倫（Sauron）正為一個死去的孩子哭泣，愚者大不以為然，對梭倫說：「如果哭泣不能挽回什麼，你又何必如是哭泣呢？」梭倫回答說：「正是因為它不能挽回什麼才哭泣。」「死亡」，使卑微的個體凝聚一起，為人類相同的命運、歸宿，共掬一把同情之淚。故為死者哭泣，更深刻而言，也是為自己明日的結果哭泣，也是為整體人類悲劇性的命運而哭泣；王戎哭子，亦是哭己，更是哭「我輩」啊！魏晉人重視情感之價值，情至深處，不惜為情而死：

> 王長史登茅山，大慟哭曰：「琅邪王伯輿，終當為情死。」（〈任誕篇〉第五十四條）

這位王長史名廞，字伯輿。父薈，乃王導之第六子。他為何登山而哭，其情難測。劉義慶將此條歸之於「任誕篇」，不知是賞其「任真」或是責其「荒誕」，此亦後人難以情測。不過他於山野慟哭，對蒼穹起誓，確有著幾分的悲壯與豪情。驗之《世說新語》，魏晉人當真為情而死：

> 荀奉倩與婦至篤，冬月婦病熱，乃出中庭自取冷，還以身熨之。婦亡，奉倩後少時亦卒。以是獲譏於世。奉倩曰：「婦人德不足稱，當以色為主。」（〈惑溺篇〉第二條）

荀粲以為婦人才智不足論，應以色為主。而他也頗能貫徹自己的主張，娶了驃騎將軍曹洪女為妻，曹女傾城之容自不待言。此條劉孝標注引《粲別傳》曰：「……粲常以婦人才智不足論，自宜以色為主。驃騎將軍曹洪女有色，粲於是聘焉。容服帷帳甚麗，專房燕婉。歷年後婦病亡。未殯，傅嘏往唅粲，粲不明而神傷。嘏問曰：『婦人才色，並茂為難。子之聘也，遺才存色，非難遇也，何哀之甚？』粲曰：『佳人難再得！顧逝者不能有傾城之異，然未可易遇也。』痛悼不能已已。歲餘亦亡。」由此可見，荀粲未必真好色，否則也不會因悲傷過度而於喪妻後一年亦逝世。荀粲深知情感的不可取代性。荀粲以身熨婦、為情而隕，說明了魏晉人的深情，有後人未及之處，情淺之人是無法體會的。再看以下二例：

> 王子猷、子敬俱病篤，而子敬先亡。子猷問左右：「何以都不聞消息？

〔註1〕 劉鶚：《老殘遊記》（臺北：文化圖書公司，1993年9月再版），頁3。

此已喪矣！」語時了不悲。便索輿來奔喪，都不哭。子敬素好琴，
便徑入坐靈床上，取子敬琴彈，弦既不調，擲地云：「子敬！子敬！
人琴俱亡。」因慟絕良久，月餘亦卒。（《世說新語·傷逝篇》第十
六條）

支道林喪法虔之後，精神霣喪，風味轉墜。常謂人曰：「昔匠石廢斤
於郢人，牙生輟絃於鍾子，推己外求，良不虛也！冥契既逝，發言
莫賞，中心蘊結，余其亡矣！」卻後一年，支遂殞。（同前篇第十一
條）

該用多麼大的心力，才能抑止心中之悲，而表現「了不悲」的外在形貌啊！
王徽之實踐了魏晉人「終當為情死」的諾言；〔註2〕而支遁喪失知交法虔後，
「發言莫賞」的寂寞孤單，足以奪人性命。「重情」成為魏晉人群體人格一
的個突出的特徵。李澤厚先生說：「魏晉整個意識形態具有智慧兼深情之特
徵。」〔註3〕宗白華先生也說：「晉人向外發現了自然，向內發現了自己的深
情。」〔註4〕而這種深沈而豐富的情感，在魏晉以前未曾有過。儒家講「發
乎情，止乎禮」；老、莊倡言忘情、絕情；法家刻薄寡恩。以上諸家對人的
情感均是採取一種扼制、規範，甚至敵視的態度。即使他們有時也承認人的
情感，但也是羞羞答答、遮遮掩掩，不像魏晉人那樣堂堂正正、直言不諱。
〔註5〕程林輝先生以為魏晉這種重情的傾向，在中國之歷史上是少見的，唯

〔註2〕 此條劉孝標注引《幽明錄曰》：「泰元中，有一師從遠來，莫知所出。云：『人
命應終，有生樂代者，則死者可生。若逼人求代，亦復不過少時。』人聞此，
咸怪其虛誕。王子猷、子敬兄弟，特相和睦。子敬疾屬纏，子猷謂之曰：『吾
才不如弟，位亦通塞，請以餘年代弟。』師曰：『夫生代死者，以己年限有餘，
得以足亡者耳。今賢弟命既應終，君侯算亦當盡，復何所代？』子猷先有背
疾，子敬疾篤，恆禁來往。聞亡，便撫心悲惋，都不得一聲，背即潰裂。推
師之言，信而有實。」兄弟情感之深厚，亦由此可知。

〔註3〕 李澤厚云：「從現實社會講，由《人物志》為代表的政治品藻逐漸轉換到以《世
說》為代表的審美性品藻，標誌著理想人格的具象化、感性化和情感化。……
魏晉整個意識形態具有智慧兼深情之特徵。深情的感傷結合智慧的哲學，直
接展現為美學風格，所謂魏晉風流是也。」又說：「所謂魏晉風骨、晉人風度、
詩緣情、傳神寫照等等，也均應從此處深探。這時美學不再像過去關心情感
是否合於儒家的倫理，而更注重情感自身的意義和價值。」見李氏著：《華夏
美學》（臺北：時報文化出版企業有限公司，1989年4月），頁147。

〔註4〕 宗白華：《美學的散步》（臺北：洪範書店有限公司，1984年2月3版），頁67。

〔註5〕 程林輝：〈魏晉的人生哲學〉，《孔孟月刊》第32卷第12期，1994年8月，頁
30。

有晚明時代可與之媲美：

> 在中國歷史，高揚人的情感的天然性、合理性，強調情感在人生中
> 的地位和作用，似乎只有晚明可以與魏晉媲美。（晚明也是一個重情
> 的時代。從李贄的「見景生情，觸目興嘆，奪他人之酒杯，澆自己
> 之壘塊；訴心中之不平，感數奇於千載……發狂大叫，流涕慟哭，
> 不能自止」，到徐渭的「與眾處不澆，袒裸似玩，人或病之，然傲與
> 玩，亦終兩不得其情也」；從湯顯祖感嘆「平生唯有情難訴」、「為情
> 而生，為情而死」到公安派三袁的「任性而發，率性而行」，我們不
> 是可以看出晚明和魏晉具有某種驚人的相似之處麼）雖然晚明更多
> 的帶有資本主義生產關係萌芽的近代性質，但兩者又殊途同歸，指
> 向了一個共同的目標，即渴求人生的幸福、人格的獨立、人的自由
> 解放。因此，從這個意義上講，魏晉在中國人生哲學的發展歷程中
> 具有承先啟後、繼往開來的地位和作用。〔註6〕

程氏之見解頗有新意。的確，這兩個時代確有令人驚異的相似之處。而莊子
喪妻鼓盆而歌，一向被視為通達之典範。然西晉孫楚卻批評說：「妻亡不哭，
亦何所歡？殆矯其情，近失自然。」老莊主張絕情，而魏晉人卻不絕情。看
來魏晉玄學人生觀，畢竟與道家有異。魏晉人雖是從老莊處學習了崇尚自
然，然對於情感之處理上，兩者卻有極顯著之不同。孫楚的批評，適足見晉
人對情感的重視。他自己的妻子死了，作悼亡詩紀念，並將此詩示之王濟，
王濟看完，即曰：「未知文生于情，情生于文，覽之淒然，增伉儷之重。」〔註
7〕余嘉錫先生以為《文心雕龍・情采篇》中的「夫情者文之經，辭者理之
緯。……」一段話，即是從王濟的感慨中悟出的。〔註8〕孫楚文情並茂的詩，
自是感人肺腑，以致王濟淒然而嘆，其巨大之撞擊力可想而知。「魏晉人對
於人間情感，不僅不羞言，反而公開歌頌讚美，這也正是他們具有迷人風度
的主要原因。」〔註9〕

魏晉人對於人、自然、宇宙、萬物，乃至哲理的探求，均是一往情深，

〔註6〕 同前註，頁30。
〔註7〕 見《世說新語・文學篇》第七十二條：「孫子荊除婦服，作詩以示王武子。王
曰：『未知文生於情，情生於文。覽之悽然，增伉儷之重。』」
〔註8〕 余嘉錫：《世說新語箋疏》（臺北：仁愛書局，1984年10月），頁254～255。
〔註9〕 傅剛：《魏晉風度》（上海：古籍出版社，1997年11月），頁106。

具有可述之處。在對人方面，無論是親情、愛情、友情，魏晉人無不傾情灌注。以親情而言，在《世說新語》中，記載著諸多父親喪子之例，他們幾乎都是以「大慟」、「悲慟」的心情來面對愛子之死亡：

> 豫章太守顧邵，是雍之子。邵在郡卒，雍盛集僚屬，自圍棋。外啓信至，而無兒書，雖神氣不變，而心了其故。以爪掐掌，血流沾褥。賓客既散，方歎曰：「已無延陵之高，豈可有喪明之責？」於是豁情散哀，顏色自若。（〈雅量篇〉第一條）
>
> 王長豫爲人謹順，事親盡色養之孝。丞相見長豫輒喜，見敬豫輒嗔。長豫與丞相語，恆以愼密爲端。丞相還臺，及行，未嘗不送至車後。恆與曹夫人併當箱篋。長豫亡後，丞相還臺，登車後，哭至臺門。曹夫人作簏，封而不忍開。（〈德行篇〉第二十九條）
>
> 郗嘉賓喪，左右白郗公「郎喪」，既聞，不悲，因語左右：「殯時可道。」公往臨殯，一慟幾絕。（〈傷逝篇〉第十二條）

東漢顧雍強忍內心哀傷，不露聲色。但從「以爪掐掌，血流沾褥」的動作中，不難理解其內心的悲痛。《禮記・檀弓下》記載春秋時吳國公子季札之長子過世，季札能依禮加以安葬，孔子得知此事，曾稱讚他行禮如儀。同篇記載孔子弟子子夏因兒子去世，竟把眼睛哭瞎，以致受到曾子的責備。顧雍希能以此二事爲鑑，勉勵自己居於季札、子夏二者之間。而劉義慶將此條歸入〈雅量篇〉，應是「強調顧雍能勉強壓抑自己悲痛的器量」〔註10〕；而王悅事親能盡色養之孝，誠屬難能可貴。孔子曾云：「色難。有事，弟子服其勞；有酒食，先生饌，曾是以爲孝乎？」（《論語・爲政篇》）又云：「今之孝者，是謂能養。至於犬馬，皆能有養；不敬，何以別乎？」（同前篇）可見能誠敬地承事雙親，才是眞正的孝道，同時也是人高於動物的可貴之處。《世說新語・排調篇》第十六條載：「王長豫幼便和令，丞相愛恣甚篤。每共圍棋，丞相欲舉行，長豫按指不聽。丞相笑曰：『詎得爾？相與似有瓜葛。』」父子舐犢情深的畫面，令人倍感溫馨。當王導回想愛兒昔日送至車後之情景，不禁悲從中來，不可遏抑；郗超死，做父親的郗愔爲何先不悲，而後又「一慟幾絕」呢？據劉孝標注引《續晉陽秋》說：「超黨戴桓氏，爲其謀主，以父愔忠於王室，不令知之。將亡，出一小書箱付門生，云：『本欲焚此，恐官年尊，必以傷愍爲斃。

〔註10〕劉正浩、邱燮友等注譯：《新譯世說新語》（臺北：三民書局，1996年8月），頁286。

我亡後，若大損眠食，則呈此箱。』愔後果慟悼成疾，門生乃如超旨，則與桓溫往反密計。愔見即大怒曰：『小子死恨晚！』後不復哭。」觀此，則知郗愔之哭，似在未得造反密計之前。王立先生以為「郗超這種安排似不只深知其父的骨肉情深，也是在了解時風下做出的。」〔註11〕漢魏以降哀毀成風，〔註12〕加之晉人重情，於是郗超方有此舉，真可謂「知父莫若子」。而「血濃於水」，父子即便政見、宗教、金錢觀不同，〔註13〕但不妨害親情之交流貫通。而套用現代說法，郗超熟悉父親之心理，並善於運用悲傷輔導之策略。倘若郗父又知其子用心如此，恐怕又是要「一慟幾絕」了。以上三則事例可見東漢至東晉父子親情一斑。而夫妻情深者，《世說新語》記：

> 郗嘉賓喪，婦兄弟欲迎妹還，終不肯歸。曰：「生縱不得與郗郎同室，
> 死寧不同穴！」（《世說新語‧賢媛篇》第二十九條）

郗超婦（周馬頭）願與夫婿死而同穴，郗超若得知，定當含笑九泉吧！周馬頭的純情，誠令人動容。另外，王獻之與郗道茂離婚後，又奉詔尚餘姚公主〔註14〕，在他病重陳述所犯的罪過時，竟不顧皇家駙馬爺的身份，公然地追憶前妻郗氏：

> 王子敬病篤，道家上章應首過，問子敬「由來有何異同得失？」子敬云：「不覺有餘事，惟憶與郗家離婚。」（《世說新語‧德行篇》第三十九條）

王獻之與公主之聯姻恐怕是以家族利益為著眼點，但「人之將死，其言也善」，在生命的盡頭，他想對自己的情感，做最真實的告白。由他「唯憶與郗家離婚」一語，可見其對郗氏之情並未斷絕。余嘉錫箋疏又引〈王獻之帖〉曰：

> 雖奉對積年，可以為盡日之歡。常苦不盡觸額之暢。方欲與姊極當

〔註11〕王立：《永恒的眷戀——悼祭文學的主題史研究》（上海：學林出版社，1999年2月），頁187。

〔註12〕哀毀成風，求之於《世說》，如〈德行篇〉第十七條云王戎「哀毀骨立」；同篇第四十七條注引鄭緝《孝子傳》曰：「隱之字處默，少有孝行，遭母喪，哀毀過禮。」而據《晉書郗鑒附郗愔傳》言：「（郗愔）……性至孝，居父母憂，殆將滅性。」可見其情深如此。

〔註13〕《晉書》卷六十七〈郗超傳〉云：「愔事天師道，而郗超奉佛。愔又好聚斂，積錢數千萬，嘗開府，任超所取。超性好施，一日中散與親故都盡。」

〔註14〕見《世說新語‧德行篇》第三十九條劉孝標注引《獻之別傳》：「（獻之）咸安中詔尚餘姚公主，遷中書令。」

　　年之足，以之偕老，豈謂乖別至此？諸懷悵塞實深，當復何由日夕
　　見姊耶？俯仰悲咽，實無已已，惟當絕氣耳！

人在氣絕前所想之事，應是他這輩子覺得最快樂或最痛苦之事；也或者是這輩子覺最有意義、最後悔或最牽掛之事；總之，在生命盡頭所回顧的事情，往往是對臨終者有著不尋常的意義。而由王獻之的死前回顧，可知與郗氏之離婚是他一生最大的遺憾與悲痛；不難想見，郗氏在他生命中的確佔有非常重要的地位。王獻之亦是「情深之子」。

　　而夫妻間的分離，對多情的魏晉人，是難捨難分的。《世說新語》中記載了夫妻兩情繾綣，不能相捨之情者：

　　柔（高柔）字世遠，樂安人……。婚泰山胡毋氏女，年二十，既有
　　倍年之覺，而姿色清惠，近是上流婦人。柔家道隆崇，既罷司空參
　　軍、安固令，營宅於伏川。馳動之情既薄，又愛翫賢妻，便有終焉
　　之志。尚書令何充取為冠軍參軍，俍俍應命，眷戀綢繆，不能相舍。
　　相贈詩書，清婉辛切。（〈輕詆篇〉第十三條劉注引孫統《柔集序》）

據余嘉錫稱引文廷式《補晉書》〈藝文志·丁部〉以為：「《世說》『高柔在東』云云，與魏之高柔別是一人。魏高柔，字文惠，《三國志》有傳。《書鈔》一百一十〈高文惠與婦書〉曰：『今置琵琶一枚，音甚清亮也。』一百三十六〈高文惠婦與文惠書〉云：『今奉織成襪一量。』《御覽》六百八十九〈高文惠婦與文惠書〉：『今聊奉組生履一緉。』六百八十八〈高文惠婦與文惠書〉曰：『今奉總帕十枚。』據《世說》注當是高世遠婦。《書鈔》、《御覽》誤也。」余嘉錫以文氏之說為是。余氏又云：「今觀世遠夫婦往復書，蓋上擬秦嘉、徐淑，文采必有可觀，惜乎僅存殘篇斷句，無以窺其清婉辛切之旨矣。」〔註15〕俗云「禮輕人義重」，雖是琵琶、絲襪小物，而夫婦鶼鰈情深，溢於字裡行間。其夫婦之情篤、生活情致之幽雅不遜於沈復、芸娘。

　　而在夫妻相處中，有個有趣的現象即是當時的妒婦特多。魏晉南北朝，權貴豪族蓄養家妓之風鼎盛，《太平御覽》卷五百六十九引裴子野《宋略》云：「寵臣群下，亦從風而靡；王侯將相，歌妓填室；鴻商巨賈，舞女成群。競相誇大，玄有爭奪，如恐不及，莫為禁令。」《世說新語》言及養婢蓄妓置妾

〔註15〕以上兩段引文，均見余嘉錫：《世說新語箋疏》（臺北：仁愛書局，1984 年 10
　　　月），頁 837～838。

者，近三十條之多，如鄭玄、桓玄、謝安、陶侃、石崇……等等，均擁有家妓。然婢妾愈多，也就愈威脅元配在夫婿中的愛情地位，《世說新語》中亦記載了多位女性以妒聞名者，如孫秀妻蒯氏、王導妻曹夫人、賈充後妻郭槐，均以妒性發達爲時人談助之資：

> 孫秀降晉，晉武帝厚存寵之，妻以姨妹蒯氏，室家甚篤。妻嘗妒，乃罵秀爲「貉子」。秀大不平，遂不復入。蒯氏大自悔責，請救於帝。時大赦，羣臣咸見。既出，帝獨留秀，從容謂曰：「天下曠蕩，蒯夫人可得從其例不？」秀免冠而謝，遂爲夫婦如初。（《世說新語·惑溺篇》第四條）

> 丞相曹夫人性甚忌，禁制丞相，不得有侍御，乃至左右小人，亦被檢簡，時有妍妙，皆加誚責。王公不能久堪，乃密營別館，眾妾羅列，兒女成行。後元會日，夫人於青疎臺中，望見兩三兒騎羊，皆端正可念。夫人遙見，甚憐愛之。語婢：「汝出問，是誰家兒？」給使不達旨，乃答云：「是第四五等諸郎。」曹氏聞，驚愕大恚。命車駕，將黃門及婢二十人，人持食刀，自出尋討。王公亦遽命駕，飛轡出門，猶患牛遲。乃以左手攀車蘭，右手捉麈尾，以柄助御者打牛，狼狽奔馳，劣得先至。蔡司徒聞而笑之，乃故詣王公，謂曰：「朝廷欲加公九錫，公知不？」王謂信然，自敘謙志。蔡曰：「不聞餘物，唯聞有短轅犢車，長柄麈尾。」王大愧。（同前書〈輕詆篇〉第六條劉孝標注引《妒記》）

> 賈公閭，後妻郭氏酷妒，有男兒名黎民，生載周，充自外還，乳母抱兒在中庭，兒見充喜踊，充就乳母手中嗚之。郭遙望見，謂充愛乳母，即殺之。兒悲思啼泣，不飲它乳，遂死。郭後終無子。（同前書〈惑溺篇〉第三條）

孫秀夫婦齟齬，尚須請皇帝當和事佬；曹夫人聞王導在外金屋藏嬌，立即命車往視，弄得丞相狼狽奔馳；而賈充後妻郭槐，誤殺乳母而自斃其子。以上之事蹟，輕者因妒使夫妻情感有裂痕，重者以妒而悲劇收場。溯本追源，女人之妒，起於對夫婿之深情，起於女男不平等的沈痛之鳴。妒被視爲惡德，可以被先生以七出之名休妻，實乃源自於傳統男尊女卑的思想作祟，若謝安夫人劉氏來制定「婦德」，恐怕會將「酷妒」納入良好之德行吧！試觀：

謝公夫人悼諸婢，使在前作伎，使太傅暫見便下幃。太傅索更開，
夫人云：「恐傷盛德。」（《世說新語・賢媛篇》第二十三條）

謝太傅劉夫人，不令公有別房。公既深好聲樂，復遂頗欲立妓妾。
兄子外生等微達此旨，共問訊劉夫人，因方便稱〈關雎〉、〈螽斯〉
有不忌之德。夫人知以諷己，乃問：「誰撰此詩？」答云：「周公。」
夫人曰：「周公是男子，相為爾。若使周姥撰詩，當無此也。」（同
條劉孝標注引《妒記》）

謝安妻子殫精竭慮，小心呵護自己婚姻之形象，躍然紙上。表面是怕傷夫婿
之盛德，實際上應是出於嫉妒心使然吧！所謂「情深妒亦深」，在劉夫人的
強勢干預下，謝安一直未能實現納妾之慾望。而這種妒性發達的現象，與魏
晉時期思想的解放有著很大之關係，寧稼雨先生即說：

> 魏晉時期，思想界的解放，很大程度上喚起了婦女的覺醒。《世說
> 新語》中的婦女題材，都是這種覺醒的反映。而在婚姻中追求自己
> 獨立的人格，限制和反對男子的多妻制，也正是這種覺醒的組成部
> 分，這也就是當時所謂的「妒」。

寧氏又云：

> 在老莊自然的思想看來，人對自己的行為有自由支配的權利，因而
> 婦女從維護自己的獨立人格出發，對丈夫的多娶行為看成是對自己
> 獨立人格的威脅，並採取限制手段，這在今天看來，也是值得肯定
> 的。〔註16〕

「妒」，可以說是另一種變調的愛情宣言。它以曲折晦澀的語言，傳遞了人
間的深情。它的根源起於人類情感的佔有慾；且它也不是女人的專利，它最
初發明於男子。恩格斯（Angus）即說：「母權制的被推翻，乃是女性的具有

〔註16〕寧稼雨：《中國志人小說史》（瀋陽：遼寧人民出版社，1991年10月），頁75。
寧氏又云：「對這種妒，應當做歷史的，具體的分析，既不能全盤否定，也不
能全部肯定。前面所引王導妻的故事中曹夫人的行為，從不同的道德標準出
發，可以對它做出不同的評價。對于正統思想來說，曹夫人的行為是對儒家
婦女應賢慧不妒思想的反動，所以干寶批評魏晉妒忌之風為『不拘妒忌之
惡』。而在老莊自然的思想看來，人對自己的行為有自由支配的權利，因而婦
女從維護自己的獨立人格出發，對丈夫的多娶行為看成是對自己獨立人格的
威脅，並採取限制手段，這在今天看來，也是值得肯定的。」，頁75～76。

世界歷史意義的失敗。丈夫在家中也掌握了權柄，而妻子則被貶低，被奴役，變成丈夫淫欲的奴隸，變成生孩子的簡單工具了。」又說：「一夫多妻制，顯然是奴隸制度的產物，只有占據殊地位的人物才能辦到……多妻制是富人和顯貴人物的特權。」〔註17〕由此看來，一夫多妻本就是一種不平等的婚姻關係，這種制度可以說是對婦女的不尊重與壓迫。婦女對它提出抗議，也是符合人性之自然，是應該受到肯定的。

　　另外，魏晉人的友誼，亦可稱述。看重同性之間的情感，使得他們都患了「相思病」：「嵇康與呂安善，每一相思，千里命駕。」（《世說·簡傲篇》第四條）；王徽之忽憶好友戴逵，半夜便起駕前往。（同前書〈任誕篇〉第四十七條）；劉惔云：「清風朗月，輒思玄度（許詢）。」（同前書〈言語篇〉第七十三條），為了許詢，劉惔差點成了「輕薄令尹」（同前書〈寵禮篇〉第四條）。而面對心儀的朋友，更是千里相送，甚至不辭免官。張翰賞賀循彈琴竟追蹤入洛（同前書〈任誕篇〉第四十七條）；郭奕賞羊祜「送之彌日，一舉數百里，遂以出境免官。」（同前書〈賞譽篇〉第九條）。對於好友的逝世，魏晉人往往傷痛得「不能已已」：

　　　　庾文康亡，何揚州臨葬云：「埋玉樹箸土中，使人情何能已已！」
　　　　（《世說·傷逝篇》第九條）

庾亮世稱「豐年玉」〔註18〕，此乃形容其才質之俊秀，有如玉樹；又喻其為朝廷治世之重臣。如此如玉之美好人才過世，該令人多麼抱憾啊！一坏土也難掩風流！而何充「埋玉樹箸土中」之痛，不僅僅只是一般的悼友，其中更是包含著對個體生命價值的讚頌，與美好生命終歸消逝之大痛。〈傷逝篇〉第十條亦記載著：

　　　　王長史病篤，寢臥鐙下，轉麈尾視之，歎曰：「如此人，曾不得四
　　　　十！」及亡，劉尹臨殯，以犀柄麈尾箸柩中，因慟絕。

王濛「特善清言，為時所重。」〔註19〕其臨終把玩日用的麈尾，可能在回想一些得意的往事，但當想到自己四十歲不到，就要與世長辭，不免感慨萬千。

〔註17〕恩格斯（Angus）：《家庭、私有制和國家的起源》。轉引自寧稼雨：《中國志人小說史》，頁74～75。
〔註18〕見《世說新語·賞譽篇》第六十九條。
〔註19〕《世說新語·言語篇》第六十六條，余嘉錫注引《歷代名畫記》云，頁125。

〔註20〕好友劉惔在王濛入殮時，送他一支名貴的犀柄塵尾，便痛哭絕倒。王濛的自惜，劉惔的惜才，互相輝映。

魏晉人重情的人生觀，使得魏晉時代散發著特殊的迷人風采。不論是父子、夫婦、朋友之情，他們「一往有深情」，撼人魂魄。《世說新語》還記載了一則感人的舅甥情：

> 郗公值永嘉喪亂，在鄉里甚窮餒。鄉人以公名德，傳共飴之。公常攜兄子邁及外生周翼二小兒往食。鄉人曰：「各自饑困，以君之賢，欲共濟君耳，恐不能兼有所存。」公於是獨往食，輒含飯著兩頰邊，還吐與二兒。後並得存，同過江。郗公亡，翼為剡縣，解職歸，席苫於公靈床頭，心喪終三年。（〈德行篇〉二十四條）

《晉書》卷六十七〈郗鑒傳〉載：「于時所在饑荒，州中之士素有感其恩義者，相與資贍。鑒復分所得，以恤宗族及鄉曲孤老，賴而全濟者甚多。」《世說新語》此條所記，恐非實情。值永嘉之亂，「千里無炊，白骨蔽野」的殘破中原，人們自顧不暇之時，郗鑒能重視整個宗族命脈之延續，兼及鄉曲孤老，郗鑒可謂是情感深厚之人。而周翼能為舅舅守心喪三年，亦是難能可貴。魏晉人情深處，不以生死易心。甚至是因猜忌而斷絕翁婿之名的謝安、王珣，實質上其情亦不絕如縷：

> 謝公領中書監，王東亭有事應同上省，王後至，坐促，王、謝雖不通，太傅猶斂郤容之。王神意閑暢，謝公傾目。還謂劉夫人曰：「向見阿瓜，故自未易有。雖不相關，正是使人不能已已。」（《世說・賞譽篇》第一百四十七條）
>
> 王東亭與謝公交惡。王在東聞謝喪，便出都詣子敬道：「欲哭謝公。」子敬始臥，聞其言，便驚起曰：「所望於法護。」王於是往哭。督帥刁約不聽前，曰：「官平生在時，不見此客。」王亦不與語，直前，哭甚慟，不執末婢手而退。（《世說・傷逝篇》第十五條）

〈傷逝篇〉第十五條劉孝標注引《中興書》曰：「珣兄弟皆娶謝氏（珣與弟珉，皆謝安女婿），以猜嫌離婚。太傅既與珣絕婚，又離珉妻，由是二族遂成仇釁。」《晉書》卷六十五〈王珣傳〉亦本此說。然二書對猜嫌之事，皆語焉不詳。在王謝兩家交惡後，這對昔日翁婿碰面於中書省，在擁擠的座席

中，謝安收斂雙膝讓王珣坐在身旁，且不斷側目偷看，可見謝安對這女婿依然愛重如昔。而謝安死了，王珣竭誠哀悼，哭弔甚慟，最後竟忘了去握喪主謝琰之手。余嘉錫以爲「……王東亭條言不執末婢之手，皆著其獨於死者悼慟至深，本不爲生者弔，故不執手，非常禮也。」〔註21〕這對翁婿，爲人間留得一片獨具光采的赤忱至情。

　　魏晉人以至性真情寫下這別具一格的歷史扉頁。

第二節　稱情直往

　　魏晉人之重視感情，由上文可知。但也因爲過於看情感之價值，以致於當情與禮相違時，他們往往是捨禮而存情；爲情而冒禮犯紀，在當時也屢見不鮮：

> 郭淮作關中都督，甚得民情，亦屢有戰庸。淮妻，太尉王凌之妹，坐凌事當并誅。使者徵攝甚急，淮使戒裝，克日當發。州府文武及百姓勸淮舉兵，淮不許。至期，遣妻，百姓號泣追呼者數萬人。行數十里，淮乃命左右追夫人還，於是文武奔馳，如徇身首之急。既至，淮與宣帝書曰：「五子哀戀，思念其母，其母既亡，則無五子。五子若殞，亦復無淮。」宣帝乃表，特原淮妻。（《世說新語·方正篇》第四條）
>
> 王戎、和嶠同時遭大喪，俱以孝稱。王雞骨支牀，和哭泣備禮。武帝謂劉仲雄曰：「卿數省王、和不？聞和哀苦過禮，使人憂之。」仲雄曰：「和嶠雖備禮，神氣不損；王戎雖不備禮，而哀毀骨立。臣以和嶠生孝，王戎死孝。陛下不應憂嶠，而應憂戎。」（同前書〈德行篇〉第十七條）

徘徊在國法與私情的兩難間，郭淮後來因護子心切，選擇了私情，然至性至情之親情，亦感動了宣帝（司馬懿），使帝寬宥其罪，而郭淮夫婦之情篤，不言而喻；《晉書·王戎傳》載：「（王戎）性至孝，不拘禮制，飲酒食肉，或觀奕棋，而容貌毀悴，杖然後起。裴頠往弔之，謂人曰：『若使一慟能傷人，濬沖不免滅性之譏也。』……戎先有吐疾，居喪增甚。」可見王戎外表雖非毀禮法，然內心實哀痛逾恒，故劉毅（劉仲雄）以爲王戎之「死孝」比

〔註21〕見《世說新語·傷逝篇》第七條余嘉錫箋註所云。

和嶠「生孝」更令人憂心。在這二則事例中，顯示了「禮」與「情」的競賽中，魏晉人似乎更重於「情」的情感傾向。孔子云：「克己復禮。」（《論語·顏淵篇》）又云：「非禮勿視，非禮勿聽，非禮勿言，非禮勿動。」（同前篇同章）孔子主張人們應抑制情感、欲求等心理和生理的活動，使自己的言行符合於禮的規範。並要求自我主體應自覺地用禮來約束自己的視聽言動。而宋明理學家用「天理」「人欲」釋「禮」和「己」。程頤說：「視聽言動，非理不爲，即是禮，禮即是理也。」「滅人欲則天理明矣。」（《遺書》卷二十四）可見儒家的情欲是放入人際網路去思考的，並強調用克制的方式來壓抑情欲之氾濫。而崇尚自然的魏晉人卻將情欲抽離群體關係，而重視它對自身的意義。魏晉名士以爲一切情欲都是自然的、合理的，都是宇宙本體的直接的體現。郭象的《莊子注》以爲「自然」就是「萬物皆自爾」，就是存在即合理，適應千差萬別的物之「自性」，順遂各式各樣的「物情」，「各任其自爲」（《莊子·在宥》注）。郭象注莊子各篇均反復宣揚了這種「萬物萬形，同於自得，其得一也。」（《莊子·齊物論》注）的思想。此種玄學人生觀，導致了魏晉人將情欲由幕後搬至幕前公開亮相，他們大大方方地承認——「情之所鍾，正在我輩」，對情欲之需求不再偷偷摸摸，欲語還「羞」，公然地把情欲放在最高的天秤上，非其他事物所能相比。「情」、「禮」之間，自然以「情」爲貴。

魏晉人既以「情」比「禮」更爲重要，於是，父子、夫婦、朋友之相處模式，也發生了與之相應的變化。以父子之相處而言，《世說新語·方正篇》記：

> 王述轉尚書令，事行便拜。文度曰：「故應讓杜許。」藍田云：「汝謂我堪此不？」文度曰：「何爲不堪！但克讓自是美事，恐不可闕。」藍田慨然曰：「既云堪，何爲復讓？人言汝勝我，定不如我。」（第四十七條）

劉孝標注引《述別傳》說：「述常以爲人之處世，當先量己而後動，義無虛讓，是以應辭便當固執。其貞正不踰皆此類。」王述之所以當仁不讓接任尚書令之職，應是「量己而後動」、深思熟慮下，所產生的決定。而兒子卻勸老爸要謙遜。孔子以爲「事父母幾諫，見志不從，又敬不違，勞而不怨。」（《論語·里仁》）由此來看，儒家之孝道並非主張對父母要絕對服從。王坦之之勸告，自非違禮。然由此則事例可知，這對父子感情如師亦友，能交換彼此爲人處

世的看法，這比起孔鯉遇到孔子便趨庭過之，賈寶玉見賈政如鼠見貓，要來得親切而人性得多。而王述聽完兒子之勸告，旋即反問兒子以爲自己是否能勝任？王述的眞性情是當代有名的，對於矯情虛讓之風自是不屑領受。同篇又載：

> 王文度爲桓公長史時，桓爲兒求王女，王許咨藍田。既還，藍田愛念文度，雖長大猶抱劅上。文度因言桓求己女婚。藍田大怒，排文度下劅曰：「惡見，文度已復癡，畏桓溫面？兵，那可嫁女與之！」文度還報云：「下官家中先得婚處。」桓公曰：「吾知矣，此尊府君不肯耳。」後桓女遂嫁文度兒。（第五十八條）

王述將已經爲人父的的王坦之抱於膝上，這種父子情深的畫面，求之中國歷史各朝，恐怕是不多吧！尤其是抱著這麼大的兒子，而這兒子的女兒又是大的可以論及婚嫁！魏晉時代門閥觀念根深蒂固，名門貴族容或娶寒門之女；然名門之女少有下嫁寒門子弟者。「桓溫爲桓榮之後，桓彝之子，而彝之先世名位不昌，不在名門貴族之列。故桓溫雖位極人臣，而當時士大夫猶鄙其地寒，不以士流處之。」〔註 22〕王述不願答應此婚事，實乃門閥觀念使然。他將坦之抱膝到推落膝下，溺愛之情、憤怒之情剎時翻轉，頗富戲劇情節。王述有話必吐、率意任眞的個性，與中國嚴父之形象大不相同。而這種父子親暱的情感，尚反映在稱謂上：

> 謙之字子光。才學不及父，而傲縱過之。至酣醉，常呼父字，輔之亦不以介意，談者以爲狂。輔之正酣飲，謙之闚而屬聲曰：「彦國（胡母輔之之字）年老，不得爲爾！將令我尻背東壁。」輔之歡笑，呼入與共飲。（《晉書》卷四十九〈胡母輔之〉）
> 王仲祖有好儀形，每覽鏡自照曰：「王文開那得生如馨兒！」時人謂之達也。（《世說·容止篇》第二十九條注引《語林》）

胡母謙之直呼父字，且管起了老父喝酒之事，不禁令人懷疑：這對父子的角色是否弄錯了？王濛直呼父親的名字（王納字文開），時人竟謂之「達」。遠在一千六百年的中國人，父子相處模式，竟可與今日歐美國家媲美，這不禁讓生在今天的我們，嘖嘖稱奇。由於士人以爲情比禮更爲重要，於是父子之間的尊卑禮節也就不注重了。士人寧可違禮犯俗，但求能稱情直往。於是「婦

〔註 22〕 余嘉錫，見前揭文，頁 333。

皆卿夫，子呼父字」〔註23〕爲當時士人理想的夫婦、父子相處模式。

而東漢時個體自覺的興起，士人多半不拘禮儀、不率常法。《後漢書‧孔融傳》記載孔融「與白衣彌衡跌蕩放言，云：『父之於子，當有何親？視其本意，實爲情欲發耳。子之於母，亦復奚爲？譬如寄物瓶中，出則離矣。』」其言論放肆，無所顧忌。然據《後漢書》記載，其實孔融並不是不孝之人，他「十三歲喪父，哀悴過毀，扶而後起，州里稱其孝。」他之所以發此謬論，應是「懷疑『孝』是否如世俗所言，僅僅建立在生物的事實上而已。」〔註24〕而時人之放蕩無禮，甚至有在肅穆的喪禮上，「食肉飲酒」的驚人之舉：

> 良少誕行，母喜驢鳴，良嘗學之以娛樂焉。及母卒，兄伯鸞居盧啜粥，非禮不行。良獨食肉飲酒，哀至乃哭，而二人俱有毀容，或問良曰：「子之居喪，禮乎？」良曰：「然。禮所以制情佚也，情苟不佚，何禮之論！夫食旨不甘，故致毀容之實，若味不存口，食之可也。」（《後漢書》卷八十三〈逸民傳〉）

《孝經》上說，子之喪親「哭不偯，禮無容，言不文，服美不安，聞樂不樂，食旨不甘，此哀戚之情也。」而「食旨不甘」通常是指蔬食水飲，而不吃肉。而戴良卻以爲只要口中無味，即使飲酒吃肉亦無所謂。當然戴良此舉自然有其時代背景。由於東漢選舉，偏重孝廉，故時人爲獲致孝廉美名，不惜從「守禮」到「過禮」。桓帝時，孝子趙宣居埏隧行服二十餘年，贏得鄉邑州郡稱孝美名，殊不知趙宣五子均是行服所生，以致陳蕃獲知實情後，勃然大怒。並痛斥其行爲乃「誑時惑眾，誣污鬼神」。〔註25〕而喪禮的制定，原在表達生者對死者的追思之情，在此卻變成求取聲名的工具了。時人只注意到趙宣過禮的形式，而忽略了其內容的空洞。而許多人「爲了博『孝』之名以爲進身之階，便不惜從事種種不近人情的僞飾，以致把儒家的禮法推向與它原意相反的境地。」〔註26〕《後漢書‧張湛傳》亦載：「張湛，……矜嚴好禮，動止有

〔註23〕　束皙〈近遊賦〉，見嚴可均《全晉文》卷八十七。

〔註24〕　余英時：《中國知識階層史論》〈名教危機與魏晉士風的演變〉（臺北：聯經出版事業公司，1980年8月），頁412。

〔註25〕　《後漢書》卷六十六〈陳蕃傳〉：「民有趙宣，葬親而不閉埏隧，因居其中，行服二十餘年。鄉邑稱孝，州郡數禮請之。郡內以薦蕃，蕃與相見。問及妻子，而宣五子皆服中所生。蕃大怒，曰：『聖人制禮，賢者俯就，不肖企及，且祭不欲數，以其易黷故也，況乃寢宿冢藏而孕育其中，誑時惑眾，誣污鬼神乎？』遂致其罪。」

〔註26〕　余英時：《中國知識階層史論》〈名教危機與魏晉士風的演變〉（臺北：聯經出

則，居處幽室，必有修整，雖遇妻子，若嚴君焉。及在鄉黨，詳言正色，三
輔以爲儀表。人或謂湛僞詐，湛聞而笑曰：『我誠詐也。人皆詐惡，我獨詐善，
不亦可乎？』」張湛不否認，他在妻子、兒女、鄉里面前的道貌岸然、規行矩
步，完全是「詐」出來的。由此可知，代表儒家的禮法或名教，至此已流入
高度形式化、虛僞化的階段。而「禮」一旦與生活脫節，或是壓制人類情感
之自然表達，如此之禮，勢必流於形式。戴良「情苟不佚，何禮之論！」的
驚人之語，未嘗不是對當代虛僞禮法的反動與批判。然戴良此舉，實是後代
任誕行爲之先驅，亦是開阮籍以下居喪無禮之先河：

> 阮步兵喪母，裴令公往弔之。阮方醉，散髮坐床，箕踞不哭。裴至，
> 下席於地，哭弔唁畢，便去。或問裴：「凡弔，主人哭，客乃爲禮。
> 阮既不哭，君何爲哭？」裴曰：「阮方外之人，故不崇禮制；我輩俗
> 中人，故以儀軌自居。」時人歎爲兩得其中。（《世說新語·任誕篇》
> 第十一條）

時人將阮籍之違禮與裴楷之備禮，歎爲「兩得其中」，此觀照了時人對禮制反
省之深度——那就是孝與不孝，禮與非禮，不能只是看行爲，還需要內心；
外表的孝未必即是眞孝，外表的不孝也未必即是不孝。《晉書》卷四十九〈阮
籍傳〉也記：「性至孝，母終；正與人圍棋，對者求止，籍留與決賭。既而飲
酒二斗，舉聲一號，吐血數升。及將葬，食一蒸肫，飲二斗酒，然後臨訣，
直言窮矣，舉聲一號，因又吐血數升。毀瘠骨立，殆致滅性。」從他「吐血
數升」二次與「毀瘠骨立，殆致滅性」的舉止中，可窺知其內心的哀痛。阮
籍三歲喪父，賴母氏以長成，面對母死之事實，自是痛苦難當。然何以他會
有「圍棋不止」、「飲酒食肉」、「散髮箕踞」違禮之行爲呢？此不得不歸之於
阮籍有意爲之。《世說新語·任誕篇》第七條記：「阮籍嫂嘗還家，籍見與別。
或譏之。籍曰：『禮豈爲我輩設也？』」嫂子回娘家，做小叔的出來道別。這
在今日我們看來，是一很合乎禮教的表現，然魏晉仍保有「叔嫂不通問」（《禮
記·曲禮》）的規定，此不但有悖人性，亦有違人情，阮籍能從當時的禮法觀
念衝決出來，自然不得不說阮籍內心有很深的自覺意識與自省能力；把生命
從不合理的禮教中解放出來，使人活的更合理、更健全。古人云：「發乎情，
止乎禮。」情乃是生命的本質，情動於中，則不能不形之於外。而聖人制禮
之目的，乃在使人之情感得到合適的輸導，在過與不及之間，找到一個中庸

版事業有限公司，1980 年 8 月），頁 340。

點。而漢魏以來，名教的過度膨脹，扼殺了情感，於是人與人之間，處處顯得僵化、彆扭。面對俗儒的譏笑，阮籍傲然地回答：「禮豈為我輩設也？」另外，從阮籍「醉臥鄰家婦」〔註27〕、「哭兵家女」〔註28〕之事可知，他不崇禮制，然而行事自成方圓。一點也不像是那種越軌侵佔他人無恥的登徒子。而他恣情任性、違禮放俗的行為，已引起衛道人士強烈的不滿，如何曾即針對他在母喪的縱情敗禮，提出了抗議。〔註29〕而鍾會「數以時事問之，欲因可否而致之罪，皆以酣醉獲免。」〔註30〕當年步步為營，欲將阮籍羅織其罪又何止何、鍾二人。少年的阮籍也曾「顏閔相與期」（〈詠懷詩〉第十五首）〔註31〕。然而體悟到現實世界中理想抱負之不可實現，而邦無道日盛一日，當權者標榜禮義，而事實上又是禮義之竊取者，魏竊漢，晉竊魏，一連串有虧君臣之義的歷史一再重演。竊政者為粉飾自己的醜行及鞏固政權，於是大倡名教，獎掖德行，這不得不讓有心人士痛心疾首。眼看河清無期，阮籍只好不與世事了，但在可能的範圍內，阮籍仍用那驚世駭俗的任誕言行，來表示他對那個時代的不滿、批判、反抗。錢穆先生即說：「阮籍目擊此種情況，遂要破棄禮法，放浪人間，自稱『禮豈為我輩設哉？』其言論行跡，容有過激，其心情懷抱，實亦可悲，實亦可敬。」〔註32〕錢氏可謂是阮籍的知音。而魯迅亦說：

季札說：「中國之君子，明於禮義而陋於知人心。」這是確的，大凡明于禮義，就一定要陋于知人心的，所以古代有許多人受了很大的冤枉。例如嵇、阮的罪名，一向說他們毀壞禮教。但據我個人的意見，這判斷是錯的。魏、晉時代，崇奉禮教的看來似乎很不錯，而

〔註27〕《世說新語‧任誕篇》第八條：「阮公鄰家婦有美色，當壚酤酒。阮與王安豐常從婦飲酒，阮醉，便眠其婦側。夫始殊疑之，伺察，終無他意。」

〔註28〕《晉書》卷四十九〈阮籍傳〉曰：「兵家女有才色，未嫁而死。籍不識其父兄，徑往哭之，盡哀而返。」

〔註29〕《世說新語‧任誕篇》第二條：「阮籍遭母喪，在晉文王坐進酒肉。司隸何曾亦在坐，曰：『明公方以孝治天下，而阮籍以重喪，顯於公坐飲酒食肉，宜流之海外，以正風教。』文王曰：『嗣宗毀頓如此，君不能共憂之，何謂？且有疾而飲酒食肉，固喪禮也！』籍飲啖不輟，神色自若。」《晉書》卷四十九〈阮籍傳〉亦記此事。

〔註30〕《晉書》卷四十九〈阮籍傳〉。

〔註31〕陳伯君校注：《阮籍集校注》（北京：新華書店，1987年10月），頁265。

〔註32〕錢穆：《中國學術思想史論叢》（三）（臺北：東大書局，1993年12月4版），頁73。

實在是毀壞禮教，不信禮教的。表面上毀壞禮教者，實則倒是承認禮教，太相信禮教。因為魏、晉時所謂崇奉禮教，是用以自利，那崇奉也不過偶然崇奉，如曹操殺孔融，司馬懿殺嵇康，都是因為他們和不孝有關，但實在曹操、司馬懿何嘗是著名的孝子，不過將這個名義，加罪于反對自己的人罷了。于是老實人以為如此利用，褻瀆了禮教，不平之極，無計可施，激而變成不談禮教，不信禮教，甚至於反對禮教。──但其實不過是態度，至于他們的本心，恐怕倒是相信禮教，當作寶貝，比曹操、司馬懿們要迂執得多。〔註33〕

阮籍終以佯狂慢世、任情放誕的姿態來反抗這處處充滿鄉愿、虛偽的社會。他「率意獨駕，不由徑路，車跡所窮，輒慟哭而反。」(《晉書》卷四十九〈阮籍傳〉）實有其時代的悲痛在。而《世說新語・言語篇》第八十九條亦載：

> 簡文崩，孝武年十餘歲立，至暝不臨。左右啓「依常應臨。」帝曰：「哀至則哭，何常之有！」

孝武帝所云「哀至則哭，何常之有！」與東漢戴良所說「苟情不佚，何禮之論。」可謂一脈相承。他們認為，但得「禮意」，便可「稱情直往」；只要雙方的情「意」能交流感通，得意忘「禮」又何妨？此與他們「守母存子」的玄學人生觀是相互呼應的，郭象即說：「夫知禮意者必游外以經內，守母存子，稱情而直往也。若乃矜乎名聲，牽乎形制，則孝不任實，父子兄弟懷情相欺，豈禮之大意哉！」〔註34〕又說：「人哭亦哭，俗內之跡也；齊生死，臨尸而歌，方外之至也。」〔註35〕魏晉人對虛偽的禮法完全是毫不遲疑地加以痛斥，並公然批評這種世俗之形制不能讓人「稱情直往」。孝武帝年僅十多歲，便能說出此番合情入理之話語，足見其天資之聰慧。無怪乎謝安聽完後，以為他「精理不減先帝」。〔註36〕此種「居喪無禮」、「稱情直往」之行逕，使得士大夫慕其放達，相習成風。但無可避免地，亦造成末流者恣情任性、非毀禮教的最好藉口，而在父母之重喪演出「任情廢禮」之戲碼：

> 魏武帝崩，文帝悉取武帝宮人自侍。及帝病困，下后出看疾。太后

〔註33〕見魯迅：〈魏晉風度及文章與藥及酒之關係〉，收入於《魯迅全集》第三卷（北京：人民文學出版社，1982 年 2 刷），頁 513。

〔註34〕《莊子・大宗師》郭象注「是惡知禮意」句。

〔註35〕同前註，同篇郭象注「而我猶為人猗」句。

〔註36〕《晉書》卷九〈孝武帝紀〉。

入戶，見直侍竝是昔日所愛幸者。太后問：「何時來邪？」云：「正
伏魄時過。」因不復前而歎曰：「狗鼠不食汝餘，死故應爾！」至山
陵，亦竟不臨。(《世說新語‧賢媛篇》第四條)

阮仲容先幸姑家鮮卑婢。及居母喪，姑當遠移，初云當留婢，既發，
定將去。仲容借客驢箸重服自追之，累騎而返。曰：「人種不可失！」
即遙集之母也。(同前書〈任誕篇〉第十五條)

陸士衡初入洛，咨張公所宜詣；劉道眞是其一。陸既往，劉尚在哀
制中。性嗜酒，禮畢，初無他言，唯問：「東吳有長柄壺盧，卿得種
來不？」陸兄弟殊失望，乃悔往。(同前書〈簡傲篇〉第五條)

卞后得知家人正忙著幫武帝招魂時，魏文帝已將父親的宮女盡皆據爲己有，
於是立刻棄絕這狗鼠不如的逆子。並以不參加葬禮，來表示對這逆子最大的
抗議。劉義慶將此則收入「賢媛」，歌頌了卞后明辨是非、嫉惡如仇的情操；
阮咸著「斬衰」孝服追鮮卑婢，這種景象，讓人不禁想起孔子所云：「吾未見
好德如好色者」；劉寶乃治喪服之學者，〔註37〕然居父母之喪卻是嗜酒任誕，
無怪乎慕名而來的陸氏兄弟要大爲失望。據《抱朴子‧外篇‧譏惑》所云，
居喪飲宴，乃是京、洛間之習俗。〔註38〕士衡兄弟乃吳中舊族，深習禮法，
故乍聽劉寶之語，遂大爲失望。魏文帝、阮咸與劉寶無視於外在之「禮法」，
內在之「禮意」似亦闕如。《抱朴子‧外篇‧刺驕》曾曰：「世人聞戴叔鸞、
阮嗣宗傲俗自放，見謂大度，而不量其才力非傲生之匹，而慕學之，或亂項
科頭，或裸袒蹲夷，或濁腳於稠眾，或溲便於人前，或停客而獨食，或行酒
而止所親，此蓋左衽之所爲，非諸夏之快事也。」而戴逵亦云：「竹林爲放，
有疾而爲顰者也，元康之爲放也，無德而折巾者也，可無察乎？」(《晉書》
卷九十四〈戴逵傳〉)余英時先生也說：「漢末以來放誕之風，經竹林名士，

〔註37〕《通典》卷八十八〈孫爲祖持重議〉載劉寶以爲孫爲祖不三年，引據經典甚。
　　　　可見劉寶爲當代治喪服之學者。
〔註38〕《抱朴子‧外篇‧譏惑》論東晉初江表風俗之失曰：「又聞貴人在大哀，或有
　　　　疾病，服石散，以數食宣藥勢，以飲酒爲性命。疾患危篤，不堪風冷，幃帳茵
　　　　褥，任其所安。於是凡瑣小人之有財力者，了不復居於喪位，常在別房，高床
　　　　重褥，美食大飲。或與密客，引滿投空，至於沈醉。曰：『此京、洛之法也。』
　　　　不亦惜哉！余之鄉里先德君子，其居重難，或并在衰老，於禮唯應緦麻在身，
　　　　不成喪致毀者，皆過哀啜粥，口不經甘。時人雖不肖者，莫不企及自勉。而今
　　　　人乃自取如此！何其相去之遼緬乎？」由此可見北人居喪任誕放達、恣情任性
　　　　之風氣一斑。而劉寶居喪忽問長柄葫蘆，亦是任誕時風熏習下之言行。

下迄晉初，固未嘗中斷。然其內在精神愈傳愈失其眞。」〔註 39〕古苔光先生也說：「魏晉任誕人物固然有值得我們歌頌和敬欽的一面，而也有爲社會帶來壞影響消極的一面，……《晉書》卷三十五〈裴頠傳〉中的論調，即把一國的興亡完全歸咎到何晏、阮籍等人的頭上來，雖然未免太過，可是事實上，我們也不可否認不少當日的任誕名士如王澄、胡毋輔之、桓玄等等，他們確實是純然出自摹倣而求炫耀當時，以示不同於俗人，完全失卻了阮、嵇的襟懷與意旨。此輩名士的生活態度與行爲意識已經完全喪失了眞精神與眞意味。」〔註 40〕葛洪、戴逵、余英時、古苔光所云，誠不易之論也。然而阮籍以下之士人，其居喪無禮之表現，並不全然地表示對逝者毫無感情，也不僅僅因爲他們雅尚通脫，故而不拘細行。更重要的是因爲他們在某種程度上接受了老莊「齊生死」的人生觀。他們力求以超然之態度，鼓盆而歌。

受「稱情直往」的士風所影響，時人制禮多半已注意到禮法必須與人類的自然情感相應。否則一切形制將流於形式，人倫之情不能交流感通。時人「緣情制禮」，便是在重情的時代聲浪下，所產生的因應策略。《通典》卷九十二「嫂叔服」條曹羲申蔣濟議云：「敵體可服，不必尊卑，緣情制禮，不必同族。……嫂叔共一門之內，同統先人之祀，有相奉養之義，而無服紀之制，豈不詭哉！」同書卷九十四「爲出繼母不服議」引史麋遺議說：「夫禮緣人情，而爲之制。」《晉書》卷二十引干寶《禮論》曰：「禮有經有權，……且夫吉凶哀樂，動乎情者也，五禮之制，所以敘情而即事也。」同卷《禮志中》也引徐廣語：「且禮……緣情立制。」當「情」、「禮」衝突時，情變成了最高指導原則；行事的最後依據。魏晉人宣揚「情」之價值，把它抬到最高的位置，變成最重要的生命意義所在。

而君臣之關係亦受到任情放達之流風影響，上下尊卑的界限，也愈來愈是模糊。據《三國志‧魏書》記載，魏武帝曹操與魏文帝曹丕都是性簡易、尚通脫之人。傅玄曾於泰始年間上《舉清遠疏》即曰：

> 近者魏武好法術，而天下貴刑名；魏文慕通達，而天下賤守節。其後綱維不攝，而虛無放誕之論盈於朝野，使天下無復清議，而亡秦之病復發於今。（《晉書》卷四十七〈傅玄傳〉）

〔註 39〕 余英時：《中國知識階層史論》〈名教危機與魏晉士風的演變〉（臺北：聯經出版事業有限公司，1980 年 8 月），頁 324。

〔註 40〕 古苔光：〈魏晉任誕人物的分類與行爲的探究〉，《淡江學報》第十二期，1974年 3 月，頁 315。

曹操「少好俠，放蕩不修行業。」〔註41〕《世說新語‧假譎篇》第一條即載：「魏武少時，嘗與袁紹好爲游俠，觀人新婚，因潛入主人園中，夜叫呼云：『有偷兒賊！』青廬中人皆出觀，魏武乃入，抽刃劫新婦與紹還出，失道，墜枳棘中，紹不能得動，復大叫云：『偷兒在此！』紹遑迫自擲出，遂以俱免。」曹操行爲之遊放無度可見一斑。而曹丕亦是通脫隨便之人，史載他常出妻妾以見群臣：

> 劉楨字公幹，東平寧陽人。建安十六年，世子爲五官中郎將，妙選文學，使楨隨侍太子。酒酣坐歡，乃使夫人甄氏出拜，坐上客多伏，而楨獨平視。他日公聞，乃收楨，減死輸作部。（《世說新語‧言語篇》第十條劉注引《典略》）
>
> （文）帝嘗召質及曹休歡會，命郭后出見質等。帝曰：「卿仰諦視之。」其至親如此。（《三國志‧魏書‧王粲傳》裴注引《吳質別傳》）〔註42〕

君主輕脫，以致文士們之言行也跟著任性無忌。君臣違禮脫紀之事在當時不是少見的現象。而國君與臣子「至親」如此，這在中國歷史，誠不多見。曹丕與文士「行則接輿，止則接席，何嘗須臾相失！每至觴酌流行，絲竹并奏，酒酣耳熱，仰而賦詩。」（曹丕〈與吳質書〉）的生活，最足以說明這種君臣感情的「至親」。此種朝夕培養出來的情感，自然深厚異常。王粲之逝世，使得連身居太子高位的曹丕，也不惜降尊紆貴，一效驢鳴，以盡哀思：

> 王仲宣好驢鳴。既葬，文帝臨其喪，顧語同遊曰：「王好驢鳴，可各作一聲以送之。」赴客皆一作驢鳴。（《世說新語‧傷逝篇》第一條）

而在蕭穆的喪禮上，響起了陣陣的驢鳴聲，這種怪誕的哀悼方式，令人匪夷所思。「爲了區別於世俗的、虛僞的喪葬儀式，魏晉人採取十分獨特的哀悼方式，他們考慮更多的不是禮儀的需要與規定，而是如何眞切的表達情感，以謝知音。這裡面所包含的深情，是十分眞摯感人的。」〔註43〕時至東晉，君

〔註41〕《世說新語‧假譎篇》第一條劉注引孫盛《雜語》。
〔註42〕時人在宴會時，常出妻妾使客見之，如《三國志》卷二十二〈衛臻傳〉亦載：「夏侯惇爲保留太守，舉臻計吏，命婦出宴，臻以爲末世之俗，非禮之正。惇怒，執臻，既而赦之。」
〔註43〕柳士鎮、錢南秀譯注：《世說新語》（臺北：錦繡出版社，1992 年 5 月），頁253～254。

臣情好之例亦是屢見不鮮：

> 元帝正會，引王丞相登御床，王公固辭，中宗引之彌苦。王公曰：「使
> 太陽與萬物同暉，臣下何以瞻仰？」（《世說新語・寵禮篇》第一條）
> 許掾嘗詣簡文，爾夜風恬月朗，乃共作曲室中語。襟懷之詠，偏是
> 許之所長。辭寄清婉，有逾平日。簡文雖契素，此遇尤相咨嗟。不
> 覺造膝，共叉手語，達于將旦。既而曰：「玄度才情，故未易多有許。」
> （同前書〈賞譽篇〉第一四四條）

據《晉書》卷六十五〈王導列傳〉記載：「時元帝為琅邪王，與導素相親善。
導知天下已亂，遂傾心推奉，潛有興復之志。帝雅相器重，契同友執。」又
記：「時荊揚晏安，戶口殷實，導為政務在清靜，每勸帝克己勵節，匡主寧邦。
於是尤見委杖，情好日隆，朝野傾心，號為『仲父』。帝嘗從容謂導曰：『卿，
吾之蕭何也。』」由此可見，元帝對王導之倚重與君臣情感之親密。元帝登基
引王導共登御座，真可謂是空前絕後的寵遇；《晉書》本傳曾言及簡文「清虛
寡欲，尤善玄言」，而簡文傾服許詢之才情，可說是「英雄惜英雄」，而當他
聽到入心處，竟至「造膝，共叉手語」。君臣如知交般手拉手促膝談心，情投
意合，這在古代中國，可謂罕見之至。而王濛、劉惔號稱是為簡文帝的「入
室之賓」，君臣情感之親密不言而喻。儒家所謂「君臣有義」，而時人卻是「君
臣有情」；以前是「伴君如伴虎」，如今卻是「伴君如伴友」。魏晉南北朝情感
的解放是全面性的，不論是父子關係，甚至是禮數森嚴的君臣關係，都朝向
「親至」、「親密」的相處模式發展。

另外，上司與下屬的相處，亦是有著明顯的改變。由於情好日密，於是
常有上司留幕僚在自己帳中之景象：

> 許侍中、顧司空俱作丞相從事，爾時已被遇，遊宴集聚，略無不同。
> 嘗夜至丞相許戲，二人歡極，丞相便命使入己帳眠。顧至曉回轉，
> 不得快熟。許上床便咍臺大鼾。丞相顧諸客曰：「此中亦難得眠處。」
> （《世說新語・雅量篇》第十六條）
> 桓宣武與郗超議芟夷朝臣，條牒既定，其夜同宿。明晨起，呼謝安、
> 王坦之入，擲疏示之。郗猶在帳內，謝都無言，王直擲還，云：多！
> 宣武取筆欲除，郗不覺竊從帳中與宣武言。謝含笑曰：「郗生可謂入
> 幕賓也。」（同前篇第二十七條）

卞範之爲丹陽尹，羊孚南州暫還，往卞許，云：「下官疾動不堪坐。」
卞便開帳拂褥，羊徑上大床，入被須枕。卞回坐傾睞，移晨達莫。
羊去，卞語曰：「我以第一理期卿，卿莫負我。」（同前書〈寵禮篇〉
第六條）

許璪、顧和俱在丞相王導帳中眠，可謂倍受禮遇；桓溫與郗超同榻而眠，謝安
稱郗超爲「入幕賓」，可見其甚得桓溫之器重。《晉書》卷七十九〈謝安傳〉記
載「溫懷不軌，欲立霸王之基，超與之謀。」劉注引《續晉陽秋》曰：「超謂溫
雄武，當樂推之運，遂深自委結。溫亦深相器重，故潛謀密計，莫不預焉。」
桓溫連造反密計都敢與之共商，可見他對郗超之信任與倚重，兩人之情好自不
待言。《世說新語・寵禮篇》第三條亦記：「王珣、郗超並有奇才，爲大司馬所
眷拔；珣爲主簿，超爲記室參軍。超爲人多須，珣形狀短小；于時荊州爲之語
曰：『髯參軍，短主簿；能令公喜，能令公怒。』」桓溫以王、郗之喜怒爲喜怒，
可見二人影響桓溫之深；卞鞠以京尹之尊，禮賢下士，爲羊孚開帳拂褥，言語
懇切，眞摯感人。若非任情放達之風使然，上司與僚屬何以至此？以前的知己
是以道義相責，以生死互許。而魏晉人是以才華相吸，以氣味相投，以眞情互
待。他們爲示一己之眞情，而破除了上下尊卑之界限，以最原始而不矯作的情
感面對對方。而聊天更是日以繼夜、夜以繼日，以顯情至：

王丞相招祖約夜語，至曉不眠。明旦有客，公頭鬢未理，亦小倦。
客曰：「公昨如是，似失眠。」公曰：「昨與士少語，遂使人忘疲。」
（《世說新語・賞譽篇》第五十七條）
謝太傅爲桓公司馬，桓詣謝，值謝梳頭，遽取衣幘，桓公云：「何煩
此。」因下共語至暝。既去，謂左右曰：「頗曾見如此人不？」（同
前篇第一百零一條）

王導與祖約若非句句投機，焉能徹夜長談？而桓溫爲盼早點兒見到謝安，於
是命謝安勿服幘，僅著帽即可。而從桓溫「頗曾見如此人不？」一語，可見
其對謝安之愛重。魏晉人爲知交好友流連經日，大損眠食，蓬頭垢面，在所
不辭，只爲能暢一己之眞情。

　　照理說，上司下屬地位畢竟有高低之分、身分有上下之別，然魏晉人常
無視於這種尊卑界限。屬下忘了該有之禮節，通常上司也不以爲意：

桓宣武作徐州，時謝奕爲晉陵。……俄而引奕爲司馬。奕既上，猶

推布衣交。在溫坐，岸幘嘯詠，無異常日。宣武每曰：「我方外司馬。」
遂因酒，轉無朝夕禮。桓舍入內，奕輒復隨去。後至奕醉，溫往主
許避之。主曰：「君無狂司馬，我何由得相見？」（《世說新語・簡傲
篇》第八條）

王、劉與桓公共至覆舟山看。酒酣後，劉牽腳加桓公頸。桓公甚不
堪，舉手撥去。既還，王長史語劉曰：「伊詎可以形色加人不？」（同
前書〈方正篇〉第五十四條）

衛君長為溫公長史，溫公甚善之。每率爾提酒脯就衛，箕踞相對彌
日。衛往溫許，亦爾。（同前書〈任誕篇〉第二十九條）

面對衣冠不整、放蕩不拘、無朝夕禮（《晉書》卷七十九〈謝奕傳〉作「朝廷
禮」）的「狂司馬」，桓溫不生氣，也沒有任何處罰，只是盡往公主房裡避難
去。而公主卻歡喜這位「狂司馬」，而得以常見夫婿；劉惔酒後把腳擱在桓溫
頸上，桓溫也只是「舉手撥去」而已，這種舉動已夠令人嘆為觀止了，而更
妙的是，王濛還數落桓溫怎可對人發脾氣，一付惡人先告狀的態勢；溫嶠抖
落了長官的職銜與權勢，隨興之所至，與衛永飲酒食肉，箕踞彌日。上司下
屬之間，只剩醇厚而相契的友情。任情率真的魏晉人在交友時，是排除了一
切情感之外的權勢、地位、貴賤等等之客觀因素，而純任情感之所向。他們
以為如此始能凸顯友誼的真摯可貴。由此三例，可蠡測當時上下禮法之式微
脫序與縱情任性之風高漲之現象。

　　而士人在稱謂上，更是無所忌諱，只管能顯示彼此之親至無隔的關係。
桓溫叫殷浩「阿源」（《世說新語・賞譽篇》第一百一十七條）；劉惔對桓溫
喚「老賊」（同前書〈排調篇〉第二十四條）；溫嶠呼陶侃為「溪狗」；（同前
書〈容止篇〉第二十三條）；劉惔稱王濛為「阿奴」（同前書〈品藻篇〉第四
十三條），古人云：「君子之交淡如水。」而魏晉人卻似「小人之交濃而蜜」
了。葛洪屢用「親密」或「親至」來刻劃當時的人倫關係，他曾批評此種士
風：

漢之末世……蓬髮亂鬢，橫挾不帶。或以褻衣以接人，或裸袒而箕
踞。朋友之集，類味之游，莫切切進德，闇闇修業，攻過弼違，講
道精業。其相見也，不復敘離闊，問安否。賓則入門而呼奴，主則
望客而喚狗。其或不爾，不成親至，而棄之不與為黨。及好會，則
狐蹲牛飲，爭食競割，摯發淼折，無復廉恥。以同此者為泰，以不

爾者爲劣。終日無及義之言，徹夜無箴規之益。誣引老、莊，貴於率任。大行不顧細禮，至人不拘檢括。嘯傲縱逸，謂之體道。嗚呼惜乎，豈不哀哉！（《抱朴子》外篇卷二十五〈疾謬〉）

葛洪所描述的，無疑地是當時士人交往酬酢的真實的情況，然亦不能忽略魏晉士人彼此真心相待的面向：

孫子荊以有才，少所推服，唯雅敬王武子。武子喪時，名士無不至者。子荊後來，臨屍慟哭，賓客莫不垂涕。哭畢，向靈床曰：「卿常好我作驢鳴，今我爲卿作。」體似真聲，賓客皆笑。孫舉頭曰：「使君輩存，令此人死！」（《世說新語・傷逝篇》第三條）

顧彥先平生好琴，及喪，家人常以琴置靈床上。張季鷹往哭之，不勝其慟，遂徑上床，鼓琴，作數曲竟，撫琴曰：「顧彥先頗復賞此不？」因又大慟，遂不執孝子手而出。（同前篇第七條）

「臨尸驢鳴」、「靈床鼓琴」，這在常人眼中均是違禮的怪誕行爲。然任誕名士注重至情至性，不拘俗套俗禮。他們用自己認爲對死者最佳的方式，與死者做溝通；他們只專注於依著內心真實情感表達心中之哀悼，至於旁人如何看待，他們是一點也不在乎的。魏晉士人暢情盡哀，與好友做最後的悼別。

不過，亦有相知相善的親朋密友，卻因其中一方狂放輕肆、任情誕行而造成無法挽回之悲劇。起先王導與周顗二人情誼極是深厚：

王公與朝士共飲酒，舉瑠璃碗謂伯仁曰：「此盌腹殊空，謂之寶器，何邪？」答曰：「此盌英英，誠爲清徹，所以爲寶耳！」（《世說新語・排調篇》第十四條）

王丞相枕周伯仁黏，指其腹曰：「卿此中何所有？」答曰：「此中空洞無物，然容卿輩數百人。」（同前篇第十八條）

周僕射雍容好儀形，詣王公，初下車，隱數人，王公含笑看之。既坐，傲然嘯詠。王公曰：「卿欲希嵇、阮邪？」答曰：「何敢近舍明公，遠希嵇、阮！」（同前書〈言語篇〉第四十條）

兩人不時以言語調侃，以身體互碰，可見其情感之親密。周顗以自放著稱。曾云：「吾若萬里長江，何能不千里一曲。」〔註44〕其行爲常有驚人之舉，頗

〔註44〕《世說新語・任誕篇》第二十五條。

駭人聽聞。《世說新語·任誕篇》第二十五條劉注引《晉紀》說:「王導與周顗及朝士詣尚書紀瞻觀伎,瞻有愛妾能為新聲,顗于眾中欲通其妾,露其醜穢,顏無怍色。有司奏免顗官,詔特原之。」《晉書》卷六十九〈周顗傳〉也記:「顗在中朝時,能飲酒一石,及過江,雖日醉,每稱無對。偶有舊對從北來,顗遇之欣然,乃出酒二石共飲,各大醉。及顗醒,使視客,已腐脅而死。」可見其放蕩無度,蔑視禮法。雖說這種「俗習行慣」,皆「京城上國公子王孫貴人所共為也」。〔註45〕然而他卻棄年高重臣身分於不顧,率爾任性,對弄婢妾,好酒狂飲。長此以往,「禍敗亂亡,亦無所不至」,而王導與周顗之親密私誼,卻因王導堂兄王敦之舉兵叛亂,而發生不可逆料之巨變。據《晉書》卷六十九〈周顗傳〉記載:

> 初,敦之舉兵也,劉隗勸帝盡除諸王,司空導率群從詣闕請罪,值顗將入,導呼顗謂曰:「伯仁,以百口累卿!」顗直入不顧。既見帝,言導忠誠,申救甚至,帝納其言。顗喜飲酒,致醉而出。導猶在門,又呼顗。顗不與言,顧左右曰:「今年殺諸賊奴,取金印如斗大繫肘。」既出,又上表明導,言甚切至。導不知救己。而甚銜之。敦既得志,問導曰:「周顗、戴若思南北之望,當登三司,無所疑也。」導不答。又曰:「若不三司,便應令僕邪?」又不答。敦曰:「若不爾,正當誅爾。」導又無言。導後料檢中書故事,見顗表救己,殷勤款至。導執表流涕,悲不自勝,告其諸子曰:「吾雖不殺伯仁,伯仁由我而死。幽冥之中,負此良友!」〔註46〕

周顗之死,可以說是他自己言行不當所導致的悲劇。他在好友面前隱埋自己的搭救之事實,可能是欲將恩情推給元帝。然而他的情感的表達方式可謂極其奇

〔註45〕 魏晉之間,男女大節,放蕩無檢。《抱朴子·疾謬篇》即云:「輕薄之人,跡廁高深。……無賴之子,白醉耳熱之後,結黨合群,遊不擇類,攜手連袂,以邀以集。入他堂室,觀人婦女,指玷修短,評論美醜。或有不通主人,便共突前,嚴飾未辦,不復窺聽。犯門折關,踰垝穿隙,有似抄劫之至也。其或妾媵藏避不及,至搜索隱僻,就而引曳,亦怪事也。然落拓之子,無骨鯁而好隨俗者,以通此者為親密,距此者為不恭。於是要呼憒雜,入室視妻,促膝之狹坐,交杯觴於咫尺。絃歌淫冶之音曲,以誂有文君之動心。載號載呶,謔戲醜褻,窮鄙極黷,爾乃笑。亂男女之大節,蹈相鼠之無儀。然而俗習行慣,皆曰此乃京城上國公子王孫貴人所共為也。」可知周顗之言行「穢雜無檢節」(《世說新語·任誕篇》第二十五條云),實是習俗之移人也。

〔註46〕 此事亦見於《世說新語·尤悔篇》第六條,因《晉書》所記較周詳,故引之。

怪。他平日就「穢雜無檢節」（《世說新語‧任誕篇》第二十五條），這會兒又「致醉而出」，酒言酒語，輕浮地愛亂開玩笑，於是為他人埋下殺機而不自知。而王導在不明就裡的情形下，間接誤殺了好友，使他得知事實真象後，深悔不已、自責良深，而空留餘恨。想當日之種種親密，恐難逆料後勢會如此發展。

　　而男女夫婦之關係，在當時稱情直往的時風下，亦呈現了迥異於以往的風貌。魏晉南北朝未婚婦女追求情愛十分率真、自然，在當時的民歌中可反映出來。「門前一株棗，歲歲不知老，阿婆不嫁女，那得孫兒抱」（〈折楊柳枝歌〉四曲之二）、「驅羊入谷，白羊在前。老女不嫁，蹋地喚天」（〈地驅歌樂辭〉四曲之二）以上兩首詩，均是向家長強烈地表達自己想嫁的願望，在她們看來，「女大當嫁」、「男女成雙」均是天經地義，也不需害臊的一件事。而戀愛中的親暱接觸亦被視為自然情感的表現：「宿昔不梳頭、絲髮披兩肩。婉伸郎膝上，何處不可憐？」（〈子夜歌〉）這種大膽追求情愛的行逕，亦見於《世說新語‧惑溺篇》第五條：

> 韓壽美姿容，賈充辟以為掾；充每聚會，其女於青璅中看，見壽，悅之：恒懷存想，發於吟詠。後婢往壽家，具述如此，并言女光麗。壽聞之心動，遂請婢潛修音問。及期往宿。壽蹻捷絕人，踰牆而入，家中莫知。自是充覺女盛自拂拭，說暢有異於常。後會諸吏，聞壽有奇香之氣，是外國所貢，一箸人，則歷月不歇。充計武帝唯賜己及陳騫，餘家無此香，疑壽與女通，而垣牆重密，門閣急峻，何由得爾？乃託言有盜，令人修牆。使反曰：「其餘無異，唯東北角如有人跡。而牆高，非人所踰。」充乃取女左右婢考問，即以狀對。充秘之，以女妻壽。

賈充的女兒（賈午）為追求韓壽，不顧大家閨秀之形象，也不管儒家男女之防，託婢女充當紅娘，從中穿針引線。其父知情後，並沒有棒打鴛鴦，反而玉成秦晉之好。這一篇早於《西廂記》一千年的戀愛故事，顯現了魏晉時之女性對自我情慾的肯定與追求，是相當前衛而直接的，此種越禮任名，稱情直往的情愛表現，不僅能得到父母的原諒包容，同時也能取得社會的理解承認，干寶《晉紀‧總論》曰：

> 其婦女莊櫛織紝，皆取成於婢僕，未嘗知女工絲枲之業，中饋酒食之事也。先時而婚、任情而動，故皆不恥淫逸之過，不拘妬忌之惡。

> 有逆于舅姑，有反易剛柔，有殺戮妾媵，有黷亂上下，父兄弗之罪
> 也，天下莫之非也。

對於這種「先時而婚，任情而動」的豪放女，當時的社會及其父兄均曾給予多方的了解、包容、品鑑、讚賞。同時魏晉未婚婦女之行逕，亦標誌著時代的印記，這記載說明著：早在一千多年前，就曾經有一群婦女，積極努力地去爭取戀愛及婚姻的主導權、經營權、操控權。而當時社會的多元開放、父兄們的諒解成全，恐怕也會讓崔鶯鶯、張君瑞恨不能「生逢其時」吧！若以儒家道德立場看賈午追求愛情的熱烈行逕，恐怕會被冠上「無恥淫鄙之尤」之罪名。而已婚之婦女亦能突破禮法，稱情直往：

> 王安豐婦，常卿安豐，安豐曰：「婦人卿婿，於禮為不敬，後勿復爾。」
> 婦曰：「親卿愛卿，是以卿卿；我不卿卿，誰當卿卿？」遂恆聽之。
> （《世說新語・惑溺篇》第六條）

由於男女之防之鬆動，此時的人倫關係講究的是「親至」而不是「尊卑」，余英時先生即云：「夫婦之間的關係，魏晉時代也發生了基本的變化，親密的情感取代了嚴峻的禮法。」〔註47〕面對妻子之深情專一，王戎最後也不管此舉合不合乎禮數，而一任妻子「卿卿我我」的喚了。周法高先生云：「『卿』本為官爵，後遂以為對人之美稱，至南北朝時，則轉為狎暱之稱，和『爾』、『汝』轉為狎暱之稱的情形相似。」〔註48〕其實，「卿」只不過是一個代稱罷了，而夫婦間的親密，如漢張敞所言，「閨房之樂，有甚於畫眉者」，只要不妨害他人，夫妻之卿卿我我，亦是健全、自然的人倫關係之一，干「卿」底事？而蔣防先生以為王戎妻稱丈夫為「卿」，在當時絕無僅有，但卻有其一定的時代意義：一是在夫妻關係中，不甘心于男尊女卑的教條，「卿」稱丈夫，實際上是把作為女人的自己，置于和丈夫平等的地位來說話。謂「卿」，不僅是一個名稱問題，如果我們深入思考，就會發現潛藏在語言名稱之外的觀念變化。二是大膽地流露了關心和熱愛丈夫的熾熱感情，這在固守傳統禮教的人看來，太不正經，女人怎麼可以「卿」稱丈夫呢？〔註49〕

〔註47〕余英時：《中國知識階層史論》（臺北：聯經出版事業有限公司，1980年8月），頁343。

〔註48〕見周法高：《中國古代語法・稱代編》（臺北：中央研究院歷史語言研究所，1994年4月），頁83。

〔註49〕蔣防：《世說新語研究》（上海：學林出版社，1998年4月），頁219～220。

　　而無論是親情、愛情、友情、魏晉人崇尚「自然之情」。他們不願受傳統禮教之束縛，勇於追求自由，敢於表達情慾，余英時先生曾指出：

> 魏晉南北朝時代崇尚自然，反對因過分拘泥禮法、限制自然情感
> 的流露；也反對虛偽矯飾、博取令名的作法；過去在人倫關係中
> 講究「尊卑」，此時則注意「親至」，親密的情感取代了嚴峻的禮
> 法。〔註50〕

劉大杰先生也以為，魏晉時代的人性覺醒，「促成個人主義、自然主義的人生觀的發展。」而這個發展「有一個共同的特微，便是反對人生的倫理化，而要求人性的返於自然。」〔註51〕大陸學者楊適先生也說：

> 在中國傳統裡所指的「人」，是由人倫形成的家庭、家族、民族和國
> 家整體以及這些人倫之網中被規定下來的一切個人。所以很明白，
> 這「人」便是「人倫的人」。〔註52〕

儒家所謂人的價值，是從人倫關係去成就的。而老莊是把人的價值，抽離人際網路去獨立欣賞的。其中不假任何功利禮法；也無關乎地位權勢，「人」只是一個「自然人」；一個有喜怒哀樂、七情六慾的人。魏晉人關注的是情感對自身的意義，而不在乎情感是否符合外在的倫理政教。他們以赤子情懷來看待自身之情感，以純真童心來對待情感之所向。一切但求自然，無愧我心。誠如賈寶玉對林黛玉所云：「我是為了我的心！」魏晉人終以審美情懷完成個體在宇宙中的一個漂亮動作。而「稱情直往」的行事風格，可以說是為鬆綁束縛人性桎梏的禮法而做的動作，魏晉人以情抗禮，因為他們認為情是本，禮是末；情是內在的，禮是外在的；情是先天的，禮是後天的；情是自然的，禮是人為的。魏晉玄學崇本息末、守母存子、得意忘言的思潮，使得魏晉人對情感的處理，獨放光芒，別具一格。

〔註50〕余英時：《中國知識階層史論》（臺北：聯經出版事業有限公司，1980年8月），頁231～275。

〔註51〕以上兩則引文均出自劉大杰：《魏晉思想論》，現收於賀昌群等著：《魏晉思想》（臺北：里仁書局，1984年1月），頁118。

〔註52〕楊適：《人倫與自由——中西人論的衝突和前途》（香港：商務印書館有限公司，1991年1月），頁8。

第三節　宇宙悲情

人生百年，瞬息已盡。東漢至東晉的士人，以驚心動魄的心情，體驗時光的飛逝。他們對生命的感傷意識，集中體現於感物、惜時、傷別、憂生的詠嘆中，久久迴旋，繞梁不絕。茲分述如後：

一、感物

周遭事物的遷移變逝，常觸發士人對生命短暫之悲感。《世說新語・言語篇》第五十五條云：

> 桓公北征經金城，見前爲琅邪時種柳，皆已十圍，慨然曰：「木猶如
> 此，人何以堪！」攀枝執條，泫然流淚。

桓溫北上伐燕，途經金城，見昔日手植柳樹已又粗又大，不禁湧起歲月易逝、人生易老之慨歎。據劉盼遂先生考證：「穆帝永和十二年（西元 354 年），溫自江陵北伐，海西公（晉廢帝）太和四年（西元 369 年），溫發姑孰伐燕。金城泣柳事，當在太和四年之行。由姑孰赴廣陵，金城爲所必經。攀枝流涕，當此時矣。……太和四年枋頭之役，溫時已成六十之叟，覽此樹之蔥蘢，傷大命之未集，故撫今追昔，悲不自勝。」〔註 53〕桓溫一介武夫，情思如此細膩多感，誠令人動容。此外，殷仲文曾對扶疏老槐長嘆：

> 桓玄敗後，殷仲文還爲大司馬咨議，意似二三，非復往日。大司馬
> 府聽前，有一老槐，甚扶疏。殷因月朔，與眾在聽，視槐良久，歎
> 曰：「槐樹婆娑，無復生意！」（《世說新語・黜免篇》第八條）

據《晉書》卷九十九〈桓玄傳〉記載，晉安帝元興元年（西元 402 年），桓玄攻入建康，迫帝禪位，建號楚。三年（西元 404 年），劉裕起兵討玄，玄兵敗被斬於江陵。仲文本從桓玄作亂，後因護二后（穆帝后、安帝后）而叛桓玄，然事成之後，朝廷只是給他小小的官職——大司馬諮議。殷仲文不能總攬朝政，自是失望萬分。老槐樹的剝落頹廢〔註 54〕，正是自己心理的投射。所謂「一切景語，皆是情語」、「風景就是心境」。老槐的了無生趣，正是自己仕途失意的映照。或許也可以說，槐樹之垂垂老矣，正是啓示了殷仲文歲月不再的生命悲感。歲月流逝，而自己仍只是個小小的參軍而已，這讓躊躇滿志的

〔註 53〕 余嘉錫所引，見前揭文，頁 115。
〔註 54〕 本條余嘉錫注引李詳云「仲文此語，謂槐樹婆娑剝落，無復生趣。……《通鑑》九十五胡注：『婆娑：肢體緩縱不收之貌。』」，見前揭文，頁 871。

他，不禁要望「槐」而興嘆了。此條劉孝標注引《晉安帝紀》曰：「桓玄敗殷仲文歸京師，……自以名輩先達，位遇至重，而後來謝混之徒，皆疇昔之所附也。今比肩同列，常怏然自失。」殷仲文視槐而嘆之因，於此昭然若揭。同篇下條又云：

> 殷仲文既素有名望，自謂必當阿衡朝政；忽作東陽太守，意甚不平。及之郡，至富陽，慨然嘆曰：「看此山川形勢，當復出一孫伯符！」

吳地的壯麗江山，激起殷仲文想做孫策第二的宏願。山川的悠渺壯偉，常凸顯人的短暫與渺小。殷仲文不甘做一個庸碌無為之人，他正視了自己強烈的生命願望，那就是他想盤踞江東。這種非份的野心，終於導致他鋌而走險，步入與桓胤謀反而被誅殺的命運。楊柳、老槐引發了桓溫、殷仲文生命的搖落之悲；面對逝水，亦喚起了衛玠、袁宏之生命不永之嘆：

> 衛洗馬初欲渡江，形神慘顇，語左右云：「見此芒芒，不覺百端交集。苟未免有情，亦復誰能遣此！」（《世說新語‧言語篇》三十二條）

衛玠南渡，為何百感交集呢？據《太平御覽》四百八十九引《晉中興書》云：「衛玠兄璪，時為散騎侍郎，內侍懷帝。衛玠以天下將亂，移家南行，母曰：『我不能捨仲寶而去也。』玠啟喻深至，為門戶大計，母涕泣從之。臨別，玠謂璪曰：『在三之義〔註55〕，人之所重。今可謂致身授命之日，兄其勉之！』乃扶將老母，轉至豫章，而洛城失守，璪沒焉。」由此可見手足之別、家園之憂，使衛玠面對茫茫江水時，不禁思緒萬端，百感交集，因有「誰能遣此」之嘆。余嘉錫以為：「叔寶南行，純出於不得已。明知此後轉徙流亡，未必有生還之日。觀其與兄臨訣之語，無異生人作死別矣。當將欲渡江之時，以北人初履南土，家國之憂，身世之感，千頭萬緒，紛至沓來，故曰不覺百端交集，非復尋常逝水之嘆而已。」〔註56〕余氏可謂深得晉人之意蘊、風致。〈言語篇〉第八十三條又載：

> 袁彥伯為謝安南司馬，都下諸人送至瀨鄉。將別，既自悽惘；歎曰：「江山遼落，居然有萬里之勢！」

〔註55〕在三之義，乃指父、師、君之義。
〔註56〕余嘉錫，見前揭文，頁95。

千里相送，終須一別。萬里江山之寥落空曠，更襯托出無限的別情；空間有多大，離情也就有多多。所謂「情寓於景」，袁宏所見的江山，不僅充滿著親友的別情，同時也寓含東晉安江左一隅的感慨；既有個人的飄零之感，也有對國家的擔憂。而著名的新亭對泣，也同樣是在破碎的山河中，所湧現出來的感傷情緒：

> 過江諸人，每至美日，輒相邀新亭，藉卉飲宴。周侯中坐而嘆曰：「風景不殊，正自有山河之異！」皆相視流淚。唯王丞相愀然變色曰：「當共戮力王室，克復神州，何至作楚囚相對？」（《世說新語·言語篇》第三十一條）

魏晉士人對宇宙、人生均懷著無比的深情來觀待，故感觸自是不同於常人。馮友蘭先生在〈論風流〉一文中對魏晉人之深情，即有非常精闢之見解：

> 真正風流底人有深情。但因其亦有玄心，能超越自我，所以他雖有情而無我。所以其情都是對於宇宙人生底情感，不是爲他自己嘆老嗟卑。桓溫說：「木猶如此，人何以堪？」他是說：「人何以堪」，不是說：「我何以堪？」假使他說「木猶如此，我何以堪」，他的話的意義風味就大減，而他也就不夠風流。王廙說：「王伯與終當爲情死」，他說到他自己。但是他此說與桓溫、衛玠的話，層次不同。桓溫、衛玠是說他們自己對於宇宙人生底情感，王廙是說他自己對於情感底情感。他所有底情感，也許是對於宇宙人生的情感。所以他說到對於情感底情感時，雖說到他自己，而其話的意義風味，並不減少。〔註57〕

魏晉士人之所以能形神超越而風流十足，正是源自於他們這對宇宙萬物的深情。李澤厚先生亦認爲：

> 魏晉時代的「情」的抒發，由於總與人生——生死——存在的意向、探詢、疑惑相交識，從而達到哲理的高層。這正是由於以「無」爲寂然本體的老莊哲學以及它所高揚著的思辨智慧，已活生生地滲透和轉化爲熱烈的情緒、銳敏的感受和對生活的頑強執著的緣故。從而，在這裡，一切情感都閃爍著智慧的光輝，有限的人生感傷總富

〔註57〕 馮友蘭：《三松堂學術文集》（北京：北京大學出版社，1984 年 12 月），頁 614～615。

有無垠宇宙的含義。它變成了一種本體的感受，即本體不只是在思辨中，而且還在審美中，爲他們所直接感受著、嗟嘆著、咏味著。擴而充之，不僅對死亡，而且對人事、對風景、對自然，也都可以興發起這種探詢和感受，使世事情懷變得非常美麗。……這種觸目傷心的人生感懷、本體感受，便是深情兼智慧的魏晉美學。〔註58〕

這種對事物的本體觀照，使魏晉人「瞻萬物而思紛」，〔註59〕於是孝武帝會舉杯寄語彗星：「長星，勸爾一梧酒！自古何時有萬歲天子？」〔註60〕桓子野每聞清歌，「輒喚奈何？」〔註61〕王大（王恭）以爲古詩「所遇無故物，焉得不速老。」二句最佳。〔註62〕魏晉士人以詩的語言，表達了對人生短暫的唱嘆，以及對人生悲劇性的無奈。在一山一水、一草一木裡，寄寓了士人的生命悲感。《晉書》卷三十四〈羊祜傳〉載：

> 祜樂山水，每風景，必造峴山置酒，言咏終日不倦，嘗慨然嘆息，顧謂從事中郎鄒湛等曰：「自有宇宙，便有此山，由來賢達勝士，登此遠望，如我與卿者多矣，皆湮滅無聞，使人悲傷。」

羊祜從山的亙古長存與人的流逝不定中，得出了天地無窮而人生有限的哲理。〔註63〕峴山經羊祜登臨而嘆後，從此聲名大噪。羊祜因有功於襄陽，逝世後，襄陽百姓於峴山爲其立碑，並有望其碑而流淚者，杜預因名爲「墮淚碑」。唐代孟浩然曾作〈與諸子登峴山〉云：「人事有代謝，往來成古今。江山留勝迹，我輩復登臨。水落魚梁淺，天寒夢澤深，羊公碑尚在，讀罷淚沾襟。」「峴山」在中國人心中，已不再是一座普通地理意義的山，而是一座具有文化意義的山。它與廣大漢民族結合，成爲中國人的一種共同記憶，它是中國人的密碼。每想到它，所有中國人都會浮現羊祜、杜預、孟浩然等人之淚水，異代同悲，共掬一把「生命不永」的淚水。此即《韻語陽秋》所云：「羊叔子鎮襄陽，嘗與從事鄒湛登峴山，慨然有煙滅無聞之嘆。峴山亦因是以傳，古今名賢賦詠多矣。」

〔註58〕李澤厚：《華夏美學》（臺北：時報出版社，1989年4月），頁148～149。
〔註59〕陸機〈文賦〉。
〔註60〕見《世說·雅量篇》第四十條。
〔註61〕見《世說·任誕篇》第四十二條。
〔註62〕見《世說·言語篇》第一百零一條，王恭所詠「所遇無故物，焉得不速老。」爲〈古詩十九首〉之句子。
〔註63〕袁濟喜：《人海孤舟——漢魏六朝士的孤獨意識》（河南：人民出版社，1995年4月），頁75。

〔註64〕「昔時人已沒,今日水猶寒」,亙古的大自然無不是在向人們示現著生命的短暫無常。魏晉人「由空間的景物頓悟時間的恒久,由客體存在的綿遠反思自身生年的短促。」〔註65〕「人在與時、空兩個最基本的物我關係中,將空間體驗時間化爲自身生命意識湧現,用生命意脈能否長久這個時間性的命題來化解,闡發空間存在意義。於是無生命的自然空間與有生命的人之間達到了一種深刻的物我對應關係。外在物的無限性烘托了人生的有限性;外在人事流逝所表明的有限性又強化了人對無限不盡的企望。」〔註66〕

二、惜時

孔子面對流水,有「逝者如斯,不捨晝夜」的浩嘆;這種對時間的線性思考(非圓型、逆轉之時間觀念)〔註67〕,與古希臘哲人所云「濯足清流,抽足再入,已非前水。」〔註68〕頗爲相似。流水一去不返,象徵著生命之河的奔瀉流逝。而時光的流逝也總是令人感到死亡的逐漸逼近,當人們發現生命的終點是死亡之後,於是產生倍加珍惜生命的「惜時」之感,希望在有限的時間中,及時成就自我。「孔子時而有『甚矣,吾衰也;久矣,吾不復夢見周公』(〈述而〉)的時不我與之喟,亦有『假我數年』(〈述而〉)的期盼,更有『朝聞道,夕死可矣』(〈里仁〉)的悲願。……這些緣於時間一逝不往而生的種種省思,千百年來,一直衝撞著詩人們的心靈。」〔註69〕孔子的線性時間觀,一直影響著中國士人對生命的思維態度、模式。《世說新語‧豪爽篇》第四條云:

> 王處仲每酒後輒詠「老驥伏櫪,志在千里。烈士暮年,壯心不已。」
> 以如意打唾壺,壺口盡缺。

〔註64〕葛立方:《韻語陽秋》卷五,收於清‧何文煥輯《標點本歷代詩話》二(臺北:漢京文化事業有限公司,1983年1月),頁523。

〔註65〕王立:《中國古代文學十大主題——原型與流變》(臺北:文史哲出版社,1994年7月),頁295。

〔註66〕同前註,頁295~296。

〔註67〕依李清筠:《時空情境中的自我影像》(臺北:文津出版社,2000年10月),以爲在中國傳統文化中,存在著線性、圓型、逆轉三種不同的時間觀念,儒家是屬於線性直線時間觀的代表,而《周易》是圓型之時間觀,道家是逆轉的時間觀,頁39~44。

〔註68〕海拉克利都斯(Heraclitus)所云,見李震:《哲學的宇宙觀》〈第十二章讀時間〉(臺北:臺灣學生書局,1994年8月再版),頁215。

〔註69〕李清筠:《時空情境中的自我影像》(臺北:文津出版社,2000年10月),頁40。

王敦所詠，係曹操樂府詩〈步出夏門行〉中的四句。即使人到中年，曹操仍以伏櫪老驥自我激勵，道盡了他那野心勃勃的政治企圖心。一代梟雄形象，呼之欲出。而王敦和曹操恰是同一類型之人物，「故讀孟德之詩，深受感動。酒酣耳熱之際，反覆吟詠，並且敲打唾壺，作爲節拍。他那激越豪爽之音容，如在目前。」〔註70〕王敦面對生命的秋天，最想做的，就是在餘生中創下轟轟烈烈的事功。王世貞以爲「王處仲賞詠『老驥伏櫪』之語，至以如意擊唾壺爲節，唾壺盡缺，即玄德悲髀肉生意也。」〔註71〕又云：「其人（王敦）不足言，其志乃大可憫。」〔註72〕劉備、曹操、王敦，在時光的流瀉中，驚覺歲月不再，於是及時建立功名之慾望也就愈發的強烈。嘆老不一定就是消極的，恰恰相反，它有時是出於一種積極的人生態度，催自己珍惜有限之年歲，力圖有所作爲。與王敦氣質相近的桓溫也有類似之嘆喟，《世說‧尤悔篇》第十三條記：

> 桓公臥語曰：「作此寂寂，將爲文、景所笑！」既而屈起坐曰：「既
> 不能流芳萬世，亦不足復遺臭萬載邪？」

桓溫怕司馬師、司馬昭笑自己懦弱沒有篡位之膽氣，於是決心鋌而走險，奮力一搏，縱使遭罵名千古而不悔；只要能在宇宙中留下「名」，即便是「臭名」亦是萬死不辭。桓溫懼與草木同朽，默默無聞，甘做一代奸雄。這種心理與上文所云劉備之涕：「日月若馳，老將至矣！而功業不逮。」（《三國志》卷三十二〈劉備傳〉）全都灌注了憂生惜時之悲。這個時代的人，是不諱言自己強烈的求名之心的，《世說新語》中記載著：李充求做百里侯〔註73〕，王濛自請出任東陽太守〔註74〕、董養干祿求榮〔註75〕，這種敿名之心，可說是在「惜時」觀念下，所採取的一種積極行動，人們希冀在悠悠歷史長河中，爲自己留下可資後人記憶的事功。除了及時立業外，及時行樂亦是源自於「惜時」之感。《古詩十九首》中的〈青青陵上柏〉、〈驅車上東門〉、〈人生不滿百〉等

〔註70〕劉正浩、邱燮友等注譯：《新譯世說新語》（臺北：三民書局，1996年8月），頁543。

〔註71〕王世貞：《藝苑巵言》卷三，收於丁福保輯：《歷代詩話續編》中冊（臺北：木鐸出版社，1988年7月），頁992。

〔註72〕同前註，頁991。

〔註73〕見《世說‧言語篇》第八十條。

〔註74〕見《世說‧政事篇》第二十一條。

〔註75〕見《世說‧賞譽篇》第三十六條‧劉孝標注引王隱《晉書》曰：「董養字仲道，太始初到洛下，干祿求榮。……」

詩，就是表現這種「及時享樂」的生命觀。生命短暫，終歸消殞，與其苦苦追求功名富貴，不如及時行樂。《世說新語》載：

> 張季鷹縱任不拘，時人號爲「江東步兵」，或謂之曰：「卿乃可縱適一時，獨不爲身後名邪？」答曰：「使我有身後名，不如即時一桮酒！」（〈任誕篇〉第二十條）
>
> 畢茂世云：「一手持蟹螯，一手持酒桮，拍浮酒池中，便足了一生。」（同前篇第二十一條）
>
> 山季倫爲荆州，時出酣暢。人爲之歌曰：「山公時一醉，徑造高陽池。日莫倒載歸，茗芋無所知。復能乘駿馬，倒著白接䍦。舉手問葛彊，何如并州兒？」高陽池在襄陽。彊是其愛將，并州人也。（同前篇第十九條）

張翰以爲「人生貴得適意爾！」（《世說・識鑒篇》第十條）故對於身後之虛譽，不屑一顧，只要「即時一桮酒」；畢卓對人生希求不多，只求吃蟹喝酒終其一生；山簡常酒後倒臥車上，又把白頭巾戴反。他放浪至極，卻也可愛至極。魏晉人幾乎人人飲酒，而「痛飲酒」可以說是名士之另一種無形之「徽章」。時人王孝伯即言：「名士不必須奇才。但使常得無事，痛飲酒，熟讀離騷，便可稱名士。」（《世說・任誕篇》第五十三條）魏晉人以濃濃的酒香，灌注成一段精采絕倫的「魏晉風流」，供後人品賞。他們飲酒之因，其一爲「胷中壘塊，故須酒澆之。」〔註76〕如阮籍、周顗等均是。阮籍以醉酒拒與司馬氏聯婚、以酣醉寫勸進文，〔註77〕故杜甫即云：「至今阮籍等，熟醉爲身謀。」（〈晦日尋崖戢李封詩〉），故知阮籍之飲酒乃在於全生、護志。而周顗「深達危亂，過江積年，恒大飲酒。嘗經三日不醒，時人謂之『三日僕射』。」（《世說・任誕篇》第二十八條）周顗飲酒，寄寓了江河異色的深沈悲痛。阮、周二人均以酒澆壘塊，故葉夢得說得好：「晉人多言飲酒有至於沈醉者，此未必

〔註76〕 《世說新語・任誕篇》第五十一條云：「王孝伯問王大：『阮籍何如司馬相如？』王大曰：『阮籍胷中壘塊，故須酒澆之。』」

〔註77〕 《晉書》卷四十九〈阮籍傳〉云：「籍本有濟世志，屬魏晉之際，天下多故，名士少有全者，籍由是不與世事，遂酣飲爲常。文帝初欲爲武帝求婚於籍，籍醉六十日，不得言而止。鍾會數以時事問之，欲因其可否而致之罪，皆以酣醉獲免。……會帝讓六錫，公卿將勸進，使籍爲其辭，籍沈醉忘作，臨詣府，使取之，見籍方據案醉眠，使者以告，籍便書案，使寫之，無所改竄，辭甚清壯，爲時所重。……」

意眞在於酒。蓋時方艱難，人各懼禍，惟託於醉，可以粗遠世故。……嵇、阮、劉伶之徒，遂全欲用此爲保身之計。此意惟顏延年知之。故〈五君詠〉云：『劉伶善閉關，懷情滅聞見。韜精日沈飲，誰知非荒宴。』如是飲者未必劇飲，醉未必眞醉也。」〔註78〕其二爲「三日不飲酒，覺形神不復相親。」（〈任誕篇〉第五十二條）「酒正自引人箸勝地」（同前篇第四十八條）魏晉人以酒爲形神相親的媒介，把飲酒提到一種哲學的高度來看待之。他們以爲酒是體會宇宙人生最高境界的一種工具，透過酒，他們希慕達到阮籍〈大人先生傳〉與劉伶〈酒德頌〉中所描述的境界。〈大人先生傳〉云：「夫大人者，乃與造物同體，天地並生，逍遙浮世，與道俱成，變化散聚，不常其形。」〈酒德頌〉說：「有大人先生，以天地爲一朝，萬期爲須臾，日月爲扃牖，八荒爲庭衢，行無轍跡，居無室廬，幕天席地，縱意所如。」透由「酒」，魏晉人找到他們精神的家園，進入了與造化同體、物我冥合之境界。魏晉人的「痛飲酒」之「痛」字，可謂傳神地道出他們處世的的艱辛。而更深刻地說，「痛飲酒」也是透露著他們的眷戀今生，及死亡節節逼進的無奈悲感。

　　整個東漢至東晉時期，均染上了這種「惜時」之氛圍，連方外之人亦不能自外：

> 遠公在廬山中，雖老，講論不輟。弟子中或有墮者，遠公曰：「桑榆
> 之光，理無遠照；但願朝陽之暉，與時並明耳。」執經登坐，諷誦
> 朗暢，詞色甚苦。高足之徒，皆肅然增敬。（《世說新語・規箴篇》
> 第二十四條）

高僧慧遠以夕暉自況，並以朝陽期許怠惰之弟子。蒼涼的語意中，充滿了長者對晚輩的慈愛與包容。慧遠示現了佛對眾生的慈悲與平等。而「執經登坐，諷誦朗暢，詞色甚苦」的描寫，更將一代高僧之行誼刻劃得栩栩如生，使人遙想其遺容而「肅然增敬」。慧遠的「惜時」，是希望大法能傳世，並利益嘉惠更多的世人，故而對弟子深深期許，殷殷寄意。

三、傷別

　　中國文化極爲重視親朋故舊之人倫關係，因此與親人至友的分別，更是讓多情的魏晉人傷心多時，低迴不已。《世說新語・言語篇》第六十二條曰：

〔註78〕收於何文煥所輯《歷代詩話》一（臺北：漢京文化公司，1983 年 1 月），頁
　　　434。

> 謝太傅語王右軍曰：「中年傷於哀樂，與親友別，輒作數日惡。」王
> 曰：「年在桑榆，自然至此，正賴絲竹陶寫；恒恐兒輩覺，損欣樂之
> 趣。」

在古代，山川的阻隔，常使「生離」變成「死別」，而隨著年紀的增長，這
個可能性更相對的提高，於是多見一次面，亦是少見一次面。謝安之所以會
「作數日惡」，或許可以由此推想。宗白華先生說：「人到中年才能深切的體
會到人生的意義，責任和問題，反省到人生的究竟，所以哀樂之感得以深沈。」
〔註79〕據《晉書》卷七十九〈謝安傳〉說謝安「性好音樂，自弟萬喪，十年
不聽音樂。及登台輔，期喪不廢樂。」故知王羲之勸謝安以「絲竹陶寫」來
解除「中年傷於哀樂」及「與親友別，輒作數日惡」之嘆。余嘉錫說：「謝
安晚歲，雖期功之慘，不廢妓樂。蓋藉以寄興消愁。王坦之苦相勸阻，而安
不從。至謂『安北出戶，不復使人思』，正憤其不能相諒耳。惟右軍深解其
意，故其言莫逆於心。案右軍嘗諫安浮文妨要，豈於此忽相阿諛？蓋右軍亦
深於情者。讀〈蘭亭序〉，足以知其懷抱。本傳言其誓墓之後，徧游名山，
自言當以樂死。是其所好，不在聲色，『絲竹陶寫』之言，殆專爲安石發也。
然持論之正，終不及坦之。讀者賞其名雋可耳。」〔註80〕可知王羲之與謝安
二人以情深而相知、相契、相惜。晉人雖超逸，但卻未能忘情，所謂「情之
所鍾，正在我輩！」是以哀樂過人，不同流俗，宗白華又說：

> 深於情者，不僅對宇宙人生體會到至深的無名的哀感……就是快樂
> 的體驗也是深入肺腑，驚心動魄；淺俗薄情的人，不僅不能深哀，
> 且不知所謂眞樂。〔註81〕

魏晉人的敏感、深情，造就了他們哀樂過人的特質，樂會「卒以樂死」（王羲
之語），哀會「大慟」。而與親友相聚之樂，更反襯著曲終人散後的悲涼，所
謂「物極必反」、「樂極生悲」、「興盡悲來」，與親友的作別，觸動著謝安的生
命悲情。

四、憂生

人們總以「萬物之靈」而深深自豪，但此種靈性也相對地帶來了人類巨

〔註79〕宗白華：《美學的散步》（臺北：洪範書局，1984 年 2 月 3 版），頁 69。
〔註80〕余嘉錫，見前揭文，頁 122。
〔註81〕宗白華，見前揭文，頁 67。

大的不幸。那就是人類必須長期忍受死亡的威脅，與面對死亡的恐懼；人們
必須在活著時，不時地忍受意識到自我毀滅的深切痛苦，且「活的愈久，領
的愈多」。死亡的恐懼，人類是在所有生物中領受最多的。而這種對生命隕逝
的悲哀意識，尤以六朝為最。吳炳輝先生以為魏晉六朝詩歌中處處可見對時
光流逝，生命短暫所發出的慨歎，「表現了對生命強烈的留戀及對不可避免的
自然命運（死亡）來臨的極度憎恨，如此扣人心弦的悲哀意識在漢賦中找不
到，上推到《楚辭》，雖然有著對現實世界的煩悶不滿和對於超現實世界的追
求，但沒有生命絕對消滅的悲哀，《詩經》三百篇時代雖有『今我不樂，日月
其除』的淡淡哀感，但與六朝詩篇表現之清楚強烈截然不同。」〔註 82〕何以
六朝之死亡意識、生命意識如此強烈呢？隨著政治社會秩序的紊亂、儒家思
想崩潰，士人如何安頓自己的生命，此課題在當代顯得刻不容緩。士人徘徊
理想與現實間，逡巡於自然與名教間，心理極是矛盾，在找不到精神的出路
下，士人痛苦難當。馬茂元先生即說：

> 「生年不滿百」，這是人世間自然現象，誰也都知道的，但只有處於
> 亂離時代，生活上找不到出路，生命活力無從發舒的人們才會迫切
> 地意識到這一問題是切身的而又是無可奈何的悲哀。〔註 83〕

憂生之嗟經由東漢人發其端緒後，接著劉伶、向秀、潘岳、陸機、陶潛、江
淹、庾信〔註 84〕等人亦是唱著同樣的調調。這時的文人都是死亡意識、死亡
焦慮極高的人。《世說新語・文學篇》第六十九條劉孝標注引《名士傳》云劉
伶「肆意放蕩，與宇宙為狹。常乘鹿車，攜一壺酒，使人荷鍤隨之，云：『死
便掘地以埋。』土木形骸，遨游一世。」乍看之下，劉伶大有莊子以天地為
棺槨的精神，不過細細想之，天天派人「荷鍤隨之」，可見他無時無刻不想到
死，其壓力之大、焦慮之深不難窺知。而向秀的〈思舊賦〉云：「昔李斯之受
罪兮，嘆黃犬而長吟；悼嵇生之永辭兮，顧日影而彈琴。托運遇於領會兮，
寄餘命於寸陰。」嵇康死前所彈的《廣陵散》，一直在響徹向秀的耳際。其舉

〔註82〕 吳炳輝：《六朝哀挽詩歌研究》（臺北：國立政治大學中國文學研究所碩士論
文，1991 年 6 月），頁 121。
〔註83〕 馬茂元：《古詩十九首探索》（高雄：復文圖書出版社，1988 年 3 月 2 版），頁
34。
〔註84〕 除劉伶、向秀生卒不詳無法排序外，其餘五位詩人依生年先後排序。潘岳生
卒為西元 247～300 年；陸機為西元 261～303 年；陶潛為西元 365～427 年；
江淹為西元 444～505 年；庾信為西元 513～581 年。

計入洛，可以說是「死的威脅與自全的欲望迫使他改節的」。〔註85〕潘岳是書寫「挽歌」之大家。他一生遭逢夭子、亡妻、逝弟、喪妹之痛，以致於他對「死亡」有著特別敏銳的感受，其為妻所寫的〈悼亡詩〉說：「徘徊墟墓間，欲去不復忍。徘徊不忍去，徙倚步踟躕。」從「徘徊」、「不忍」語詞之重覆，可見其對死者的依依難捨。不過更深刻而言，人們從別人的死亡，也預見了自己的明日的歸宿，這可能才是悼者最深層的心理悲痛。而顏之推說「陸平原多為死人自嘆之言。」（《顏氏家訓・文章篇》）陸機曾寫過〈大暮賦序〉說：「夫死生是得失之大者，故樂莫甚焉，哀莫深焉。使死而有知乎，安知其不如生？如遂無知耶，又何生之足戀？」陸機面對死亡的策略，儼然是莊子與髑髏對話內容中達者的實踐者。然他自己真正面對死亡時，卻是一點也無法豁達了。《世說新語・尤悔篇》第三條載：「陸平原河橋敗，為盧志所讒，被誅；臨刑歎曰：『欲聽華亭鶴唳，可復得乎？』」陸機臨刑前對他自己一生做死前之回顧，不禁感慨萬千，後悔出仕。死亡將至，方覺生命彌足珍惜。陶淵明亦有極深的死亡焦慮，其〈自祭文〉說：「人生實難，死如之何！嗚呼哀哉！」瀟灑的五柳先生，對死亡也瀟灑不起來了。陶淵明最後以飲酒、躬耕來緩解自己的死亡焦慮。〔註86〕「酒」的麻醉可暫時消解死亡恐懼。而「躬耕」，以現今心理學而言，可謂是一種「勞動治療」方式。江淹〈報袁叔明書〉也說：「方今仲秋風飛，平原飄色。水鳥立於孤洲，蒼葭變於河曲。寂然淵視，憂心辭矣。獨念賢明蚤世，英華咀落。僕亦何人，以堪久長？一旦松柏被地，墳壟刺天，何時復能銜杯酒者乎？忽忽若狂，願足下自愛也。」詩人靜靜地注視著曠野之變化：侯鳥又再度降臨孤洲，蒼葭又再度茂盛生長。然而賢明一逝不復返。詩人從別人的死亡中，也預知自己明日的歸宿。於是殷殷告誡友人要好好愛惜生命。庾信的〈枯枝賦〉寫道：「昔年種柳，依依江南；今逢搖落，淒愴江潭。樹猶如此，人何以堪。」羈旅異鄉的遊子悲痛，讓庾信的生命始終難以再度昂揚，像是失根的蘭花，生命力一點一滴的逝去，而難掩落寞與淒涼。從來沒有任何一個時期的士人，像魏晉南北朝士人那般，那麼敏感到生與死的問題，而把注意力全部集中到生命價值、生命意義上來。人的存在價值被大大的發現。

〔註85〕羅宗強：《玄學與魏晉士人心態》（臺北：文史哲出版社，1992 年 11 月），頁187。
〔註86〕見江風賢：〈論陶淵明生死觀中的超脫與憂患〉，《中國古代、近代文學研究》，1989 年 3 月。

　　而在大自然中所舉行的盛會，如「南皮之游」、「金谷之宴」、「蘭亭之會」等等，文人往往高興沒有多久，「生命不永」、「死亡恐懼」之想法馬上突襲心靈，文人興盡悲來，於是大呼「彩雲易散琉璃碎、世間好物不堅牢」：

> 每念昔日南皮之游，誠不可忘。既妙思六經，消遙百氏；彈棋間設，終以六博，交談娛心，哀箏順耳。馳騁北場，派食南館，浮甘瓜于清泉，沉朱李于寒水。白日既匿，繼以朗月，同乘並載，以游後園，輿輪徐動，參從無聲，清風夜起，悲笳微吟，樂往哀來，愴然傷懷。余顧而言，斯樂難常，足下之徒，咸以為然。（曹丕〈與朝歌令吳質書〉）

> 有別廬在河南縣界金谷澗中，或高或下，有清泉茂林，眾果竹柏、藥草之屬，莫不畢備。又有水碓、魚池、土窟，其為娛目歡心之物備矣。時征西大將軍祭酒王詡當還長安，余與眾賢共送往澗中，晝夜遊宴，屢遷其坐；或登高臨下，或列坐水濱……遂各賦詩，以敘中懷。……感性命之不永，懼凋落之無期。故具列時人官號、姓名、年紀，又寫詩著後。後之好事者，其覽之哉！（《世說‧品藻篇》第五十七條劉注引石崇〈金谷詩序〉）

> 永和九年，歲在癸丑，暮春之初，會於會稽山陰之蘭亭，修禊事也。……是日也，天朗氣清，惠風和暢。仰觀宇宙之大，俯察品類之盛，所以游目騁懷，足以極視聽之娛，信可樂也。……當其欣於所遇，暫得於己，快意自足，曾不知老之將至；及其所之既倦，情隨事遷，感慨係之矣。向之所欣，俛仰之間已為陳跡，猶不能不以之興懷；況修短隨化，終期於盡。古人云：「死生亦大矣。」豈不痛哉！……故列敘時人，錄其所述。雖世殊事異，所以興懷，其致一也。後之覽者，亦將有感於斯文。（王羲之〈蘭亭集序〉）

「這種放浪山水時仍不忘憂患的心態，在中國古代文人中相當典型的。」[註87] 中國文人在江山如畫的怡人風景中，一方面，有著山水審美的觀照。另一方面，大自然的無限，更是提醒著己身的有限，於是「感慨系之」。文人不禁重新審視過往並規劃未來，進而對人生課題有更深化的思考。李澤厚先生即云：

> 對死亡的哀傷關注，所表現的是對生在的無比眷戀，並使之具有某

[註87] 陶東風、徐莉萍：《死亡‧情愛‧隱逸‧思鄉──中國文學四大主題》（杭州：杭州大學出版社，1993 年 12 月 1 刷），頁 38。

　　種領悟的哲理風味，所謂歡樂中的悽愴，不總是加深這歡樂的深刻

　　度，教人們緊緊把握這並不常在的人生嗎？〔註88〕

卞敏先生也說：

　　只有死亡，才能喚起人的生存意識。只有意識到死，人才自覺到生。

　　從這意義上說，死的意識也就是生的意識。死亡促使人們思考生命

　　的價值和人生的意義。〔註89〕

袁宏道〈蘭亭記〉以爲：「羲之之蘭亭記，于死生之際感嘆尤深。晉人文字，
如此者不可多得。」可見「死生」二字爲通篇之眼。曹丕、石崇、王羲之等
人，均是在衣食無虞的情形中，來到風景怡人的山水中徜徉。他們位高權重、
有錢有閒，呼風喚雨。舉凡華屋麗服、美食等一無所缺。妻妾成行、奴婢成
群，擁有人世間最好的享受。然而正因爲他們擁有的愈多，對人世的眷戀、
嗜欲也愈深。秦始皇、漢武帝的求仙活動頻頻，正是因爲他們擁有了人世間
最美好的東西，而死亡無異是剝奪了這一切，於是對死的抗拒也就愈是加劇。
而在南美的一些神祕原始部落的民族，他們有因有宗教精神上的超越，使得
他們在面對死亡時，較能坦然接受。對於人類而言，死亡是一種生命個體無
法親身歷驗的神秘世界。然而人類又時時感受到它的威脅。不管有否超越死
亡的恐懼，「死亡」終究是誰也無法超越的最終歸宿。由於死亡將人們生命中
最美好的、最有價值的東西毀滅給人看，於是人們懼怕它，它猙獰可怖的面
貌，造成人類最大的焦慮。〔註90〕而我們對死亡的恐懼，其實是來自於我們
的對死亡的恐懼念頭，而不是死亡本身。故美國前總統羅斯福即言：「眞正的
恐懼是對恐懼的恐懼。」（其夫人之墓誌銘）更明白地說，我們害怕死亡，是
來自於自我個體毀滅的恐懼。而人的自我也包括了一定程度的精神與物質，

〔註88〕 李澤厚：《華夏美學》（臺北：時報文化出版企業有限公司，1989 年 4 月），頁
　　　　146。

〔註89〕 卞敏：《六朝人生哲學》（南京：南京出版社，1992 年 11 月），頁 4。

〔註90〕 心理學家約翰・C・馬格思和理查德・L・馬格思在《死亡和死的心理學》中，
　　　　綜合了死亡恐懼的心理基礎，得出結論說，人們所以恐懼死的心理原因有下
　　　　列七點：一、死亡將人的一生做了一個總結。二、死後世界到底怎樣，沒人
　　　　知道。三、死後遺體會變怎樣？四、無法在死後繼續照顧子女。五、死亡可
　　　　能給親友帶來打擊。六、死亡使得自己許多事情半途而廢。七、懼怕死亡時
　　　　的痛苦與悽慘。轉引自何顯明、余芹：《飄向天國的駝鈴──死亡學精華》（臺
　　　　北：夏圖出版社，1994 年 10 月），頁 15。

我們把自己的佔有物，如親眷、子女、金錢、權勢、地位、名聲、功業、土
地、房子等等，視爲自我的外化與延伸，打上自我的印記。然而死亡不啻是
剝奪了佔有者所有的佔有物，故而引發了佔有者內心對死亡的焦慮與排斥。
魏晉人特別會想到死或畏懼死，其實與他們優渥的經濟條件是息息相關的，
他們佔有了人世間好的物質享受，如石崇、王愷、王濟等人，其奢侈之相狀
令人咋舌。莊園經濟型態使他們四體不動便有錢財源源而進，此又使他們有
更餘裕的時間放懷山水，思考生命問題。兩者相互循環，於是造成他們對現
實的極度眷戀與對死亡的極度恐懼。大陸學者陶東風、徐莉萍先生即指出，
因中國是一個沒有宗教的國度（這裡所說的宗教是指「宗教精神」，非宗教儀
式、組織、典籍等），於是造成中國人過度的眷戀現實，此又導致了過度的害
怕死亡：

> 不信仰上帝天國，不追求超驗本體，不關心死後歸宿（在中國民間
> 的佛教信仰和祖先崇拜中，人們乞求于聖靈的是人間的福祉——發
> 財、長壽、興旺；供奉于聖靈的人間的享受——美酒、佳肴甚至美
> 女）。即使關心死後，這死後也只不過是生前的翻版和延伸。這一切
> 都導向了中國文化的非宗教精神，導致了中國人對于人間世界的近
> 乎變態的留戀和對于人間生活的近乎變態的執著，以及隨之而來的
> 對于死亡的近乎變態的恐懼，對于時間流逝的近乎變態的敏感和感
> 傷。這四種相關的心態可以概括爲人間情結，構成了中國文學表現
> 的重要主題。中國人並不是殺死了上帝，而是本無上帝可殺。他清
> 醒地知道人生是有限的，必死是每個人的眞實的歸宿，而且死後沒
> 有上帝或天國在那兒等著他。因而他只能執著于人間、現實，不管
> 是人間的政治，還是人間的山水田園。他別無選擇。〔註91〕

陶、徐二人之說，提供了讓吾人思考死亡超越與宗教的關係。

　　對於死生之際思考甚深的魏晉人，是不避挽歌的。按挽歌的習俗由來已
久，《詩經·小雅·二月》云：「君子作歌，惟以告哀。」《左傳·哀公十一年》
亦云：「將戰，公孫夏命其徒歌《虞殯》。」杜預注：「《虞殯》，送葬歌曲，示
必死也。」在東漢即流行《薤露》、《蒿里》之挽歌，三國譙周以爲此二章乃

〔註91〕陶東風、徐莉萍：《死亡·情愛·隱逸·思鄉——中國文學四大主題》（杭州：
　　　杭州大學出版社，1993年12月1刷），頁16～20。

出於漢初田橫門人所作，〔註92〕東晉學者干寶亦持此見。〔註93〕漢魏以來，唱挽歌是朝廷規定的喪葬禮俗之一。《晉書》卷二十〈禮志〉記載：

> 漢、魏故事，大喪及大臣之喪，執紼者挽歌。新禮以爲輓歌出於漢武帝役人之勞歌，聲哀切，遂以爲送終之禮。雖音曲摧愴，非經典所制，違禮設銜枚之義。方在號慕，不宜以歌爲名，除（不）輓歌。摯虞以爲：輓歌因倡和而爲摧愴之聲，銜枚所以全哀。此亦以感衆。雖非經典所載，是歷代故事。《詩》稱「君子作歌，惟以告哀」。以歌爲名，亦無所嫌。宜定新禮如舊，詔從之。

《世說新語·紕漏篇》第四條記載著任瞻曾爲晉武帝駕崩時，朝廷所挑選的一百二十位挽郎之一，可見其風俗之一斑。由上述引文歸納得知，挽歌在春秋戰國時代即有之，它並非是一時一地一人之創作，它有可能是來自爲亡者之作（田橫門人作）或是人民的勞役之歌（漢武帝役人之勞歌）。然而「從東漢開始，挽歌衝破了送死悼亡的樊籬，應用範圍越來越廣。」〔註94〕不僅送葬時唱它，許多士林名流，連喜慶宴會也唱起了挽歌：

> 靈帝時，京師賓婚佳會，皆作魁壘，酒酣之後，續以挽歌。魁壘，喪家之樂；挽歌，執紼相偶和之音。（應劭《風俗通義·佚文·服妖》）

《後漢書》卷六十一〈周舉傳〉亦載：

> （永和）六年三月上巳日，大將軍梁商大會賓客，燕于洛水，舉時稱疾不往。商與親暱酣飲極飲，及酒闌倡罷，繼以薤露之歌，坐中聞者，皆爲掩涕。太守張鍾時亦在焉，會還，以事告舉。舉嘆曰：「此所謂哀樂失時，非其所也。殃將及乎！

〔註92〕《世說·任誕篇》第四十五條劉注引《譙子法訓》云：「有喪而歌者。或曰：『彼爲樂喪也，有不可乎？』譙子曰：『《書》云：「四海遏密八音。」何樂喪之有？』曰：『今喪有挽歌者，何以哉？』譙子曰：『周聞之：蓋高帝召齊田橫至于尸鄉亭，自刎奉首，從者挽至於宮，不敢哭而不勝哀，故爲歌以寄哀音。彼則一時之爲也。鄰有喪，舂不相引，挽人銜枚，孰樂喪者邪？』」

〔註93〕《搜神記》卷十六云：「挽歌者，喪家之樂；執紼者，相和之聲也。挽歌辭有《薤露》、《蒿里》二章，漢田橫門人作。橫自殺，門人傷之，悲歌。言人如薤上露，易晞滅。亦謂人死精魂歸于蒿里，故有二章。」

〔註94〕范子燁：《中古文人生活研究》（濟南：山東教育出版社，2001年7月），頁443。

錢鍾書先生說：「奏樂以生悲爲善音，聽樂以能悲爲知音。漢魏六朝，風尙如斯。」〔註95〕此種「以悲爲美」的衰頹之風，頗有世紀末的色彩。周舉由哀樂失時而預言「殃將及乎」，亦是由小觀大、知人知樂之言。時至魏晉南北朝，此風更甚：

> 張湛好於齋前種松柏；時袁山松出遊，每好令左右作挽歌；時人謂：
> 「張屋下陳屍，袁道上行殯。」（《世說・任誕篇》第四十三條）
> 張驎酒後挽歌甚悽苦，桓車騎曰：「卿非田橫門人，何乃頓爾至致？」
> （同前篇第四十五條）

魏晉人往往有「先行到死」的死亡態度。他們由「終點」來觀察人生的「中點」。活著的人雖然還沒有走到人生的「終點」，但他們在觀念上可以先行一步，藉由「死」來觀「生」。當我們能從觀念上先行到死時，便可返觀我們的人生，才能眞正地去檢視生命中缺少了什麼。甚至可以重新去認識事實的眞相、苦樂的實諦。將那早已被世俗異化的人格，給以最強烈的震撼。由死觀生，使自我舊的價值體系，再一次地進行確認或者適時地調整更動。大陸學者張叔寧先生認爲：「魏晉士人正是通過歌唱或創作挽歌來表達自己對生死問題的感受，宣洩自己有感於生命短促而引起的痛苦與悲哀，因此，魏晉時期挽歌之盛行，乃是魏晉士人生命意識的覺醒的一種必然結果。」〔註96〕魏晉人直視死亡、貼近死亡，故而不避挽歌。他們希望藉由死亡的終點來觀察審視自己的生命。張湛（小字「驎」）注《列子》，其及時亨樂的人生觀滲透該書，而此書深深地影響魏晉人。或許是他「先行到死」，觀察到人生到頭一場空，不如及時行樂來得實在些。他佯狂任誕──「齋前種松柏」、「酒後唱挽歌」，以自由自在、無拘無束的精神，來衝決儒家的束縛，這與莊子的齊生死、一禍福的觀點又何其相似。而我們在論述魏晉士人的任誕風氣時，我們應該考慮到，這種風氣之所以產生和盛行於魏晉時期，自有其深刻的社會原因；而其任誕行爲也包含著一定的進步性。這種風氣可以說是一種「人本主義」思想的極大的宏揚（雖然它是比較另類的一種人文表現方式，魏晉人是以「反人文」之行爲方式以彰顯眞正的「人文」精神〔註97〕），是對長期以來禁錮人們思想和行爲的名教的一種反抗與省思。張湛（張驎）、

〔註95〕錢鍾書：《管錐篇》第三冊（北京：中華書局，1979年8月），頁946。
〔註96〕張叔寧：《世說新語整體研究》（南京：南京出版社，1994年），頁185。
〔註97〕此話爲同事吳老師登臺所言，筆者以爲是一針見血之論，精闢至極。

袁山松任誕違俗的行徑並未遭時人的排擠，可見時人酷愛挽歌之風氣。其中，袁山松被時人譽為「三絕」之一：

> 袁山松善音樂。北人舊歌有《行路難曲》，辭頗疎質。山松好之，乃為文其章句，婉其節制。每因酒酣，從而歌之，聽者莫不流涕。初，羊曇善唱樂，桓伊能挽歌，及山松以行路難繼之。時人謂之「三絕」。
> （《世說·任誕篇》第四十三條劉注引《續晉陽秋》）

三人之所以被時人欣賞，絕非偶然，據《晉書》卷八十三〈袁壞傳〉附〈袁山松傳〉說袁山松「衿情秀遠，善音樂」，而（《世說·任誕篇》第四十二條）說桓伊「每聞清歌，輒喚奈何！」謝安以為桓伊「一往有深情」。可見他們音樂之造詣匪淺。其能奪人熱淚，除了其精湛的藝術技巧外，恐怕是他們三人均傳達了人類那共通共感的傷逝情感。對於逝去的人、事、物，總是令人愁悵萬分的。《世說新語》專立〈傷逝〉一門表達了對死者無限的哀悼。此門「十分反映了魏晉士人從愛惜自身為起點，到對他人生命的關注為終點這樣的一個過程。」〔註98〕從他人的死亡中，透露出自己正走向死亡，也預見了自己明日的歸宿。這種發自內心的深切感受，使士人們由對自己生命的珍惜擴展到對他人生命的關注：

> 庾公乘馬有的盧，或語令賣去。庾云：「賣之必有買者，即當害其主。寧可不安己而移於他人哉？昔孫叔教殺兩頭蛇以為後人，古之美談，效之，不亦達乎！」（《世說新語·德行篇》第三十一條）
> 阮光祿在剡，曾有好車，借者無不皆給。有人葬母，意欲借而不敢言。阮後聞之，嘆曰：「吾有車而使人不敢借，何以車為？」遂焚之。（同前篇第三十二條）
> 謝奕作剡令，有一老翁犯法，謝以醇酒罰之，乃至過醉，而猶未已。太傅時年七、八歲，著青布褲，在兄虎邊坐，諫曰：「阿兄！老翁可念，何可作此。」奕於是改容曰：「阿奴欲放去邪？」遂遣之。（同前篇第三十三條）
> 羊孚年三十一卒，桓玄與羊欣書曰：「賢從情所信寄，暴疾而殞，祝予之歎，如何可言！」（同前書〈傷逝篇〉第十八條）
> 桓公入蜀，至三峽中，部伍中有得猿子者。其母緣岸哀號，行百餘

〔註98〕范子燁：《中古人生活研究》（濟南：山東教育出版社，2001年7月），頁434。

里不去，遂跳上船，至便即絕。破視其腹中，腸皆寸寸斷。公聞之，
怒，命黜其人。（同前書〈黜免篇〉第二條）

庾亮效孫叔敖之精神，寧傷自己而不害他人，這種「己所不欲，勿施於人」的
仁者胸襟，深值吾人取法；阮裕爲了葬母之人不敢借車，於是嘆而焚車。這與
子路「願車、馬、衣裘，與朋友共，敝之而無憾。」（《論語・公冶長》）的無私
精神，何其相似；謝安年僅八歲，即有「不忍人之心」；桓玄對羊孚情深似海，
哀思一如孔子之喪顏淵般；就連一代梟雄桓溫，也不乏這種赤子的博愛同情心。
而當人會去關注他人的生命、死亡時，自身生命的格局、境界也就提昇了。西
元一九一二年，當鐵達尼號巨輪即將沈沒時，英國人蓋根海姆先生毅然而然將
自己的救生衣，給一位女乘客，自己則繫好領帶、穿上燕尾服，紳士般地從容
沈沒黑暗的海底。這種「捨己救人」的高尚情操，是人異於動物之處。如果人
與動物一樣，只關心自己的安危，對自己同類生死漠然置之，這世界將會是何
等的野蠻！而魏晉人以博愛多情之風采，讓後人心嚮往之！

另外，魏晉南北朝之人亦寫挽歌詩。挽歌詩與挽歌之不同，乃在於挽歌
的歌辭較爲簡單，文學性較低；而挽歌詩文句則較爲冗長，文學性較高。挽
歌詩偶有借用入樂者；而挽歌音樂性高，它通常是用以配合喪葬儀式的進行。
任半塘先生以爲：「挽歌至於清揚簸拍，其哀亦幾希矣！挽歌音樂一般吹簫、
搖鈴或振鐸而已，未聞其繁。挽歌篇章，民間不詳，南北文人所傳之作大抵
五言，而冗長自十句至四十句，顯爲主文之詩，非歌辭。惟亦有借用入歌者。」
〔註99〕直至梁蕭統編《昭明文選》時，才將「挽歌」正式確立爲古典詩歌之
一體。《昭明文選》共收錄魏繆襲、晉陸機與陶淵明等人之作品。這些「主文
之詩」，日本學者西崗弘認爲不是執引的挽歌，而是安慰並哀傷死者靈魂的「鎮
魂歌」。〔註100〕目前，見之典籍的魏晉南北朝挽歌詩作品如下表：

詩人朝代	詩人姓名	作品名稱	作品所見典籍
曹魏	繆襲	〈挽歌詩〉三首	《文選》卷二八 《北堂書鈔》卷九二
西晉	傅玄	〈挽歌〉三首	《北堂書鈔》卷九二

〔註99〕任半塘：《唐聲詩》〈第八章雜歌與聲詩〉「挽歌」一節（上海：上海古籍出版
社，1982年10月），頁421。

〔註100〕見西崗弘《挽歌考》，原文登日本《國學院雜誌》第七十卷第十一號，譯文登
於《臺灣風物》第二十九卷四期，1979年12月。

西晉	陸機	〈庶人挽歌辭〉二首 〈王侯挽歌辭〉一首	《北堂書鈔》卷九二
		〈挽歌詩〉三首	《文選》卷二八
		〈挽歌辭〉二首	吳棫《韻補》卷五
東晉	陶淵明	〈挽歌詩〉三首	《樂府詩集》卷二七
		〈挽歌〉一首	《文選》卷二八
南朝（宋）	顏延之	〈挽歌〉一首	《太平御覽》卷五五二
南朝	鮑照	〈代挽歌〉一首	《樂府詩集》卷二七
南朝（齊）	丘靈鞠	〈殷貴妃挽歌詩〉三首	《南齊書》卷五二〈文學列傳〉存其殘句
北齊	祖珽	〈挽歌〉一首	《樂府詩集》卷二七

　　挽歌詩的興起，可以說是與時代息息相關的，戰爭、天災、人禍的頻繁，造成非自然死亡人數大增，「出門無所見，白骨蔽平原」的亂象，使詩人不時地與死亡做正面照應。「生命危淺」、「人生如寄」之嘆，彌漫在漢末以來的天空，久久不散。吉川幸次郎在其〈推移的悲哀──古詩十九首的主題〉一文中曾指出，從漢末《古詩十九首》開始，詩中普遍流露出一種感情，那就是人類意識到自己生存於時間之上而引起的悲哀，共可分為三種：一是對不幸時間的持續而起的悲哀；二是在時間的推移中由幸福轉到不幸的悲哀；三是感到人生只是向終極的不幸（即死亡）推移的一段時間而引起的悲哀；這種悲哀的情感意識不但在《十九首》中流露，同時也是三國六朝詩的基本特色之一。〔註101〕此種挽歌詩作，反映了死亡如此貼近詩人的日常的生活，詩人吟詠它，希望能緩解了自己的死亡恐懼。而生死主題經漢末魏晉詩人發其端緒後，便歷久不衰，葉矯然即說：

　　　　唐風「子有酒食，何不日鼓瑟！宛其死矣，他人入室」，魏武「對酒
　　　　當歌，人生幾何！譬如朝露，去日苦多」，子桓「人生如寄，多憂何
　　　　為？今我不樂，日月如馳」，陸機「人壽幾何，逝如朝露，時無重至，
　　　　華不再物」，嗣宗「丘墓蔽山崗，萬代同一時，千秋萬代後，榮名安
　　　　所之」，十九首「古墓犁為田，松柏摧為薪，白楊多悲風，蕭蕭愁殺
　　　　人」，子建「驚風飄白日，光景馳西流，生存華屋處，零落歸山丘」，

　　　　〔註101〕原文發表於《中國文學報》第十四冊，鄭清茂先生有中譯文，發表於《中外
　　　　　　　　文學》第六卷四、五兩期，1980 年 9、10 月。

太白「功名富貴若長在，漢水亦應西北流」，子美「臥龍躍馬終黃土，
人事音書漫寂寥」，魯直「賢愚千載知誰是，滿眼蓬蒿共一丘」等語，
雖是口頭慣熟，然鐘鳴酒醒之餘，每一唸過，未嘗不泣數行下也。
〔註102〕

范成大所言「縱有千年鐵門限，終歸一個土饅頭。」（〈重九日行營壽藏之地〉）
為《紅樓夢》中妙玉女尼的最愛。可見生死之嗟，為有情人類難以釋懷的千
古話題。

〔註102〕葉矯然：《龍性堂詩話》，收於《清詩話續編》（上海：古籍出版社，1999 年 6
　　　月），頁 962。

第五章　審美之人生觀

　　自我意識的覺醒張揚之後，審美意識也隨之誕生。程章燦先生云：「隨著自我意識的覺醒和深化，個性的發現和重視，人們既對自我價值充份肯定，也對情感、慾望等有關人的精神活動有了新的深刻的認知，主體自覺地進入審美領域，樹立新的審美意識，並把自我也作爲審美對象。」〔註1〕魏晉時代可以說是「人的自覺」時代，也是「美的自覺」時代。〔註2〕時人均培育了一雙發現美、尋求美、欣賞美、鑒別美的慧眼。這雙慧眼，使人們對外發現了萬物的自然之美，對內發現了人的形神之美與才藝之美。人們用審美的胸襟與萬物交接，於是無往而不美。唐君毅先生即云：「魏晉人對自然物、對人，都能以藝術性的胸襟相與。於是自然物與人物之個性、特殊性，都由此而易於昭露於人心之前。」〔註3〕所以這個時代可以說是藝術自覺的時代，人人有著藝術化的審美情趣與胸襟。

　　魏晉人將易、老、莊稱作「三玄」，「三玄」之一的莊子，亦啓示了魏晉人品鑒人物之態度。觀莊子齊物我、一生死、超美醜、泯是非的人生態度和哲學思想，實以老子所建立的最高概念——「道」爲其依歸。老莊思想往往能超越世俗之利害得失，不以實用功利爲其著眼點，此種胸懷，乃是藝術創

〔註1〕　程章燦：〈從世說新語看晉宋文學觀念與魏晉美學新風〉《中國古代、近代文學研究》（南京：南京大學學報人文哲學社科版，1989年1月），頁55。
〔註2〕　有關於「人的自覺」可參考余英時：《中國知識階層史論》〈漢晉之際之新自覺與新思潮〉（臺北：聯經出版社，1980年8月），頁231～275。李澤厚：《美的歷程》〈魏晉風度〉（板橋：元山書局，1985年），頁85～89。而「美的自覺」可參考宗華白：《美學的散步》〈論世說新語和晉人的美〉（臺北：洪範書局，1984年），頁59～84。
〔註3〕　見唐君毅：《中國人文精神之發展》（臺灣：臺灣學生書局，1979年），頁30。

作者與鑒賞者所應具備之基本胸懷。魏晉人善於鑒賞，幾乎天下萬事萬物都能轉化為客觀的審美對象。〔註4〕若說他們是新審美觀的拓荒者，實不為過。而魏晉時代不論是政治、文化、藝術、清談、人物品鑒等等，都能反映出老莊思想風靡之盛況。

　　王羲之云：「適我無非新」，魏晉人以全新的角度，將舊物做「新解」，於是「耳得之而為聲，目遇之而成色」，他們往往能點石成金、妙手成春。這股活潑、自由、解放的心靈，使得當時的人審美視野格外的遼闊恢宏。「他們對於美有著最自由的品味：瘦的、病的、壯的、健的、陽的、陰的、世俗內的與世俗外的等等，在他們的眼中無一不可以是美的。這是一個容許「美的放肆」的時代。」〔註5〕宗白華先生亦云：

> 漢末魏晉六朝是中國政治上最混亂，社會上最痛苦的時代，然而卻
> 是精神史上極自由，極解放，最富於智慧，最濃於宗教熱情的一個
> 時代。因此也就是最富有藝術精神的一個時代。〔註6〕

人生有無限的可能，美亦有無限的可能，《世說新語》對人的審視正是展現了多樣性、豐富性、多層次的美。當審美者的胸襟更開放遼闊後，被審美者的愛美心理就更加膨脹了；魏晉士人肆無忌憚地展現一己之美，且「美」不驚人死不休。

　　而魏晉人對自然的審美情懷已於上文（第三章第三節「山水審美與企慕隱逸」）談及，本章乃針對品賞人物之美，將之歸納為「以形為美」、「以神為美」、「以才為美」三節分述如後：

第一節　以形為美

　　魏晉時代對相貌的品評和鑒識，非但重形，亦看重神，一個人若形好又神雋，自然受到士人的雅愛贊許，及社會的關注。而這種推崇「形神之美」的風氣，主要是受到東漢以來清議活動所導致，清議的一個重要話題是月旦人物。起初，是議論人的德行和才幹，慢慢地，兼及品評人物的容貌及神采。而清議的品評結果，往往對士人的聲譽與前途影響至鉅，有人因此水漲船高、

〔註4〕王妙純：《竹林七賢的思想與行為——以人文精神為中心的探討》（台中：捷太出版社，1990年3月），頁100～101。

〔註5〕陳仁華：《品人明鏡》（臺北：遠流出版社，1994年4月6刷），頁559。

〔註6〕宗白華：《美學的散步》（臺北：洪範書局，1984年2月3版），頁59。

飛黃騰達；有人從此一蹶不振、身價大跌。這種情況，使魏晉文人把姿容看得相當重要，他們希望藉由「形美」襯托出「神美」，進而形神俱佳，令譽美名亦接踵而至。《世說新語》中，大量記載魏晉士人重視外形之美的例子：

> 魏武將見匈奴使，自以形陋，不足雄遠國，使崔季珪代，帝自捉刀立床頭。（〈容止篇〉第一條）
>
> 有人歎王恭形茂者，云：「濯濯如春月柳。」（同前篇第三十九條）
>
> 周侯說王長史父：「形貌既偉，雅懷有槩，保而用之，可作諸許物也。」（同前篇第二十一條）

曹操自覺「形陋」，有辱領袖形象，故而有請「雅望非常」之崔季珪替代，若非重視「形美」之時代風潮使然，權傾一時之曹操何以至此？而王恭因形貌姣好，時人愛重有加，其弟王爽亦目為「風流秀出」；[註7]而王訥「形貌既偉」，周顗譽為非一器之用。周顗本身亦是「雍容好儀形」、「標鮮清令」的美男子，[註8]故由行家評行家，更見王訥之「形」好。由以上三例顯示，魏晉是一個「重形好色」的時代。魏晉士人，亦有因見仇人風姿俊美，而化干戈為玉帛之例：

> 石頭事故，朝廷傾覆。溫忠武與庾文康投陶公求救。陶公云：「肅祖顧命不見及，且蘇峻作亂，釁由諸庾，誅其兄弟，不足以謝天下！」于時庾在溫船後，聞之，憂怖無計。別日，溫勸庾見陶，庾猶豫未能往。溫曰：「溪狗我所悉，卿但見之，必無憂也。」庾風姿神貌，陶一見便改觀，談宴竟日，愛重頓至。（《世說新語·容止篇》第二十三條）
>
> 桓宣武平蜀，以李勢妹為妾，甚有寵，常著齋後。主始不知，既聞，與數十婢拔白刃襲之。正值李梳頭，髮委藉地，膚色玉曜，不為動容。徐曰：「國破家亡，無心至此。今日若能見殺，乃是本懷。」主慚而退。（同前書〈賢媛篇〉第二十一條）

〔註7〕見《世說新語·方正篇》第六十四條云：「孝武問王爽：『卿何如兄？』王答曰：『風流秀出，臣不如恭；忠孝亦何可假人！』」

〔註8〕見《世說新語·言語篇》第四十條云：「周僕射雍容好儀形，詣王公，初下車，隱數人，王公含笑看之。既坐，傲然嘯詠。王公曰：『卿欲希嵇、阮邪？』答曰：『何敢近捨明公，遠希嵇、阮？』」同書〈賞譽篇〉第七十條亦云：「有人目杜弘治：『標鮮清令；盛德可風，可樂詠也。』」

《晉書》卷七十三〈庾亮傳〉亦說亮「美姿容，善談論，性好老莊，風格峻整」，〔註9〕有了這樣的「容止」，自然使陶侃「一見改觀，愛重頓至」。一個人的形神之美所形成的力量，竟然能在一剎那間化解對方之芥蒂、仇隙。李勢妹徐徐梳頭、緩緩言語、視死如歸之神態，亦使操白刃前往的南康公主，自慚而退。可見面對美，魏晉婦女是無力抵擋的，即便對方是情敵，最終也是心悅誠服的棄械投降。這種特殊的審美胸襟，恐怕也是魏晉人才能做到的吧！以上兩則事例有著異曲同工之妙，這說明了魏晉人是以美為依歸、是臣服於美的巨大魅力之下。

「形美」、「色美」不只為同性所看重愛賞，同時亦是當時吸引異性之重要關鍵：

> 魏甄后惠而有色，先為袁熙妻，甚獲寵。曹公之屠鄴也，令疾召甄，左右白：「五官中郎已將去。」公曰：「今年破賊正為奴。」（《世說新語・惑溺篇》第一條）
>
> 奉倩曰：「婦人德不足稱，當以色為主。」（同前篇第二條）

甄后因聰慧美麗，即便已是他人婦，仍是眾多男人所覬覦之對象；而荀粲之語，無異是對儒家所提倡的「婦德」提出了大膽的挑戰。可見「女色」對男性而言，是多麼難以抗拒之吸引力，無怪乎有「英雄難過美人關」之語，而劉義慶將以上二則事例收入〈惑溺篇〉中，亦微微褒貶了時人對「色」之迷惑與沉溺。

不僅男性如此，當時女性亦耽於色。《世說新語・容止篇》第七條亦記載著：

> 潘岳妙有姿容，好神情。少時挾彈出洛陽道，婦人遇者，莫不連手共縈之。左太沖絕醜，亦復效岳遊遨，於是群嫗齊共亂唾之，委頓而返。

潘岳、左思之所以遭到有如天壤的差別待遇，其原因竟出於「色」之美醜。左思的〈三都賦〉曾使洛陽為之紙貴，可見其才情絕非在潘岳之下。然洛陽女子卻以貌取人，輕才重色，此亦照見了當時女性對異性之審美趣味與過去大不相同，同時也揭露了當代女性大膽的好色行徑。《世說新語・惑溺篇》中亦記載著韓壽因「美姿容」，而使尚書賈充之女賈午芳心暗許，繼而展開了鳳

求鳳的主動攻勢，韓壽亦因賈午的容貌「色麗」而怦然心動，兩人因「色」一拍即合，私定終身。〔註10〕由此可見，「色」為男女交往時，最迅速的情感催化劑。男人愛女色，自古如此，本不足為奇，然女人如此看重異性之色，並大膽的去追求，恐怕史例無多吧！既然美的外形能贏得同性、異性間的青睞，也難怪魏晉男子也學著女子愛漂亮了起來。

其實，並非所有的魏晉文人士大夫都是注重「外形美」的「好色之徒」，然歸納《世說新語》一書，其「以白為美」、「以弱為美」、「以服飾美為美」、「以神仙美為美」的美男子形象，卻鮮活的展現在讀者面前，茲分述如下：

一、以「白」為美

魏晉士人，酷愛肌膚白皙之男子：

> 王夷甫容貌整麗，妙於談玄；恆捉白玉柄塵尾，與手都無分別。（《世說新語·容止篇》第八條）

> 何平叔美姿儀、面至白，魏明帝疑其傅粉。正夏月，與熱湯餅。既噉，大汗出，以朱衣自拭，色轉皎然。（同前篇第二條）

王衍肌膚細緻光潔如白玉；何晏的「美姿儀」、「面至白」，連同是男人的魏明帝都緊盯不放，可見美之一斑。同條注引《魏略》云：「晏性自喜，動靜粉帛不去手，行步顧影。」考漢、魏之時，男人即有敷粉之風，如《漢書·佞幸傳》云：「孝惠時，郎侍中皆敷脂粉。」《後漢書·李固傳》亦記載李固「胡粉飾貌，搔頭弄姿。」而曹植亦有敷粉的習慣。〔註11〕故自漢代以降，貴族子弟敷粉就已是司空見慣之事了。何晏「粉白不去手」自然非開風氣之先，但因何晏是開啟魏晉玄學的大將，他的言行舉止自然也成為當時士人摹仿之對象。明代屠隆《鴻苞》曾云：

〔註10〕《世說新語·惑溺篇》第五條云：「韓壽美姿容，賈充辟以為掾；充每聚會，其女於青璅中看，見壽，說之；恆懷存想，發於吟詠。後婢往壽家，具述如此，并言女光麗。壽聞之心動，遂請婢潛修音問。及期往宿，壽蹻捷絕人，踰牆而入，家中莫知。自是充覺女盛自拂拭，說暢有異於常。後會諸吏，聞壽有奇香之氣，是外國所貢，一箸人，則歷月不歇。充計武帝唯賜己及陳騫，餘家無此香，疑壽與女通；而垣牆重密，門閣急峻，何由得爾？乃託言有盜，令人修牆。使反曰：『其餘無異，唯東北角有人跡。而牆高，非人所踰。』充乃取女左右婢考問，即以狀對。充秘之，以女妻壽。」

〔註11〕《三國志·魏志·王粲傳》引注《魏略》云：「臨菑侯植得淳甚喜，延入坐。時天暑熱，植呼常取水，自澡訖，傅粉，遂科頭拍袒胡舞。」

> 晉重門第，好容止，崔、盧、王、謝子弟生髮未燥，已拜列侯；身
> 未離襁褓，而已被冠帶，膚清神朗，玉色令顏，縉紳公言之朝端，
> 吏部至以此臧否，士大夫手持粉白，口習清言，綽約嫣然，動相誇
> 許，鄙勤樸而尚擺落，晉竟以此雲擾。

士大夫人人「手持粉白」，這在今日看來，這樣的舉動多麼的令人匪夷所思，然在那樣的時空下均被視爲理所當然，見怪不怪。當時士人心目中的美男子，就是該有像王謝子弟那樣的「玉色令顏」的姿容。魏晉士人常用「玉」來形容男人之美：

> 魏明帝使后弟毛曾與夏侯玄共坐，時人謂「蒹葭倚玉樹。」(《世說
> 新語‧容止篇》第三條)
> 潘安仁、夏侯湛竝有美容，喜同行，時人謂之「連璧」。(同前篇第
> 九條)
> 有人詣王太尉，遇安豐、大將軍、丞相在坐；往別屋見季胤、平子。
> 還，語人曰：「今日之行，觸目見琳琅珠玉。」(同前篇第十五條)

當玉樹臨風的夏侯玄與家世寒微之毛曾坐在一起，時人立見優劣；潘岳、夏侯湛兩人並肩同行，氣質湛然出眾，如璧之姿容，令時人心馳神往，愛不釋「眼」；王衍等人如玉光滑之容及如玉溫潤之德，令人目不暇給、美不勝收。

　　由於極度的愛美，何晏更吃起五石散來，五石散是由石鐘乳、石硫磺、白石英、紫石英、赤石脂五樣礦石調製而成的，不僅服藥過程麻煩，且藥性潛藏著中毒死亡的危險。然爲何何晏要吃它，且絕大多數之上流人士亦學著何晏吃它而樂此不疲呢？王瑤先生在〈文人與藥〉一文中有過深入之探討，他認爲魏晉人之所以熱衷服五石散，主要原因有三方面，即生命、姿容和性。
〔註12〕服藥當然首先是希望能長壽，此亦是顯現了魏晉人對人生短暫之恐慌。《世說新語‧文學篇》第一百零一條云：

> 王孝伯在京行散，至其弟王睹戶前，問：「古詩中何句爲最？」睹思
> 未答，孝伯詠：「『所遇無故物，焉得不速老』此句爲佳。」

詩人行散（服五石散後藥力發作，身體生熱，須藉步行散發，謂之「行散」，或「行藥」）時，面對自然界盛衰無常之現象不禁興起生命的短暫的感嘆。

〔註12〕參見王瑤，《中古文學史論》（臺北：長安出版社，1986 年 6 月），頁 1～43。

然為何王恭服藥行散時，腦子裡會盤桓著生死的念頭呢？合理的推測是，他的服藥正是為了「生」而著想。〔註13〕而服藥的另一個目的，即是可以美姿容。何晏曾云：「服五石散，非唯治病，亦覺神明開朗。」（《世說新語·言論篇》第十四條），他深知服五石散不僅對生理有療效，且有益於精神面貌。經他金口宣揚後，士人便競相服用，蔚為風氣。而服五石散後身體會發熱，這就使得玉顏更加紅潤照人了。極端愛美的魏晉士人，絕不願意去放棄一絲絲可以更美的可能機會。服藥的第三個目的是為了性。魏晉士人的性生活是相當開放的。《晉書·五行志》記載著：「惠帝元康中，貴游子弟相與為散髮裸身之飲，對弄婢妾。」此種縱情恣慾之行徑，也著實讓二十一世紀的我們嘖嘖稱奇。而豪門巨族置妾之情況，乃家常之事，〔註14〕婢妾的多寡也常與士人地位高低成正比，且道家亦有「採陰補陽」之說。〔註15〕於是，一來為炫耀財富地位，二來以「養身」之名，於是士人們公然地蓄起妾來了、縱起慾來了。而服五石散據說可以轉弱為強，故服藥正是為了彌補縱慾過度而造成身體的羸弱。然到底服五石散是傷身或養身呢？蘇東坡曾云：

> 世有食鐘乳烏喙而縱酒色以求長年者，蓋始於何晏。晏少而富貴，故服寒食散（五石散）以濟其慾。凡服之者，疽背，嘔血相踵也。
>
> 〔註16〕

這種飲鴆止渴的行為，恐怕會讓「性」與「命」兩敗俱亡。然而，一代之文化現象往往是對前代文化之承繼與反抗，過度的壓抑也往往會有反彈之情形，故云：

> 在中國封建社會，許多過了頭的行為正是長期壓抑所致，都具有某種反叛之意味，所謂「魏晉風度」，本來就是對傳統的人倫觀念的

〔註13〕 張方：《風流人格》（北京：新華書局，1997年2月），頁168。

〔註14〕 《世說新語》中，言及養婢蓄妓置妾者，依筆者統計，將近四十條之多。可參見拙作：《世說新語》中的女性新風貌——從婦女追求情愛談起》《國立虎尾技術學院學報第二期》（雲林：虎尾技術學院學報第二期，1999年3月）。

〔註15〕 葛洪《抱朴子內篇·釋滯篇》云：「房中之法十餘家，或以補救損傷，或以攻治眾病，或以採陰補陽，或以增年延壽，其大要在於還精補腦一事耳。」該書收藏大量古代的道家著作、醫書和煉丹書，還收載了不少有關房中術的著作，如《玄女經》、《素女經》、《彭祖經》、《容成經》、《元陽子經》、《六陰玉女經》。

〔註16〕 宋·司馬光：《資治通鑑》六〈晉紀〉三十七胡三省注引蘇軾語（台南：平平出版社，1975年3月），頁3614。

挑戰和逆反。而文人士大夫對情慾的放縱也未嘗不具有反叛意味。
〔註 17〕

故魏晉士大夫的好色縱慾、違禮宣淫，或許也是對儒家「重德輕色」、「克己
復禮」之禮法觀念，而產生的反抗行徑吧？！劉大杰先生亦云：

> 儒家的人生觀，是尊奉聖賢的禮法和倫理的觀念，容易流於虛偽與
> 拘謹。魏晉人的人生觀，恰好是這種思想的另一面，他們反對儒家
> 的傳統道德和禮教，而要求那種反制度反束縛的自由曠達生活。他
> 們都在追求各種理想，有的講清淨無爲，有的講逍遙自適，有的講
> 養生長壽，有的講縱慾賞樂，有的講田園隱逸，有的講樂天安命，
> 他們的行爲理論雖有不同，根本卻一致，都有求逸樂、反傳統、排
> 聖哲、非禮法的思想基礎。〔註 18〕

由上述諸例得知魏晉人以白爲美的審美風潮。而以往這種審美觀是用於女性
身上的〔註 19〕，然魏晉人卻突破這這種框框與限制，無論是審美者、被審美
者，均顚覆了傳統美男子之形象。

二、以「弱」為美

緣於審美眼光的敏銳與擴大，魏晉士人亦能欣賞外形羸弱的男子之美：

> 驃騎王武子，是衛玠之舅，儁爽有風姿，見玠輒嘆曰：「珠玉在側，
> 覺我形穢！」（《世說新語・容止篇》第十四條）
> 王丞相見衛洗馬（衛玠），曰：「居然有羸形；雖復終日調暢，若不
> 堪羅綺。」（同前篇第十六條）
> 衛玠從豫章至下都，人久聞其名，觀者如堵牆。玠先有羸形，體不
> 堪勞，遂成病而死；時人謂：「看殺衛玠。」（同前篇第十九條）

衛玠之美，使舅舅王濟自慚形穢；王導的話中，充滿著對衛玠的憐惜之情；
衛玠才高姿秀，人人爲一睹風采，於是所到之處，均被重重人牆所包圍，他

〔註 17〕 張方：《風流人格・藥的魔力》（北京：新華書局，1997 年 2 月），頁 178。
〔註 18〕 劉大杰：《中國文學發展史》（臺北：華正書局，1983 年 5 月），頁 231。
〔註 19〕 如《詩經・魏風・碩人》：「手如柔荑，膚如凝脂，領如蝤蠐，齒如瓠犀，螓
首蛾眉，巧笑倩兮，美目盼兮。」又如宋玉〈神女賦〉：「貌豐盈以莊姝兮，
苞溫潤之玉顏。」〈好色賦〉：「眉如翠羽，肌如白雪；腰如束素，齒如含貝。」
可見「白」一直是用來審視美女之依據。

素來體弱多病，沒想到，因受不了這種勞苦而病逝。可見衛玠的羸弱之美，不管是識與不識、熟與不熟，均心嚮往之。而劉義慶又將此種羸形之人編入「容止篇」，更顯現其歸納之旨趣，即魏晉人審美的深度與廣度是前所未有的。而衛玠過世之後，時人方才有「我不殺伯仁，伯仁卻爲我而死」的省思覺悟，並深自譴責，這種勇於反省並坦承犯錯的作爲，頗令人動容。

而陸雲的「文弱」亦爲時人所欣賞，《世說新語‧賞譽篇》第三十九條記：

> 蔡司徒在洛，見陸機兄弟住參佐廨中。三間瓦屋，士龍住東頭，士衡住西頭。士龍爲人，文弱可愛；士衡長七尺餘，聲作鐘聲，言多慷慨。

劉孝標注引《文士傳》云：「雲性弘靜，怡怡然爲士友所宗。機清屬有風格，爲鄉黨所憚。」兄弟兩人雖同住一個屋簷下，但個性、體格、聲音、爲人等樣樣不同，看在蔡謨眼裡，兩兩相映成趣，各有千秋。時人非但能欣賞慷慨激昂的陸機，亦能品味文弱可愛的陸雲。此亦是反映了魏晉人的審美心胸是遼闊而多元的。故南轅北轍的兩個人，也能同時被人們所接受。老莊提倡的「自然」、「齊物」思想，魏晉人似乎在這裡做了最好的吸納與詮釋。另外，亦有人因太過廋弱，而爲時人特別包容者：

> 杜弘治墓崩，哀容不稱。庾公顧謂諸客曰：「弘治至羸，不可以致哀。」
> 又曰：「弘治哭，不可哀。」（同前篇第六十八條）

庾亮憐惜弘治「至羸」的身體，故當他「哀容不稱」而紛紛受議論指責時，挺身爲之辯解。這也微微透露著「美」可以與「禮」分庭抗禮的時風。由上述可見，這種男人的羸弱之美，是爲魏晉士人所接納，並進而欣賞、追慕。

三、以「服飾美」為美

孔子曾云：「士志於道，而恥惡衣惡食者，未足與議也。」（《論語‧里仁篇》）孔子之意乃是認爲知識份子是國家的中堅，足以領袖群倫，若他的心志還被外物所驅使，還留戀物質享受，那麼我不便與他討論眞理了。然魏晉人卻顚覆了這種傳統儒家之看法，從頭飾到佩飾，魏晉人均相當考究，爲了展現美，他們可以說是費盡思量、絞盡腦汁的。魏晉人的服飾之美，茲就從「頭」說起：魏晉人士不喜戴冠，而喜戴「頭巾」，在東漢以前，頭巾曾是「卑賤者」的代稱，用來區別戴冠之士人。降至東漢，頭巾之地位發生了顯著的變化，

連身居要職的官吏也用頭巾束髮，引起這種變化之原因有三：其一爲統治者之帶頭：《晉書》卷二十五〈輿服志〉稱：「漢末，王公名士，多委王服，以幅巾爲雅。是以袁紹、崔豹之徒，雖爲將帥，皆著縑巾。」又東晉裴啓《語林》稱諸葛亮「羽扇綸巾」，經由王公貴族之提倡，風行草偃，流風相扇，浸成風格。其二爲經濟之匱乏：魏晉以來，戰亂頻仍，且天災不斷，建安七子之作品如實的反映了這種民不聊生的社會現象。王粲〈七哀詩〉云：「出門無所見，白骨蔽平原。」陳琳〈飲馬長城窟行〉云：「君獨不見長城下，死人骸骨相撐拄。」而建安二十二年，魏國大疫，造成徐幹、陳琳、劉楨、應瑒一時俱逝。在天災人禍下，經濟的長期匱乏，人們對衣著之處理，也就因陋就簡了。其三爲禮制之解體：當時士人不遵循禮法，視戴冠爲累贅，以爲紮巾才可以顯現超邁世俗之風姿神韻。

從南京西善橋出土的磚刻畫（該磚畫共畫有八人：竹林七賢和榮啓期）顯示，八人之中，三人梳髮、一人散髮、四人均著頭巾且紮巾之形製均不同。可見不論是文臣武將、名人高士、達官庶民，均以戴頭巾爲時髦之裝束，而巾子之折法也相當考究，有「林宗巾」：《後漢書·郭符許列傳》云：「郭有道身長八尺，容貌魁偉，褒衣博帶，周遊群國。嘗於陳梁間行遇雨，巾一角墊，時人乃故折巾一角，以爲「林宗巾」。」亦有「菱角巾」：《豫章記》：「王鄰隱西山，頂菱角巾。」另有「幘」：《世說新語·雅量篇》第十篇曰：「庾（敱）時頹然已醉，幘墜几上，以頭就穿取。」幘乃包頭巾，是平居在家之頭飾。由此可見，頭巾與魏晉士人之生活密不可分。而東晉陶潛曾以葛巾漉酒，令人想見其不滯於物之曠達，將巾子發揮其「大用」。而或因統治者之帶動、或因經濟之匱乏、或因禮制之解體使然而戴巾，均是「有疾而爲矉」，後來轉變爲「無德而折巾」，[註20]這亦是玄風下之末流行徑吧？

接下來談談他們的服飾，《晉書》卷二十七〈五行志〉稱：「晉末皆冠小而衣裳博大，風流相放，輿台成俗。」《宋書》卷八十二〈周朗傳〉亦云：「凡一袖之大，足斷爲兩，一裾之長，可分爲二。」可見當時之人以穿寬大的衣服爲主。而爲何要穿寬大的衣服呢？魯迅先生云：

〔註20〕《晉書·隱逸·戴逵傳》記載戴逵曰：「若元康之人，可謂好遁跡而不求其本，故有捐本徇末之弊，舍實逐聲之行，是猶美西施而學其矉眉，慕有道而折其巾角，所以爲慕者，非其所以爲美，徒貴貌似而已矣。夫紫之亂朱，以其似朱也。故鄉愿似中和，所以亂德；放著似達，所以亂道。然竹林爲放，有疾而爲矉者也，元康之爲放，無德而折巾者也，可無察乎？」

吃了藥（五石散）之後，因爲皮肉發燒之故，不能穿窄衣，爲預防皮膚被衣服擦傷，就非穿寬大的衣服不可。現在許多人以爲晉人輕裘緩帶、寬衣，在當時是人們高逸的表現，其實不知他們是吃藥的緣故，一班名人都吃藥，穿的衣服都寬大，于是不吃藥的也跟著名人把衣服寬大起來了。〔註21〕

表面看來，這些穿著寬大衣服之士人，瀟灑脫俗，飄逸似神仙，令人稱羨，然詳細的了解之後，才知道這些士人之心底，是極爲痛苦、矛盾的。

魏晉士人穿鞋亦是求新求變的，他們穿的是高齒屐，沈從文先生以爲「高齒指的是履前上聳齒狀物，從漢代雙歧履發展而出，不是高底下加齒。在大量南北朝畫刻上，還未見有高底加齒的木屐出現。」〔註22〕《世說新語・雅量篇》第十五條云「……阮遙集好屐，……。或有詣阮，見自吹火蠟屐，因嘆曰：『未知一生當箸幾量屐！』」他的憂生傷時之嗟與近人余光中所云：「一輩子，能穿幾次鞋……。」有著同工之妙，異代同調，令人不勝唏噓。《晉書》卷七十九〈謝安傳〉說謝安得知姪兒謝玄在淝水戰勝，當時謝安正在下棋，收到捷報後竟仍下棋如故，但下完棋回到房間時，「過戶限，心喜甚，不覺屐齒之折。」〔註23〕這麼看來，這種齒狀之屐，恐怕走起路來，得謹愼小心。《世說新語・簡傲篇》第十五條記載著王獻之、王徽之兄弟見舅舅郗愔一向都穿戴整齊，躡「履」問好，善盡外甥的禮節，等到郗愔的兒子郗嘉賓死後，王家兄弟造訪郗府時，竟然是「皆箸高屐，儀容輕慢」，高齒屐相當於今日休閒鞋，它並不是很正式的服裝，見長輩是不宜穿它的（應穿皮履）。

另外，清談名士手中喜持「麈尾」，它是一種兼具拂塵和涼扇之器具，長尺餘，形狀與撣子相近，把柄一般爲木質，也可選用玉石、象牙、犀角。談家清談時常用來指劃，以增加氣勢。前言王夷甫「妙於談玄，恆捉白玉柄麈尾」，《世說新語・文學篇》第二十二條亦云：「丞相（王導）自起解帳，帶麈尾，語殷（殷浩）曰：『身今日當與君共談析理。』」另外，〈文學篇〉第十六條亦曰：

客問樂令「旨不至」者，樂亦不復剖析文句，直以麈尾柄确几曰：「至不？」客曰：「至！」樂因又舉麈尾曰：「若至者，那得去？」於是

〔註21〕魯迅：〈魏晉風度及文章與藥及酒的關係〉，收於《魯迅全集》第三卷（北京：人民文學出版社，1982 年 2 刷），頁 507～508。
〔註22〕沈從文：《中國古代服飾研究》（上海：上海書店出版社，2003 年 3 月），頁 177。
〔註23〕同事例亦見《世說新語・雅量篇》第二十五條，可相互參考。

客乃悟服。樂辭約而旨達，皆類此。

公孫龍有《指物論》，以為「物莫非指，而指非指」。《莊子·天下篇》載惠施之說曰「指不至，至不絕。」惠施認為指事不能達到物的實際，即使達到也不能絕對的窮盡。在這則事例中，樂廣用反證的技巧，藉麈尾柄敲（至）几而離（去）几為例，說明「旨不至」。也就是抽象概念不能與具體事物等同之道理，使客人得以了悟。劉孝標注云：「飛鳥之影，莫見其移；馳車之輪，曾不掩地。是以去不去矣，庸有至乎？至不至矣，庸有去乎？然則前至不異後至，至名所以生；前去不異後去，去名所以立。今天下無去矣，而去者非假哉？既為假矣，而至者豈實哉？」劉氏所言，有助於了解樂廣論證之奧妙。〔註24〕樂廣不落言筌之妙喻，與客人聰慧敏捷的妙悟，主客兩人均令人拍案叫絕。由上述幾則事例，可知麈尾與清談關係至密，而這種手持麈尾，搖曳生姿的談家，乃是魏晉人士所崇尚仰慕之對象，王能憲先生即云：

> 翻開《世說》，迎面走來的是一群率真曠達、恣情任性的風流名士，諸如玉柄麈尾的清談家，辨名析理的玄學家，月旦人物的鑒賞家，傳神寫照的書畫家，服藥求仙的道士，論道講佛的高僧，清才博學的文士，芝蘭玉樹的俊秀，……真可謂一部風流名士的人物畫卷。
>
> 〔註25〕

然至後來，人們為附庸風流，不清談之人，亦拿起了麈尾。清趙翼《二十二史箚記》卷八云：「六朝人清談，必用麈尾。……亦有不必談而亦用之者……蓋初以談玄用之，相習成俗，遂為名流雅器，雖不談亦常執持耳。」〔註26〕

施朱傅粉、戴頭巾、穿寬服、箸高屐、執麈尾等，均為士人為視覺美而做的行為。為嗅覺美而做的努力則是佩戴香囊，香囊即盛香料的小佩袋，多以絲棉織成，上繡花紋圖案。《世說新語·假譎篇》第十四條曰：「謝遏少時，好箸紫羅香囊」〔註27〕，同書《侈汰篇》第二條注引裴啟《語林》：「劉寔詣石崇，如廁，見有緯紗帳大床，茵蓐甚麗，兩婢持錦香囊。……」另外，魏

〔註24〕劉正浩等注譯：《新譯世說新語》（臺北：三民書局，1996年8月），頁162。
〔註25〕王能憲：《世說新語研究》（南京：江蘇古籍出版社，1992年6月），頁116。
〔註26〕趙翼：《二十二史箚記》（臺北：鼎文書局，1975年10月），頁167。
〔註27〕《世說新語·假譎篇》第十四條曰：「謝遏少時，好箸紫羅香囊，垂覆手。太傅患之，而不欲傷其意，乃譎與賭，得即燒之。」

晉人亦有使用「香料」之習，同書〈惑溺篇〉第五條云：「聞壽（韓壽）有奇香之氣。」〔註28〕魏晉人亦有熏衣之風，這是傅粉之外，效仿女性之美的又一舉措。「熏衣」是以香熏衣。這在魏晉時也相當流行。曹操曾下令禁止熏香：「昔天下初定，吾便禁家內不得熏香，后安息國為其香，因此得香燒，吾不好燒香，恨不遂所禁；今復禁不得燒香，其以香藏衣著身亦不可。」〔註29〕此說明了當時熏衣到了要禁止的地步，可見其風之熾盛。原本白弱的書生，敷粉就已夠媚態了，這會兒還熏衣，真叫人莫辨雄雌了。遲至南北朝，此風仍不墜，《顏氏家訓‧勉學篇》云：「貴游子弟無不燻衣剃面」，更見其源遠流長一斑。

四、以「神仙美」為美

像神仙之美男子，在《世說新語》中常見，如：

> 王右軍見杜弘治，歎曰：「面如凝脂，眼如點漆，此神仙中人。」（〈容止篇〉第二十六條）
>
> 王長史為中書郎，往敬和許。爾時積雪，長史從門外下車，步入尚書，著公服。敬和遙望，歎曰：「此不復似世中人！」（同前篇第三十三條）
>
> 孟昶未達時，家在京口，嘗見王恭乘高輿，被鶴氅裘。于時微雪，昶於籬間窺之，歎曰：「此真神仙中人！」（〈企羨篇〉第六條）

魏晉人心目中神仙的形象，就是「面如凝脂」白面書生樣，而且「被鶴氅裘」，鶴為白色，且「神仙」出現時，背景常是皚皚的積雪一片；如此麗容，如此華服，如此雪景，任誰看了，都會做天際真人想。對於「白色」，魏晉人恐怕情有獨鍾吧？杜弘治、王濛、王恭三人明淨照人，這種芝蘭玉樹般的「神仙中人」，其實質乃老莊虛靜自然的人生觀的反映。《莊子‧逍遙遊》云：

> 藐姑射之山，有神人居焉，肌膚若冰雪，綽約若處子，不食五穀，吸風飲露，乘雲氣，御飛龍，而游乎四海之外，其神凝，使物不疵癘而年穀熟。

而這種「神人」，就是後代游仙詩中創造仙境神人之原始。阮籍、嵇康的神人形象，是翱翔在莊子自然無為、齊物養生、與物冥合的天空中。而魏晉人以

〔註28〕參見註11。
〔註29〕《太平御覽》卷九百八十一引〈魏武令〉。

爲神仙的形象，就該像莊子所云的肌膚「若冰雪」般的潔白，容態如處女般之柔美，這樣的藐姑射山之神人，若出現在今日，恐怕眾人會斥之爲「娘娘腔」、「變態」吧？而此種女性化的容顏舉止，竟是魏晉人所風靡愛殺的偶像。而老子的人生態度，主張「守柔不爭」、「以柔克剛」：

> 守柔日強。（《老子·五十二章》）
>
> 天下之至柔，馳騁天下之至堅。（《老子·四十三章》）
>
> 故堅強者死之徒，柔弱者生之徒，是以兵強則滅，木強則折。（《老子·七十六章》）
>
> 上善若水，水善利萬物而不爭。（《老子·八章》）
>
> 天之道利而不害，聖人之道爲而不爭。（《老子·八十一章》）

老子主柔、主弱的人生哲學，也左右了魏晉人的審美觀。「老子哲學著重提煉和發揮女性智慧、經驗和美德，將女性溫順柔和、嫻淑文靜、慈愛多情、勤勞儉樸、謙讓不爭而堅韌耐勞、生命力頑強等諸多品德哲理化……創立了貴柔的道家辨證體系。」〔註30〕雖然「柔」並非是女人的專利，然經由後天人們、社會之建構後，對兩性之看法就有預設之期待，如體質上以爲雄強雌弱，性格上應爲陽剛陰柔，職務上該男主外女主內，道德上對男人寬鬆，對女人嚴苛。這種雙重的標準，多是經由社會化的歷程所造成的。〔註31〕這種意識形態形成之後，對男人、女人之看法便有先入爲主、預設立場的情形發生，如前面所云謝玄（即謝遏）年少時，喜歡佩帶紫羅香囊，做伯父的謝安看了很厭煩，卻又不想傷他的心，就假裝和他打賭，贏到手就把它燒掉。謝安期望把謝玄培育爲國家之棟樑，所以對玄喜佩香囊之物，很不滿意。雖然這些習慣在當時的貴族青年甚爲流行，但謝安認爲男人女性化，缺乏丈夫的陽剛之氣，一個有志氣的男子漢，脂粉氣太重會影響其上進心，怎能進一步去幹大事業？〔註32〕本來人生而平

〔註30〕 張宏：《道骨仙風》（北京：新華書店，1997 年 2 月），頁 9。

〔註31〕 Susan.A.Basow 著，劉秀娟、林明寬譯：《兩性關係》（臺北：揚智出版社，1998年）云：「性與性別之間有什麼差異呢？……性是生物學上之語彙，一個人是男性或是女性，是因他的性器官與基因而定。從另一個角度來說，性別是心理學與文化上的語彙，是個人對男性化與女性化的一種主觀感受（性別認同），性別也可以說明社會對男性行爲和女性行爲的一種評價。（性別角色），個體的表現與社會上對男性化和女性化定義的相關程度，稱爲性別角色認同，或性別類型。一般來説，不論是男性或女性，都能改變他們原先所依循的性別類型特徵。」

〔註32〕 蔣凡：《世說新語研究》（上海：學林出版社，1998 年 4 月），頁 256。

等，兩性儘管生理構造不同，但其享受自由平等的權益應是相等的。然因傳統的觀念作祟，致使謝安對謝玄有如此的舉措。而男人妝扮女性化之審美風潮仍歷久不衰，北齊顏之推《顏氏家訓‧勉學篇》云：

> 貴游子弟無不燻衣剃面，傅粉施朱，駕長簷車，著高齒屐，坐棋子
> 方褥，憑斑絲隱囊，從容出入，望若神仙。

顏氏批評的是齊梁北朝的社會風氣，但這種風氣，其實在魏朝已開始，更溯本追源的說，此種氣候的形成，與魏晉玄學所看重的老莊之學，是息息相關、血脈相連的，無怪他們求「白」、重「弱」、好服「婦人之服」〔註 33〕、企望「神仙中人」，儘管這種「美」，在今日多麼令人不敢苟同，然寬恕、體諒、尊重，是我們面臨歷史時的起點，也唯有設身處地，把自己放入那樣的時空中，才能感同身受，理解包容。

　　魏晉士人的外形美，實與魏晉玄學所看重的老莊思想是密不可分的。老子主柔主弱的人生哲學，造成魏晉人亦能欣賞羸弱之形的美男子。而莊子所創造的藐姑射山神人，是士人爭相仿效與風靡愛殺之對象，無怪乎他們以面容白皙為美，以柔弱為美，以施朱敷粉、穿華服、戴香囊為美，這種女性化的男人，無疑是《莊子‧逍遙遊》一文中「肌膚若冰雪，綽約若處子」的現實化身。而此種男人女人化的美，卻能贏得當時兩性的青睞，及社會大眾的認同、愛賞、追慕。

　　由上述可知，「美男子」並非在魏晉才有，只是魏晉特多，其原因實乃因美的自覺風潮、人物品鑒活動興起，因而使得「愛美」，不管是緇衣羽客、方內方外、貴族平民、男女老少，變成是一項「全民運動」。其二為受老莊思想之影響，魏晉人不用成心定見、也不預設立場去判斷對錯、美醜，他們用澄靜之心朗照萬物，拋開利害是非，直觀事物本身的美，魏晉人對美的品味是最自由的，他們的審美胸襟是最遼闊恢宏的。

　　在愛美的行為探討上，亦有兩點須留意：其一為由於極度的愛美，魏晉士人有飲鴆止渴的極端行為發生（如何晏等人吃五石散）。這些人大概是愛美的潮風下的犧牲者吧？！而此點亦觀照了士人之愛美已到了如醉如痴的瘋狂地步。其二為魏晉人的愛美好色，或許是對儒家「重德輕色」之疲弊現象而產生的反動行為。而整個的魏晉風度可以說是在顛覆傳統觀念下，而重新建構的一種新的生命風貌、新的道德標準。是精華、或者糟粕，就端看後人如何「解讀」了。

〔註33〕《晉書》卷二十七〈五行志〉上曰：「尚書何晏，好服婦人之服。」

第二節　以神爲美

「形與神」的問題在魏晉時代，一向與「言與意」、「本與末」、「體與用」對舉，而被時人熱烈討論。前賢對此問題之哲學探討亦頗有建樹，爲免脫離主題，本節不談哲學之思辨問題，而純粹就人物美學中的「神美」言之。

雖說從東漢至東晉的人物品鑑極爲重視「形美」，但「形美」與「神美」兩者，他們仍究以「神美」爲上乘：

> 魏武將見匈奴使，自以形陋，不足雄遠國，使崔季珪代，帝自捉刀立床頭。既畢，令間諜問曰：「魏王何如？」匈奴使答曰：「魏王雅望非常，然牀頭捉刀人，此乃英雄也。」魏武聞之，追殺此使。（《世說新語・容止篇》第一條）

本條劉孝標注引《魏氏春秋》說：「武王姿貌短小，而神明英發。」而崔琰亦是甚有威望、朝廷瞻仰且是曹操敬憚之人。〔註 34〕想必曹操找他，定覺此人相當稱頭而不會穿幫。怎奈這位匈奴使，是人物品鑑的專家，他一見就知崔琰是假魏王，曹操才是眞魏王。大概是崔琰的英雄之氣終究不如曹操；且神明未若曹操英發之故。劉孝標將此種「形陋」之人收入「容止篇」，且放置在第一條，這似乎也在揭示魏晉時代以「神」取勝的人物美學觀。此正如湯用彤所言：「漢代相人以筋骨，魏晉識鑒在神明。」〔註 35〕

「神美」可以說是當時人物品藻的最高指導原則，當被品評的兩個人正不分上下時，評者最後裁決勝負的關鍵，就在「神美」：

> 冀州刺史楊淮〔註36〕二子喬與髦，俱總角爲成器。淮與裴頠、樂廣友善，遣見之。頠性弘方，愛喬之有高韻，謂淮曰：「喬當及卿，髦小減也。」廣性清淳，愛髦之有神檢，謂淮曰：「喬自及卿，然髦尤精出。」淮笑曰：「我二兒之優劣，乃裴、樂之優劣。」論者評之：以爲喬雖高韻，而檢不匝；樂言爲得。然並爲後出之儁。（《世說・品藻篇》第七條）

〔註34〕據《三國志・崔琰傳》云：「琰聲姿高暢，眉目疏朗，須長四尺，甚有威重，朝士瞻望，而太祖亦敬憚焉。」

〔註35〕湯用彤：《魏晉玄學論稿》〈言意之辨〉，現收於賀昌群等著：《魏晉思想》（臺北：里仁書局，1984 年 1 月），頁 38。

〔註36〕引文依宋本作「淮」，校本作「準」。

所謂「方以類聚，物以群分。」（《易經·繫辭》）人會喜歡怎樣的人，往往是自身的映照與反射。因此裴頠弘方，愛楊喬之高韻；樂廣清淳，愛楊髦之神檢。而楊準所云「我二兒之優劣，乃裴、樂之優劣。」此亦是知人知言之論，並寓有為二兒遜謝過獎之意。為父的楊準如此說，自然十分得體；然論者終以樂廣之言得宜。〔註37〕可見時人以為「神檢」尚在「高韻」之上。《世說新語》又載：

> 劉丹陽、王長史在瓦官寺集，桓護軍亦在坐，共商略西朝及江左人物。或問：「杜弘治何如衛虎？」桓答曰：「弘治膚清，衛虎奕奕神令。」王、劉善其言。（〈品藻篇〉第四十二條）

本條劉孝標注引《江左名士傳》曰：「劉真長曰：『吾請評之。弘治膚清，叔寶神清。』論者以為知言。」在劉惔看來，「膚清」是屬於形的範疇；故衛玠（叔寶）的「神清」自是勝過杜乂（弘治）一籌。顯然地，晉人在品評人物時，是以神之高卜為主要依據的。相反的，若是形好而神不好，在當時恐不太吃香：

> 王敬豫有美形，問訊王公。王公撫其肩曰：「阿奴恨才不稱！」又云：「敬豫事事似王公。」（《世說新語·容止篇》第二十五條）
>
> 初為州主簿，嘗見桓玄。既出，玄鄙其精神不雋，謂坐客曰：「庸神而宅偉幹，不成令器。」竟不調而遣之。（《晉書》卷八十五〈魏詠之傳〉）

王恬雖有美形，但才、貌不相稱，以致為父的王導深深嘆息。魏詠之軀幹雄偉，但因神姿平庸，竟遭鄙棄之命運，可見當時用人觀神而知人。以人體而言，魏晉人以為最足以顯示神的部位即是眼睛，而其它均屬形的範疇：

> 王子猷詣謝萬，林公先在坐，瞻矚甚高。王曰：「若林公鬚髮並全，神情當復勝此不？」謝曰：「脣齒相須，不可以偏亡。鬚髮何關於神明？」林公意甚惡。曰：「七尺之軀，今日委君二賢。」（《世說新語·排調篇》第四十三條）
>
> 王尚書惠嘗看王右軍夫人，問：「眼耳未覺惡不？」答曰：「髮白齒落，屬乎形骸；至於眼耳，關於神明，那可便與人隔？」（同前書〈賢媛篇〉第三十一條）

〔註37〕劉正浩：《新譯世說新語》（臺北：三民書局，1996年8月），頁449。

> 顧長康畫人，或數年不點目精。人問其故？顧曰：「四體妍蚩，本無
> 關於妙處；傳神寫照，正在阿堵中。」（同前書〈巧藝篇〉第十三條）

謝萬惡支遁神情高傲，故言「鬚髮」無關神明。〔註 38〕王羲之夫人（郗璿）
以爲眼耳關乎神明，可以獨立自主，超然物外。不像頭髮、牙齒、軀體等會
隨時空改變。顧愷之「數年不點睛」，乃是出於慎重，其所以慎重是由于畫人
重在瞳子，他的結論是：四肢的「妍蚩」或美醜無關妙處，「傳神寫照」只能
通過點睛來實現。〔註 39〕可見，眼睛乃是傳達神的部位，而其他的頭髮、四
肢等均屬形的範疇而無關緊要。以上三則，反映出魏晉人把形軀看成無足輕
重甚至是累贅之物，而將凸顯「神」的眼睛，提到了無以復加的崇高地位。
魏晉人希望透過有限之「形」，而窺知那無限之「神」，而「靈魂之窗」正是
窺探一個人性情、氣質、才具最好的入手處：

> 嵇中散語趙景眞：「卿瞳子白黑分明，有白起之風，恨量小狹。」趙
> 云：「尺表能審璣衡之度，寸管能測往復之氣；何必在大，但問識如
> 何耳！」（《世說新語‧言語篇》第十五條）

白起乃戰國秦將。事奉昭王，戰勝攻取凡七十餘城，封武安君（見《史記‧
白起王翦列傳》）。本條劉孝標注引嚴尤《三將敘》曰：「武安君小頭而面銳，
瞳子白黑分明，視瞻不轉。小頭而面銳者，敢斷決也；瞳子白黑分明者，見
事明也；視瞻不轉者，執志強也。」由此故知趙至眸子與白起極是類似。趙
至重學識而輕氣量。嵇紹云趙至「論議清辯，有縱橫才，然亦不以自長也。
孟元基辟爲遼東從事，在郡斷九獄，見稱清當。」（本條劉注引嵇紹《趙至敘》）
可見其學識之佳及其治事之幹才。嵇康由瞳子而得知其器量狹小，不可不謂
神奇。趙至最後因「自痛棄親遠游，母亡不見，吐血發病，服未竟而亡。」（本
條劉注引嵇紹《趙至敘》）卒時年僅三十七，這 或許與他氣量狹小不無關係。
而用眸子觀人之術並非嵇康首創，《孟子‧離婁上》即說：「孟子曰：『存乎人
者，莫良于眸子。眸子不能掩其惡。胸中正，則眸子瞭焉；胸中不正，則眸
子眊焉。聽其言也，觀其眸子，人焉廋哉？』」孟子倡言以眸子觀人，到了魏
朝，才再由蔣濟得以發揚：

〔註 38〕 余嘉錫箋疏云：「謝萬惡其（支遁）神情高傲，故言正復有髮無關神明；但唇
　　　　 亡齒寒，爲不可缺耳。其言謔而近虐，宜林之怫然不悅也。」
〔註 39〕 王葆玹：《正始玄學》（濟南：齊魯書社，1987 年 9 月），頁 344。

> 鍾會……少敏惠夙成。中護軍蔣濟著論，謂「觀其眸子，足以知人。」
> 會年五歲，繇遣見濟，濟甚異之，曰：「非常人也。」及壯，有才數
> 技藝，而博學精練名理，以夜繼晝，由是獲聲譽。（《三國志》卷二
> 十八〈鍾會傳〉）

蔣濟在曹魏時代重申孟子的這一觀點，具有重要的現實意義。具體說來，那
就是爲觀察人物提供了一個新角度，並使人們重新反思孟子的觀點。蔣濟強
調觀目知人之說，是因爲「目」屬于傳神之形，由「目」可以窺察人的精神
世界。〔註40〕

另外，時人以爲形損而神不損，神是具有穩定性與持久性的：

> 裴令公有儁容姿，一旦有疾至困，惠帝使王夷甫往看，裴方向壁臥，
> 聞王使至，強回視之。王出語人曰：「雙目閃閃，若巖下電，精神挺
> 動，體中故小惡。」（《世說新語・容止篇》第十條）
> 素有風眩疾，髮動甚數，而神明不損。（《晉書》卷七十六〈王廙傳〉
> 稱王胡之）

裴楷病重，但兩眼依舊炯炯有神；王胡之生病，仍不損精神；以上兩則事例
說明了「神」一旦形成，便永不喪失。即使是疾病纏身，也不會有絲毫改變；
〔註41〕此亦即形損而神不損。

魏晉人物之品鑑，好用「神」來稱譽讚賞他人，而「神」代表著精神、神
明、神情、風神等意涵。謝尚「神懷挺率」（《世說新語・賞譽篇》第一百零三
條）、庾亮「風姿神貌」（同前書〈容止篇〉第二十三條）、簡文「湛若神君」
（同前篇第三十四條）、周顗「精神足以蔭映數人」（〈言語篇〉第四十條劉注
引鄧粲《晉記》）、高坐道人「精神淵箸」（〈賞譽篇〉第四十八條）、何晏「神
明清徹」（〈規箴篇〉第六條劉注引《管輅別傳》）、謝安「風神秀徹」（〈德行
篇〉第三十四條劉注引《文字志》）「神情秀悟」（〈文學篇〉第五十五條劉注
引《文字志》）、王衍「風神英俊」（〈雅量篇〉劉注云）「神姿高徹，如瑤林瓊
樹。」（〈賞譽篇〉第十六條）……等等，都是漢魏人物品鑑對「神」範疇內
容的具體化和精緻化。〔註42〕漢魏晉人對「神」字恐怕是情有獨鍾吧！而魏

〔註40〕范子燁：《中古文人生活研究》（濟南：山東教育出版社，2001年7月），頁87。
〔註41〕同前註，頁89～90。
〔註42〕高華平：《魏晉玄學人格美研究》（成都：巴蜀書社，2000年8月），頁113。

晉人亦欣賞「神」童:「何晏年七歲,而明慧若神。」(《世說新語‧夙慧篇》第二條)、「(齊莊)尚幼而有神意」(同前書〈排調篇〉第三十三條)、「(任瞻)童少時神明可愛」(同前書〈紕漏篇〉第四條)。不論對象是男女老少,魏晉人都是據「神」而品評高低。葉朗先生亦指出了魏晉時代人物美學特重「神美」的傾向:

> 我們從《世說新語》中可以看到,在魏晉玄學和魏晉風度的影響下,魏晉人物品藻有一種略形而重神的傾向。像「神姿」、「神雋」、「神懷」、「神情」、「神明」、「神氣」、「神色」、「神采」、「神駿」、「神韻」、「神貌」、「風神」、「神味」等概念大量出現在人物品藻之中。這些和神有關的概念,並不是指人的道德學問,而是指人的個性和生活情調。人的形體被分兩部份,一部分關乎神明,在人物品藻中受到重視,一部分屬于形骸,在人物品藻中則被忽略。〔註43〕

而有「神人」神姿的人,是魏晉人最欣賞的理想人格典範,如杜弘治「面如凝脂,眼如點漆,此神仙中人!」的神采,時人以為更勝王濛(〈容止篇〉第二十六條)、桓溫見謝尚北窗下彈琵琶,神態高舉,覺此君令人興「天際真人意!」(同前篇第三十二條)、王洽看王濛下車走入尚書省的姿態,以為天仙來了(同前篇第三十三條)、孟昶見王恭乘高輿披鶴氅裘的裝束,直嘆「真神仙中人也」(〈企羨篇〉第六條)!這種形神皆美的「神人」,可以說是魏晉人美的極則。

《世說新語‧容止篇》所列舉的男子,大部份都是美男子的典型,然亦有容貌不佳而被收入者:

> 劉伶身長六尺,貌甚醜顇,而悠悠忽忽,土木形骸。(《世說新語‧容止篇》第十三條)
> 庾子嵩長不滿七尺,腰帶十圍,頹然自放。(同前篇第十八條)
> 劉尹道桓公:鬢如反蝟皮,眉如紫石稜,自是孫仲謀、司馬宣王一流人。(同前篇第二十七條)
> 王長史嘗病,親疏不通。林公來,守門人遽啟之曰:「一異人在門,不敢不啟。」王笑曰:「此必林公。」(同前篇第三十一條)

〔註43〕葉朗:《中國美學史大綱》(上海:人民出版社,1985年11月),頁205。

劉伶忽忘其形骸，以自然為美；庾敳的便便大腹，更顯其逸態。《晉陽秋》稱
敳「恢廓有度量，自謂是老莊之徒。」(《世說新語·文學篇》第十五條劉孝
標注引) 可知庾敳意態遙接老子；桓溫的貌相，令人覺詭譎可怕，然劉惔卻
將他編派為稱霸一方的奸雄行列，大有贊賞之意！前文已提到王子猷、謝萬
曾取笑過支遁的長相 (見〈排調篇〉第四十三條)。此又言王濛知門外之「異
人」必是支遁，這恐怕是因為他所交往的人中，沒有人長的如此「醜異」。而
從守門人的「遽啓之」、「不敢不啓」的動作上，更是側面傳達了他的長相之
醜惡異常，已到了令人望而生畏的地步。劉孝標注引《語林》曰：「諸人嘗要
阮光祿 (阮裕) 共詣林公，阮曰：『欲聞其言，惡見其面。』」則可知支遁之
形，必是醜陋無比。以上四人，可以說是「醜」的極則，而劉義慶仍將之視
為「美男子」，收入〈容止篇〉，這顯示了只要有「神姿」之「止」(舉止)，
即便無「美貌」之「容」(容貌)，亦可被時人所欣賞；被編者所垂青。而這
種以「形醜」然不妨害「神美」的特殊審美傾向，令我們不禁想到了《莊子》
書中「頤隱於臍、肩高於頂」的支離疏 (〈人間世〉)；「惡駭天下」、「才全而
德不形」的哀駘它 (〈德充符〉)；「曲僂發背」、「安時處順」的子輿 (〈大宗師〉)；
以及善承蜩的痀僂丈人 (〈達生〉) 〔註44〕……，這些人，身有殘疾，而卻能
德充於內，與道同體，形殘而神全。而劉伶、庾敳等人，深得莊子「無用之
用」之大旨，於是能放浪形骸，頹然自放。這種形醜而神美的人，仍是魏晉
人所看重的。《世說新語》中，記載了一位女子，「形醜」至極，然卻以「神
美」而贏得夫婿之愛情：

> 許允婦是阮衛尉女，德如妹，奇醜。交禮竟，允無復入理，家人深
> 以為憂。會允有客至，婦令婢視之，還答曰：「是桓郎。」桓郎者，
> 桓範也。婦云：「無憂，桓必勸入。」桓果語許云：「阮家既嫁醜女
> 與卿，故當有意，卿宜察之。」許便回入內。既見婦，即欲出。婦
> 料其此出，無復入理，便捉裾停之。」許因謂曰：「婦有四德，卿有
> 其幾？」婦曰：「新婦所乏唯容爾。然士有百行，君有幾？」許云：

〔註44〕《校正莊子集釋》(臺北：世界書局，1981年11月5版)，「頤隱於臍、肩高
於頂」的支離疏 (〈人間世〉)，見卷二中，頁180。「惡駭天下」、「才全而德不
形」的哀駘它 (〈德充符〉)，見卷二下，頁206〜215。「曲僂發背」、「安時處
順」的子輿 (〈大宗師〉) 見卷三上，頁258〜260。善承蜩的痀僂丈人 (〈達生〉)
見卷七上，頁639〜641。

「皆備。」婦曰:「夫百行以德爲首,君好色不好德,何謂皆備?」允有慚色,遂相敬重。(《世說新語‧賢媛篇》第六條)

許允妻阮氏以其學養深厚、才思敏捷贏得夫婿的垂青、接納。這故事充份地顯示了,魏晉男人亦有人因臣服於妻子之才情,而不嫌其妻缺少「婦容」之美。「婦容」是屬於「形」的範疇,而才情、涵養、氣質,則是屬於「神」的範疇。而阮氏在婚後,亦表現了不凡的「識見」,她教夫免罪、又教子免禍。〔註45〕在亂世中能以識見護夫全子,其智慧、膽識、氣魄何曾遜於鬚眉呢?許允果然是慧眼識「英雄」。而「識見」亦屬神美的內涵。宗白華先生說,《世說》中的女子多能矯矯脫俗而無脂粉氣。〔註46〕許允妻所呈現的人格精神美,無疑地是婦女中的典範。

而魏晉人說話狀物時,往往以「神似」爲優,「形似」爲劣:

謝太傅寒雪日內集,與兒女講論文義。俄而雪驟,公欣然曰:「白雪紛紛何所似?」兄子胡兒曰:「撒鹽空中差可擬。」兄女曰:「未若柳絮因風起。」公大笑樂。(《世說新語‧言語篇》第七十一條)

謝朗從雪的白色、細碎,聯想到鹽的白色、細碎;而謝道蘊除了領悟到雪的白色、細碎外,更體會到下雪時的另一個特色──輕飄,能隨風起舞。兩相比較之下,前一個譬喻不免落入呆象;而後一個譬喻,則顯然比較逼真活潑、具體可感;謝朗的譬喻只注意到靜態的「形似」,而謝道蘊則以動態的「神似」而取勝。而從謝安的「大笑樂」的表情,讀者不難想見箇中之高下。

而人與人的交往酬答,亦講求「神領」、「神解」:

和尚胡名尸黎密,西域人。……性高簡,不學晉語。諸公與之言,皆因傳譯,然神領意得,頓在言前。(《世說新語‧言語篇》第三十九條注引《高坐別傳》)

王公曾詣和上,和上解帶偃伏,悟言神解。見尚書令卞望之,便斂衿飾容,時嘆皆得其所。(《世說新語‧簡傲篇》第七條注引《高坐傳》)

〔註45〕 「教夫免罪」一事,見《世說新語‧賢媛篇》第七條。「教子免禍」一事,見同篇第八條。

〔註46〕 宗白華:《美學的散步》(臺北:洪範書局,1984年2月3版),頁73。

魏晉人主張「得意忘言」，他們以爲語言文字往往不能盡意。若是能神妙地領略對方的意思，語言文字大可「不求甚解」。而陶淵明所云「好讀書，不求甚解；每有會意，便欣然忘食。」（〈五柳先生傳〉）亦應由此發明闡釋。魏晉人以爲此種的「神解」、「神悟」才是最透徹、最深刻的理解，同時也才是最本質的了解。

另外，《世說》中亦有因見搶匪「神美」，而予以相機點化之例：

> 戴淵少時，遊俠不治行檢，嘗在江、淮間攻掠商旅。陸機赴假還洛，輜重甚盛。淵使少年掠劫，淵在岸上，據胡床，指麾左右，皆得其宜。淵既神姿峰穎，雖處鄙事，神氣猶異。機於船屋上遙謂之曰：「卿才如此，亦復作劫邪？」淵便泣涕，投劍歸機，辭屬非常。機彌重之，定交，作筆薦焉。過江，仕至征西將軍。（《世說新語·自新篇》第二條）

戴淵處鄙事，仍「神姿峰穎」、「神氣猶異」，使得陸機暫忘被搶的驚懼，而心馳神往地欣賞這名「搶匪」（戴淵）風儀；而戴淵亦注意到這位「輜重甚盛」卻與眾不同的之船客，其輕財好義、神采絕倫之姿，所以一聽教言，便泣涕拜服，從此棄暗投明、改邪歸正。戴淵、陸機兩人互以「神美」而欣賞對方。「神美」的吸引力，使得兩個互不相識的生命個體，發生擦撞的光采，而映照千古。

《世說》除了直接以「神」字直接來讚賞人物之神美風儀之外。廣義而言，《世說》所記的人物，大部分都是以「神美」而被捕捉、欣賞的；而劉義慶在描摹這些名士時，亦是用「以形寫神」的筆法，言簡意賅而神靈活現地再現人物的神采，如：「桓宣武平蜀，集參僚置酒於李勢殿。巴蜀縉紳，莫不悉萃。桓既素有雄情爽氣，加爾日音調英發，敘古今成敗由人、存亡繫才，奇拔磊落，一座讚賞不暇。」〔註47〕桓溫笑談古今，雄姿英發的神情，彷彿就在眼前。「王戎目山巨源，如璞玉渾金，人皆欽其寶，莫知其名器。」〔註48〕山濤的天性如璞玉般的美好，令人可感可親。……等等事例，均是以最少的筆墨，刻劃最能凸顯人物的精神風貌。劉義慶「簡約玄澹」〔註49〕的「筆風」及當代人物品鑑

〔註47〕　《世說新語·豪爽篇》第八條。
〔註48〕　《世說新語·賞譽篇》第十條。
〔註49〕　《世說新語》特別講究人物語言的傳神，故明胡應麟，《少室山房筆叢》曾說：「讀其言語，皆人面目氣韻，恍然生動，而簡約玄澹，眞致不窮。」胡氏道

「品風」,不約而同地都是朝重神而輕形的美學風格前進,也唯這樣的筆風方能配合著當代重神、重抽象的品風,而將一代人物之神采逸氣狀之如在目前。而此種重視「神美」的審美傾向,與顧愷之「傳神寫照」、「以形寫神」的命題實無二致,亦與劉勰《文心雕龍》之文論一脈相承,也與王僧虔所說:「書之妙道,神采為上,形質次之。」〔註50〕息息相關;此時的人物品藻、文論、書論、畫論、樂論等,均體現了當時重神輕形的新審美風潮。

而一種新的審美方式的產生和發展,往往是和一種新的哲學方法的提出有密切關係。魏晉玄學討論「本末有無」的問題,就要有一種與之相適應的玄學方法,故玄學家提出「以無為本」的貴無思想。而為了要論證此思想,他們又提出了「得意忘言」的新的玄學方法。〔註51〕而魏晉人的審美觀,可以說是受到「得意忘言」玄學思想的滲透。不僅是美學,魏晉人的人生哲學、政治哲學、宗教哲學都是朝著「得意忘言」的方向飛躍前進。魏晉人執一御萬、以少總多、以簡馭繁、用靜制動、因形見神,均是為了實現玄學思想中所預設的「舉本統末」、「崇本息末」的總目標。〔註52〕

第三節　以才為美

曹操的「唯才是舉」,〔註53〕打破了儒家的用人重德輕才的傳統觀念。他對「才」的強調,也就是對個體或主體的強調,「因『德』是同社會的普遍的行為道德規範相聯繫的,『才』卻是同個體的個性才能的發展相聯繫的。……重才輕德的思想的提出,具有衝破儒家思想束縛的解放意義。個體的智慧、才能的種種表現得到了前所未有的肯定。」〔註54〕曹操此舉,實開魏晉思想解放之先聲。曹操的重才,雖是著眼於政治上的需要,卻是間接地對哲學、文藝、美學的發展,產生了極為深遠的影響。魏初劉邵之《人物志》其著作目的乃在「量能授官、因材施職」,故亦是以政治上之考量為主。該書以「才

　　　　出了《世說新語》語言的佳勝處。
〔註50〕《書法鈎玄》卷一引王僧虔《筆意贊》。
〔註51〕秦衛明:〈魏晉玄學對美學的影響〉《天津師大學報》2000年第5期,頁65。
〔註52〕高華平:《玄學趣味》(漢口:湖北教育出版社,1997年5月),頁224。
〔註53〕曹操於建安八年下〈庚申令〉,又於建安十五年、十九年、二十二年連頒〈求賢〉、〈舉士〉、〈求逸才〉三令。
〔註54〕李澤厚、劉綱紀主編:《中國美學史》第二卷(臺北:谷風出版社,1987年12月),頁79。

性」爲著眼點，論述人的才性或體別、性格等等。篇中「九徵」、「八觀」、「七謬」等均在闡釋觀人之法，自成一完備之體系。它強調不同秉性之人有不同的存在價值，而人乃宇宙天地間獨一無二的藝術品。此種觀人之法頗有重「才」重「殊」的傾向。由於劉邵之《人物志》既由可見之形而見其內在之才性，亦即由外在之九徵（神、精、筋、骨、氣、色、儀、容、言）而辨其才，故人之言行、儀容逐漸被重視。魏晉人往往能從人物所表現的才性、容止加以嗟嘆愛賞，故而《人物志》的影響是無庸置疑的。魏晉人極熱列的談論才性問題，以致有所謂的「四本論」：

> 四本者，言才性同，才性異，才性合，才性離也。尚書傅嘏論同，
> 中書令李豐論異，侍郎鍾會論合，屯騎校尉王廣論離。〔註55〕

而魏晉人談論才智，則更多的因素乃著眼於個體的價值和審美的感受。（此與曹操、劉邵談才性問題是著眼於政治目的，是大不相同的）這種對才性的討論，既適應廣大讀書人的審美情趣，又上升到了一定的哲學高度，〔註56〕因而影響後來王僧虔在寫戒子書時不得不強調指出：「才性四本，聲無哀樂，皆言家口實。」〔註57〕清談家重視「四本論」由此可知。而驗之《世說》，殷浩談論才性問題之佳妙，爲當時魁首：

> 殷中軍雖思慮通長，然於才性偏精。忽言及四本，便若湯池鐵城，
> 無可攻之勢。（〈文學篇〉第三十四條）
> 支道林、殷淵源俱在相王許。相王謂二人：「可試一交言。而才性殆
> 是淵源崤、函之固，君其慎焉！」支初作，改轍遠之，數四交，不
> 覺入其玄中。相王撫肩笑曰：「此自是其勝場，安可爭鋒！」（同前
> 篇第五十一條）
> 殷仲堪精覈玄論，人謂莫不研究。殷乃歎曰：「使我解四本，談不翅
> 爾。」（同前篇第六十條）

只要是談及「四本論」，支遁、殷仲堪對殷浩，都要北向稱臣。其固若崤函之論勢，誰與爭鋒？可見才性問題受時人之重視一斑。

〔註55〕《世說新語・文學篇》第五條注引《魏志》。
〔註56〕周光慶：《中國讀書人的理想人格》（漢口：湖北教育出版社，1999 年 8 月），頁 103。
〔註57〕見《南齊書・王僧虔傳》。

　　另外，劉邵《人物志》又極爲強調「智」的重要性，提出了「智者德之帥也」〔註58〕的看法。他認爲先秦儒家和漢儒都講仁、義、禮、智，但「智」一直處於次要的地位；仁義道德被前儒過度的強調，以致「智」沒有受到應有的重視。他認爲：「以明將仁則無不懷，以明將義則無不勝，以明將禮則無不通。然則苟無聰明，無以能遂。」「比力而爭，智者爲雄；等德而齊，達者稱聖。」〔註59〕仁、義、禮三德若無「智」來帶領，也就不能完美地被實踐；且「智」在辨別賢愚的問題上，起了最後的決定性作用。故云：「聖之爲稱，明智之極名也。」可見劉邵把「智」提高到了前所未有的地位。在《人物志》自序中他也指出：「夫聖賢之所美，莫美於聰明。」「智」變成了聖賢的必備的條件與最高的審美準則。劉邵強調「智」先於「德」的看法，亦對後來的人產生了無比的影響。「這種從傳統的儒家思想強調「德」爲美到強調「智」爲美的轉變，也就是從強調人的倫理道德的重要性，轉向強調個體的智慧才能的重要性。由於「德」的實現被看作是個體發揮其智慧才能的結果，智慧才能本身被認爲具有極大的的價值，成爲注意的中心，這就在中國古代思想史上打開了對人的本質的研究的一個新領域，開始集中地對個體的才能，包含對個體的氣質、心理、個性及其外在表現的種種研究。」〔註60〕而這種愛智的風尚，可以說是由劉邵揭開序幕，而大盛於魏晉時代。

　　魏晉是一個「愛智」的時代。誠如李澤厚先生所說「智慧」兼「深情」是魏晉時代之特徵。〔註61〕時人熱衷於智慧的競賽，而清談活動，〔註62〕便

〔註58〕劉邵《人物志·八觀第九》云：「夫仁者德之基也，義者德之節也，禮者德之文也，信者德之固也，智者德之帥也。夫智出於明，明之於人，猶畫之待白日，夜之待燭火。其明益盛者，所見及遠；及遠之明難，故守業勤學未必及材，材藝精巧未必及理，理義辯給未必及智，智能經事未必及道。道思玄遠，然後乃周，是謂學不及材，材不及理，理不及智，智不及道。道也者，回覆變通，是故別而論之。各自獨行則仁爲勝，合而俱用則明爲將。故以明將仁則無不懷，以明將義則無不勝，以明將禮則無不通。然則苟無聰明，無以能遂。……是以鈞材而好學，明者爲師；比力而爭，智者爲雄；等德而齊，達者稱聖。聖之爲稱，明智之極名也。是以觀其聰明而所達之材可知也。」

〔註59〕以上兩段引文，見劉邵《人物志·八觀第九》。

〔註60〕李澤厚、劉綱紀主編：《中國美學史》第二卷（臺北：谷風出版社，1987年12月），頁82。

〔註61〕李澤厚：《華夏美學》，見前揭文，頁147。

〔註62〕限於篇幅，有關清談之起源可參考湯用彤：《湯用彤學術論文集·讀人物志》（北京：中華書局，1983年）、唐長孺《魏晉南北朝史論叢·清議與清談》（香港：生活讀書新知三聯書店，1955年）、唐翼明《魏晉清談》（臺北：東大圖

是最能直接展現智慧的一種方式，於是時人莫不熱烈參與。《世說新語・文學篇》記載了昔日清談的盛況：

> 裴散騎娶王太尉女。婚後三日，諸婿大會，當時名士，王、裴子弟悉集。郭子玄在坐，挑與裴談。子玄才甚豐贍，始數交未快。郭陳張甚盛，裴徐理前語，理致甚微，四坐咨嗟稱快。王亦以爲奇，謂諸人曰：「君輩勿爲爾，將受困寡人女婿！」（第十九條）
> 支道林、許掾諸人共在會稽王齋頭。支爲法師，許爲都講。支通一義，四坐莫不厭心。許送一難，眾人莫不抃舞。但共嗟詠二家之美，不辯其理之所在。（第四十條）
> 殷中軍、孫安國、王、謝能言諸賢，悉在會稽王許。殷與孫共論易象妙於見形。孫語道合，意氣干雲。一坐咸不安孫理，而辭不能屈。會稽王慨然歎曰：「使眞長來，故應有以制彼。」即迎眞長，孫意已不如。眞長既至，先令孫白敘本理。孫麤說己語，亦覺殊不及向。劉便作二百許語，辭難簡切，孫理遂屈。一坐同時抃掌而笑，稱美良久。（第五十六條）

裴遐「善敘名理，辭氣清暢，泠然若琴瑟。聞其言，知與不知，無不歎服。」〔註63〕裴遐說理時，如琴似瑟的美質之音，無人不歎服。俗云：「內行的看門道，外行的看熱鬧」，內行的欣賞義理內容，而外行的欣賞他的聲調。於是舉座「咨嗟稱快」，可想見當日所有聽眾，均沐浴在審美愉悅之情感中；從《高僧傳》中，得知支遁與許詢所講唱的是《維摩經》〔註64〕，而聽者「莫不厭心」、「莫不抃舞」中，亦可知這對法師、都講的搭檔演出，在場聽眾無不法喜充滿；而劉惔攻破孫盛〈易象妙於見形〉之理論，於是「一座同時抃掌而笑，稱美良久。」近人唐翼明先生以爲，這則事件「標誌著咸康至永和間清談熱潮的顛峰。……在東晉，這次清談的盛況，不但空前，恐怕也是絕後。」

書公司，1992 年 10 月）等書。而魏晉清談的盛況場面可參考一、林麗眞：〈魏晉清談名士之類型及談風之盛況〉《書目季刊》第十七卷第三期，頁96。二、李栖：〈魏晉清談的場面——以《世說新語》爲例〉《國文天地》10 卷 7 期，1994 年 12 月。
〔註63〕此條劉孝標注引鄧粲《晉紀》。
〔註64〕據梁・慧皎：《高僧傳》卷四〈支道林〉八（臺北：廣文書局，1986 年 1 月）載：「遁晚出山陰，講《維摩經》，遁爲法師，許詢爲都講。」可知支遁和許詢所講的是《維摩經》。

〔註 65〕而不管是台上的清談家，或是台下的觀眾，莫不屏氣凝神全力以赴。台上的清談家極力的展示美，從清談內容、說話之音調、風神氣韻、容貌衣著等等，無不是美的呈現。而觀者從清談中發現美、欣賞美。台上、台下均經歷一場智慧與審美的洗禮。清談變成一種才智、風神、容貌的多元審美活動。清談走入了生活，生活中也不能缺少清談。就連吃飯時間，清談家仍手不釋「塵尾」，奮力以赴：

> 孫安國往殷中軍許共論，往反精苦，客主無閒。左右進食，冷而復煖者數四。彼我奮擲塵尾，悉脫落，滿餐飯中。賓主遂至莫忘食。殷乃語孫曰：「卿莫作強口馬，我當穿卿鼻。」孫曰：「卿不見決鼻牛，人當穿卿頰。」（《世說新語·文學篇》第三十一條）

此條劉孝標注引《續晉陽秋》說：「孫盛善理義。時中軍將軍（殷浩）擅名一時，能與劇談相抗著，唯盛而已。」由此可證此次孫盛、殷浩之玄理之爭，兩人不分上下。然因戰況激烈，以至於後來淪爲口角之爭，此次競賽似以孫盛爲勝。〔註 66〕從此例可知當日清談時間之久、比劃之猛烈、主客觀賞之著迷程度。魏晉人看重才智，他們在玄談中展開智慧的競賽，談者莫不以「才藻新奇」、「花爛映發」而使人「動心駭聽」。〔註 67〕無論是主方與客方、談者與聽者，彷彿參加了一場眞善美的藝術宴饗。周光慶先生說：

> 在以人物的才智風神爲對象的高級審美活動中，發現美、展示美，欣賞美，使哲理的論辨成爲游戲，使才智的競爭給人以審美的愉快，這就是魏晉風度！魏晉之後，都很難見此動人場面，睹此人格風采。于是，人的才智具有了獨立的意義，成爲了品藻人物的基本準則。〔註 68〕

〔註 65〕唐翼明：《魏晉清談》第六章（臺北：東大圖書公司，1992 年 10 月），頁 273。

〔註 66〕余嘉錫以爲：「牛鼻乃爲人所穿，馬不穿鼻也。然穿鼻者常決鼻逃去，穿頰則莫能遁也。」由此可見，孫、殷兩人口角勝負，應以孫爲勝。見余氏：《世說新語箋疏》，頁 220。

〔註 67〕〈文學篇〉第二十八條云：「既有佳致，兼辭條豐蔚，甚足以動心駭聽。」同篇第三十六條云：「才藻新奇，花爛映發。」同篇五十五條云：「敍致精麗，才藻奇拔。」

〔註 68〕周光慶：《中國讀書人的理想人格》（漢口，湖北教育出版社，1999 年 8 月），頁 104。

人的才智價值獨立於道德價值之外而被追慕欣賞著。於是孫綽雖有穢行，不妨害有人愛其「才藻」；許詢雖有「高情」，卻有人無取於他。〔註69〕才智被推崇到如此的高度，同時也就意味著個人的價值被推崇到如此的高度。《世說》中，有關清談之事大部份均被劉義慶編入〈文學篇〉，這不禁有些令人訝異。仔細統計〈文學篇〉，共一百零四條，除開頭四則記載有關經學的掌故傳聞，後半部約四十則記載有關詩文創作、賞鑒之外，其餘大半篇幅，全是玄學、清談的記載。這其中作者透露的訊息，頗值推敲。若捨棄哲學的角度而從美學的角度來看兩者（文學與清談），那就有驚人之發現，二者均是藝術，所不同者，在於「清談形之於口舌，而文學則形諸筆墨。」、「文學是『文字』藝術，清談是『人的表現』藝術。」〔註70〕文學是平面、靜態的「雅文」；而清談是立體、動態的「奇文」。「清談」是魏晉人用生命血淚灌注而成的藝術品：

> 衛玠始度江，見王大將軍。因夜坐，大將軍命謝幼輿。玠見謝，甚說之，都不復顧王，遂達旦微言。王永夕不得豫。玠體素羸，恆爲母所禁。爾夕忽極，於此病篤，遂不起。（《世說新語·文學篇》第二十條）

衛玠因熱衷清談而病死，〔註71〕這種死因，恐怕古往今來並不多見。另外，衛玠對問題之思考曾陷入「痴迷」的程度，《世說新語·文學篇》第十四條載：「衛玠總角時問樂令『夢』，樂云『是想』。衛曰：『形神所不接而夢，豈是想邪？』樂云：『因也。未嘗夢乘車入鼠穴，擣虀啖鐵杵，皆無想無因故也。』衛思『因』，經日不得，遂成病。樂聞，故命駕爲剖析之。衛即小差。」爲思義理而成疾，又因義理想通而病癒。其對「智」之重視，已是用性命相許。

〔註69〕《世說新語·品藻篇》第六十一條：「孫興公、許玄度皆一時名流。或重許高情，則鄙孫穢行；或愛孫才藻，而無取於許。」

〔註70〕二段引文均見王美秀：〈從《世說新語·文學篇》談清談與文學的關係〉《文理通識學術論壇》第五期（斗六：國立雲林科技大學文理通識學科，2001年10月），頁39～56。

〔註71〕衛玠另一死因的說法是「被看殺」。此乃據《晉書·衛玠傳》所載衛玠的死因是：「以王敦豪爽不群，而好居物上，恐非國之忠臣，求向建鄴。京師人士聞其姿容，觀者如堵。玠勞疾過甚，永嘉六年卒，時年二十七，時人謂玠被看殺。」而《世說新語·容止篇》十九條亦載此事。衛玠之死因有可能是先與謝鯤夜談，而使病情加重，而後死於「被看殺」。

魏晉人之愛智，恐怕是中國歷史少見。而唯有文明人，方能從事這種複雜而精緻的智性活動，動物是無法與之頡頏的。魏晉人以「才智」凸顯人異於野蠻人與動物的生命價值。也由於魏晉人自我意識之強烈，清談又是表現自我最直接迅速的「表現藝術」，士人於是為之廢寢忘食、甚至以性命相託。

　　魏晉人之才智尚表現於「音樂」方面。竹林七賢中，阮籍、嵇康、阮咸等，在音樂方面都有很高的造詣。《晉書》卷四十九〈阮籍傳〉稱籍「嗜酒能嘯，善彈琴。」阮籍早期有濟世之志，故曾作〈樂論〉，肯定禮樂教化的重要，期以禮樂教化達到人民遷善化成，各安其位之目的。不過這篇文章似乎把音樂的社會作用過分的誇大了。〔註72〕而他在〈詠懷詩〉第一首即寫道：「中夜不能寐，起坐彈鳴琴。……平生少年時，輕薄好弦歌。」，可見音樂與他的生活密不可分。而他的姪兒阮咸亦名列七賢之一，更是「妙解音律」之人，《世說‧術解篇》第一條記：

> 荀勖善解音聲，時論謂之闇解。遂調律呂，正雅樂。每至正會，殿
> 庭作樂，自調宮商，無不諧韻。阮咸妙賞，時謂神解。每公會作樂，
> 而心謂之不調。既無一言直勖，意忌之，遂出阮為始平太守。後有
> 一田父耕於野，得周時玉尺，便是天下正尺。荀試以校己所治鐘鼓、
> 金石、絲竹，皆覺短一黍，於是伏阮神識。

不論是荀勖之「闇解」或是阮咸之「神解」，兩人的音樂造詣均是非凡的。而從荀勖服阮之「神識」，更可推知阮咸對音律之理解、音感之辨識已到了爐火純青出神入化的地步。在東晉人所繪〈竹林七賢與榮啟期圖〉中，阮咸被畫成正在演奏樂器的樣子。他手中的樂器，即是後世所稱的「阮咸」，至今此樂器也仍未曾絕響，可見其影響。而竹林七賢之一的嵇康曾作〈聲無哀樂論〉，他認為音樂的善惡，與人聆聽後的哀樂情緒反應，是不同的兩件事，即「心之與聲，明為二物」。哀樂是人的主觀情緒，並非樂聲所本有，故音樂只有善惡之分，而無哀樂之別，哀樂是人心主觀上的感受，而不能把自己聽到音樂後的情緒說成是樂聲本身的性質。所謂「和聲無象，而哀心有主。」此篇乍看之下是一篇談音樂理論的著作，事實上，是針對儒家的樂觀而作的，儒家強調「移風易俗，莫善於樂」。〔註73〕《禮記‧樂記》也說：「治世之音安以

〔註72〕詳見徐壽凱：《中國古代藝文思想漫話》（臺北：木鐸出版社，1986 年 1 月），
　　　　頁 67。
〔註73〕任繼愈先生也說：「嵇康倡「聲無哀樂」與儒家禮樂思想是相對立的。如他駁

樂，其政和；亂世之音怨以怒，其政乖；亡國之音哀以思，其民困。聲音之道，與政通矣。」嵇康受到玄學之思潮，及自己本身個體自覺意識之高揚（他曾倡言「越名教而任自然」、「非湯武而薄周孔」），一來爲了批判儒家；二來他將事物指向玄學之本體論。於是將「心」、「聲」之關係分離。〔註74〕而此篇劉勰譽爲「師心獨見，鋒穎精密，蓋人倫之英也。」〔註75〕而這篇文章是中國音樂史上，首次明確提出音樂有自身的客觀屬性、自身的規律。他獨特的音樂美學思想，達到了同時代人所不可企及的高度，在世界音樂美學史上也佔有重要地位！〔註76〕另外，《世說新語・雅量篇》第二條載：「嵇中散臨刑東市，神氣不變。索琴彈之，奏廣陵散。曲終曰：『袁孝尼嘗請學此散，吾靳固不與，廣陵散於今絕矣！』太學生三千人上書，請以爲師，不許。文王亦尋悔焉。」嵇康臨刑，感慨自己當年吝嗇不把此曲教給袁孝尼，以致〈廣陵散〉從此終要失傳。嵇康這裡不僅僅只是感嘆自己美才生命的即將隕逝，同時也包含了樂曲後繼無人之悲涼。由上述可知，嵇康在音樂的理論與創作上，均取得了相當傲人的成就。

　　而在繪畫方面，顧愷之無疑地是當代的佼佼者。《世說新語・巧藝篇》第七條載：

謝太傅云：「顧長康畫，有蒼生來所無。」

謝安對顧愷之繪畫之推重，雖僅此一句，但足抵千鈞。而且撥其用意，不限于贊賞，而是著重指出顧氏的作品在中國畫史上具有劃時代的意義。〔註77〕觀《世說新語・巧藝篇》共有十四條，而顧愷之卻佔了其中六條，可見其重要性。而顧愷之不僅僅是位傑出的畫家，更是一位具有獨創精神的藝術理論家，同篇載：

斥「季子聽聲，以知眾國之風；師襄奉操，而仲尼睹文王之容」，認爲「此皆俗儒妄記，欲神其事而追爲耳」。嵇康崇信玄學，玄學認爲宇宙萬物之體是絕言超象的，它自然無爲無待，故不具有哀樂性質。哀樂不來于和聲，而是先有哀樂之心，然後才發哀樂之情。他從崇本抑末的觀點，貶抑名教，抬高自然，從而反對音樂可以移風俗、助教化的功能。」見任氏主編：《中國哲學發展史》魏晉南北朝篇（上海：人民出版社，1981年），頁355。

〔註74〕詳見徐壽凱：《中國古代藝文思想漫話》（臺北：木鐸出版社，1986年1月），頁62～66。

〔註75〕劉勰：《文心雕龍・論說篇》。

〔註76〕崔富章注譯，莊耀郎校閱：《新譯嵇中散集》（臺北：三民書局，1998年5月），頁246。

〔註77〕蕭艾：《世說探幽》（長沙：湖南出版社，1992年11月），頁156。

> 顧長康畫裴叔則，頰上益三毛。人問其故？顧曰：「裴楷俊朗有識具，
> 正此是其識具。」看畫者尋之，定覺益三毛如有神明，殊勝未安時。
> （第九條）
> 顧長康好寫起人形。欲圖殷荊州，殷曰：「我形惡，不煩耳。」顧曰：
> 「明府正為眼爾。但明點童子，飛白拂其上，使如輕雲之蔽日。」
> （第十一條）

顧愷之在畫裴楷、殷仲堪時，為凸顯二君之神明，於是任意增減筆劃以求其神似；「形」因「神」而增減取捨，「神」因「形」而傳達體現。「頰上三毛」、「飛白拂眼」，都是為了體現「神」而繪的「形」。傳神之形非一般的、普通的形體相貌，而是最能體現人物內心世界、性格特徵的形體相貌，如「頰上三毛」、「飛白拂眼」等，這樣的「形」，其實是人物心靈世界的窗口；另方面，這種「頰上三毛」、「飛白拂眼」等「形」所體現的「神」，是審美性的精神風貌。〔註78〕顧愷之認為藝術家應脫略外在皮相的形骸，直探內心深處的「神明」。顯然地他已不滿足於外表的肖似而已，故而提出了表現人物性格特徵和內在情感的新要求。顧愷之在《魏晉勝流畫贊》中云：「凡生人無有手揖眼視而前無所對者，以形寫神而空其實對，荃生之用乖，傳神之趣失矣。空其實對則大失，對而不正則小失，不可不察也。一象之明昧，不若晤對之神通也。」人的眼睛和四肢的動作，總是由一定的客觀對象所引發，要使作品傳神，必須處理好主客觀關係。顧愷之以他的實際創作，實踐了其「以形傳神」的理論。〔註79〕張懷瓘《畫斷》即指出顧愷之的人物畫已臻「神妙無方」的地步：「像人之美，張得其肉，陸得其骨，顧得其神。神妙無方，以顧為貴。」不過，這如果不是基於強烈的自我意識及對審美的自信自負，恐怕無法有如此舉措。西方雕塑家羅丹其作品亦是以神取勝，他揚棄了傳統雕刻完整細緻的表現方式。未成名時，他把的作品公之於世時，遭到了當時保守派的白眼，紛紛指責他將「未完成」的作品過早地亮相，而羅丹卻義正辭嚴地說：「一個創作家有權決定他作品的完成時間。」此種觀點，與顧愷之之美學觀有著異曲同工之妙。那就是每位藝術工作者，都是他自身作品的主人，他可以決定作品的表現方式、完成時間、作品風格。他們都是他自身作品的「神」；他們

〔註78〕葉太平：《中國文學之美學精神》〈第八章形神〉（臺北：水牛出版事業有限公司，1998年7月），頁270。
〔註79〕陳書良：《六朝煙水》〈丹青功過〉（北京：現代出版社，1990年2月），頁80～81。

透過了自身的作品，以另一種姿態完成了宇宙中的「我」；作品無異是作者精
神、性情、氣質、學養、器量的展現。同篇又載：

> 顧長康畫謝幼輿在巖石裏。人問其所以？顧曰：「謝云：『一丘一壑，
> 自謂過之。』此子宜置丘壑中。」（第十二條）
> 顧長康畫人，或數年不點目精。人問其故？顧曰：「四體妍蚩，本無
> 關於妙處；傳神寫照，正在阿堵中。」（第十三條）
> 顧長康道畫：「手揮五絃易，目送歸鴻難。」　（第十四條）

顧愷之為人畫像，亦留意到了背景與人物之關係。由於謝鯤甚愛流連丘壑，於
是背景亦從其志。人物與背景成為一個有機整體，以取得審美中高度的和諧美。
另外，顧氏所云「傳神寫照，正在阿睹中。」成了當時的著名的美學命題。在
顧愷之之前的畫家，圖寫人物時，很可能都把重點放在形體上，形體畫得逼真，
就滿足了。此之謂「形似」。顧長康卻把它顛倒過來，認為「形似」不如「神似」，
確立「傳神」為主的繪畫原則。而「後代隋唐所謂的『寫意派』，亦是『傳神』
思想的派生物。」〔註80〕而顧愷之以為只有人的「眼睛」最能達到「傳神寫照」
的效果，於是「數年不點睛」，張彥遠《歷代名畫記》說：

> 顧生畫古賢得其妙理，對之令人終日不倦，凝神遐想，妙悟自然，
> 物我兩忘，離形去智；身固可使如槁木，心固可使如死灰，不亦臻
> 於妙理哉！所謂畫之道也。顧生首創維摩詰像，有清羸示病之容，
> 隱幾忘言之狀。陸（探微）與張（僧繇）皆效之，終不及矣。

顧氏畫之道與莊子所謂心齋、坐忘與至人、神人之道，何其相似？人與畫結
合為一體，遷想妙得，物我兩忘。此亦是庖丁解牛，以虛心朗照萬物，主客
對立消融了，於是「無入而不自得」。而顧愷之所云「手揮五弦易，目送歸鴻
難。」亦是可以當作「傳神寫照」命題的補充。「手揮五弦，目送歸鴻。」原
本是嵇康的〈贈秀才入軍詩〉中的兩句，顧氏將此四言詩改寫成圖畫。他以
為要畫揮手之勢並不難，難在「目送」的神情。而劉義慶在此，似乎也藉著
顧愷之，將時代的美學思想做一個歸納、總結。

〔註80〕蕭艾：《世說探幽》（長沙：湖南出版社，1992年11月），頁157～161。而宗
　　　　白華先生也說：「中國南宗畫派的精意在於表現一種瀟灑胸襟，這也是晉人的
　　　　流風餘韻。」見宗氏：《美學的散步》（臺北：洪範書局，1984年2月3版），
　　　　頁62。

　　魏晉所有的藝術均朝向解放、自由的方向飛躍前進，此正與個體解放的思潮是一脈相成的，同時也是必然的趨勢。以書法而言，從東漢至東晉時代，最大的突破，一是文字脫離了書寫的功能而變成可以單獨欣賞的藝術。二是草書、眞書、行書代篆書、隸書而興起，趨向解放、自由，達到了新的顛峰。從東漢以後，書法逐漸從實用轉向審美，而成一種獨立的藝術。蔡邕《筆論》說：「書者，散也。欲書先散懷抱，任情恣性，然後書之。」這已指出了書法與人之性情相關的審美觀。而東晉王廙即云：「畫乃吾自畫，書乃吾自書。」他以爲書畫不過是表現自我的方式。魏晉人對書法情有獨鍾，恐怕也是因爲它是表現自我的有效手段。〔註81〕蕭艾先生即指出：「從甲骨文算起，我國文字至少有三千多年的歷史。三千年來，幾經變遷，從文字的形體來看，由甲骨文到金文、由金文到大篆、小篆、隸書、草書、楷書、行書，雖體勢各異，但基本上是一脈相成的。中國最大的轉變，是由篆到隸及由隸到草、眞、行。魏晉時期適當草書（今草）、眞書、行書脫離篆隸，趨于解放，達到最後成立的新階段。著名的書法家也以漢末和魏晉爲最多，這決不是偶然的。」〔註82〕王羲之的〈蘭亭集序〉是有名的行書，而其〈十七帖〉亦是傳世著名的今草。〔註83〕魏晉時代以少勝多、以簡馭繁、以形傳神的美學觀，亦滲透到了各種藝術表現之中，王羲之之書法自是不能例外。《晉書》卷八十〈王羲之傳〉說羲之「尤善隸書，爲古今之冠，論者稱其筆勢，以爲飄若浮雲，矯若驚龍。」可見其自由、飄逸、奔放的書法風格。然而，他的書法在當時尚未取得壓倒群雄的地位，《南史‧王僧虔傳》引僧虔《論書》云：「亡曾祖領軍（王洽）、右軍（王羲之）云：『弟書遂不減吾。』」《論書》又云：「前庾征西翼書，少時正與右軍齊名。」由此可知，王羲之與王洽、庾翼之書藝在當時不相上下。不過到唐太宗李世民時，王羲之書法已臻「書聖」之譽。

　　另外一個值得注意的事，是所有的藝文理論也大多是在六朝時建立，如阮籍的〈樂論〉、嵇康的〈聲無哀樂論〉、陸機的〈文賦〉、宗炳的〈畫山水序〉、王微的〈敘畫〉、劉勰的《文心雕龍》、鍾嶸的《詩品》、謝赫的《畫品》、姚最的《續畫品》、王僧虔的書論，這些「藝術工作者」不僅有自己獨特的藝文

〔註81〕　張海明：《玄妙之境──魏晉玄學美學思潮》（吉林：東北師範大學出版社，1997年5月），頁79。

〔註82〕　蕭艾：《世說探幽》（長沙：湖南出版社，1992年11月），頁163。

〔註83〕　林慶勳、竺家寧、孔仲溫：《文字學》（臺北：國立空中大學出版，1995年11月），頁140。

理論，同時亦有作品傳世。他們藉由作品，傳達其理論；而其理論，亦必需依賴作品來實踐。此亦標誌了魏晉人重視理論與實務、理性與感性、愛智與愛美兼容並蓄的美學風格，這也是它異於前代後世的時代特色。魏晉時代掙脫了儒家思想的枷鎖，一切的藝文表現，士人自覺地朝向審美方向邁進。

　　藝術活動的創作，除了是表現自我外，也可以視為人類與死亡的拔河下，所思考的一種讓自己不朽的方式；形軀死亡了，而所創作的藝術作品卻能穿越時空而長存。人們透過了它，間接地驗證了自己的存在與自己的「不死」。生命終歸隕滅，這個事實，魏晉人清醒的知道，而在面對這人類共同的悲劇時，人們不得不發展出與之相抗的生存策略。或許藝術的創作，能暫時稍釋對死亡的恐懼感；人們沈醉其中而不知「死」之將至。所謂「文學是苦悶的象徵」，或許也可以這麼說：「藝術是苦悶的象徵」，在了解人生一切終成過眼雲煙，誰人不虛無、誰人不恐懼呢？於是文學、藝術作品為主人驗證了他們的「存在」。

第六章　結　論

第一節　本題論述之要點

　　茲將本題研究所得，簡要敘之如後：論文首就《世說新語》之卷帙、門類與相關問題作一略述，期使讀者有一粗略之印象。接著闡述本題時代之斷限與命名之由。以說明東漢至東晉時代，是研究者不可切割的整體現象與有機機制；而題名命名爲「人生觀」實比「生活觀」、「生命觀」諸詞有更多之優點。再將本題研究之步驟與論述之程序，做一敘述。

　　整個漢末魏晉時期，戰亂連年，人命危淺，充斥著生命無常的嗟嘆。以生命爲主題的文學作品，在此時大量浮出，人們對生命不斷的進行反思，於是出現了新的世界觀、審美觀、人生觀。而這股對自身乃至周遭世界的重新思考，又造成人們自我意識的覺醒。魏晉名士由自我意識而表現於外在的行爲約有四端：一、我寧做我。魏晉人將「我」抬到前所未有的高度，由於對「我」的珍視，進而肯定「我」的容貌、身材、才性、氣質、情感等「我」的特質、屬性。而當「我」與才力相當的人進行評比時，人們往往當「我」不讓，謂己爲賢。他們露才揚己，只爲能突出自我。二、但求其眞。由於時人極爲崇尚個性之眞，於是人心裡面的美與醜、高貴與殘忍、聖潔與惡魔，都發揮了極致而不加以粉飾，純任個性之自然。三、好異尚奇。魏晉人求新、求變、求異、求出格，無一不是爲了顯示宇宙中獨一無二的「我」，爲能凸顯自我、伸張個性，時人無往而不求異。四、以慢爲高。源於自我意識的高漲，魏晉人目中無人，自比天高，輕時傲物，完全不以他人地位、身分爲念，一

切但求能充分展現自我。而物以類聚，魏晉人在品藻人物時，也反映了以慢為高的審美情趣。

士人在自我意識的覺醒後，一方面導致了個體與社會的對立，另一方面也導致了士人人格的分裂。士人身上彷彿存在著兩個自我：一個是受傳統儒家薰陶的自我；一個是具有個體意識而反抗群體的自我。士人在理想與現實、入世與出世、個體與群體、自然與名教的對立中徘徊不已，而莫知所措。在名士風流的表相下，是士人痛苦掙扎的靈魂。

東漢至東晉的知識分子在出處間可謂歷盡煎熬，他們有的選擇戮力國事，有的選擇縱情山水。然整體而言，大部份的士人均傾向「隱」的消極政治哲學。他們從「不嬰事務」到「企慕隱逸」，其實都顯露著對政事、國事的冷漠與不負責任。雖然他們口口聲聲倡「無為而治」、「以仕為隱」，然卻是仕、隱精神的雙重失落，於是個個變成「吏非吏，隱非隱」（《晉書》卷五十六〈孫綽傳〉）。他們口談玄虛，但卻是個個戀棧功名。於是又變成「儒非儒、道非道」。而當整個朝代的知識分子都希冀隱逸，而曠時廢務，國家未來之命運就可想而知。平心而論，在中國歷代知識分子中，魏晉之士人，可以說是演出了一個最荒誕不經與最不負責的戲碼。反倒是這時的隱者，以道德影響社會，以學問化育一方，發揮了隱者「激貪止競」之社會功能。他們默默地關懷社會、造福人群，是文化的傳承者。錢穆稱隱者是「儒家精神之所憑以撥亂返治，轉危為安」的「大仁大智大勇之士。」〔註1〕錢氏之言實是精闢之論。

另外，魏晉人用全新的眼光看待情感的價值與它對自身生命的意義，他們高倡情感的自然性、合理性。他們不僅不羞言情感，反而公開贊美，這正是他們具有迷人風度的主要原因。魏晉人對人、自然、宇宙、乃至哲理的探求，均是一往情深，俱有可述之處。時人喪子，其父都「大慟，幾絕」，王戎更言「所謂鍾情者，正在我輩。」而夫妻相處中，比較特殊的現象是，當時的妒婦似乎特多，這說明了魏晉思想的解放，某種程度上已喚起了婦女的自我意識之覺醒，故而限制和反對男子的多妻制。另外，此時之人亦非常看重同性之間的情誼，往往相思一起，便千里命駕，立即往視。

也由於魏晉人的「重情」導向，以致於情與禮相違時，他們往往捨禮而存情，甚至為情而冒禮犯義。「婦皆卿夫，子呼父字」是當時士人理想的夫婦、

〔註1〕 錢穆：〈如何研究歷史人物〉，收於錢賓四先生全集編輯委員會編：《中國學術思想史論叢》一（臺北：聯經出版事業有限公司，1995年），頁231。

父子相處模式。王戎妻喚夫婿爲「卿卿」、胡毋謙之直呼父字。當事人並不覺有何不妥。而東漢戴良開居喪無禮之風氣後，時人居喪放誕之風愈演愈烈，末流者幾同禽獸。而君臣之關係亦受到任情之風影響，上下尊卑的界限，也愈來愈模糊。君主爲示一己之眞情，不惜降貴紆尊：王粲過世，曹丕作驢鳴送之；晉元帝登基典禮，引王導共登御床。而屬下忘了該有的禮節，通常上司也不以爲意：謝奕與上司桓溫推布衣交，而無朝夕禮；劉惔酒後把腳擱於桓溫頸上，謝奕、劉惔之無禮，無傷於上下之好。魏晉人關注的是情感對自身的意義，而不在乎情感是否符合外在的倫理政教。但得情意相通，得情忘禮又何妨？魏晉人對宇宙、萬物亦懷著無比之深情來觀待。周遭事物的遷移變逝，常觸發士人對生命短暫的悲感：桓溫有「木猶如此，人何以堪」之浩嘆；衛玠南渡，面對江水，「不覺百感交集」；而「新亭對泣」也是在破碎山河下所湧現的感傷情緒。而面對時光的流逝，王敦、桓溫及時建立功名之願望也就愈發地強烈，這時代的人是不諱言自己熾熱的求名之心的。而及時行樂的想法亦是緣於對時光流逝、死亡逼近下，所採取的另一種惜時之策略。而與親人的道別，也使多感的魏晉人傷懷不已、難過許久。而魏晉人的憂生之嗟比任何一個時代都要敏銳、深沈，在南皮之游、金谷之宴、蘭亭之會，文人常興盡悲來，悲不可遏。而在熱鬧的喜慶宴會，會響起陣陣挽歌，此皆反映了魏晉人「以悲爲美」的特殊審美觀。

　　漢晉士人的外形美，有嚴重的女人化傾向。他們以白爲美、以弱爲美、以服飾美爲美、以神仙美爲美，魏晉士人理想中的外形美，就該像莊子所云的肌膚「若冰雪」般的潔白，容態如處女般之柔美，像「神人」般的容止，才是當時美的極則。而在人物品鑒的時風下，愛美幾乎變成一項全民運動。雖然時人極重視形美，但仍以神美爲上乘。而王羲之夫人郗璿以爲眼耳關乎神明，可以獨立自主，而超然外物。時人亦以爲形損而神不損，神具有穩定性和持久性。而魏晉人物品鑒好用神來稱譽他人，神代表精神、神明、風神、神采等意涵，而《世說‧容止篇》中有多則形醜而被收入者，其原因乃在其神美。廣義而言，《世說》中所記人物，均是以神美而被劉義慶所捕捉、欣賞的。另外，魏晉人以才爲美，而清談是極好的一種才智遊戲，於是時人趨之若鶩。爲展現才情，奮力揮麈。而爲之廢寢忘食更是大有人在。而魏晉人在藝術上的表現，標誌了另一個高峰，舉凡彈琴、畫畫、書法、藝術理論等等，時人出色的演出，令人擊節讚賞。

第二節　漢晉士人人生觀之特色與歷史評價

由以上之論述，筆者將東漢至東晉人生觀之特色，歸納約五項分述如下：

一、唯我主義

魏晉士人的思想可以說相當多元化。然而，士人在取捨之間，他們有個最高指導原則，那就是一切都是「爲我」；取對我最有利的觀點去接受它並奉行它。故六朝雖然充斥著老莊道家之學說，然而士人之思想與行爲，卻不見得是純道家者，蔡元培即說：

> 清談家之思想，非截然舍儒而合於道佛也。彼蓋滅裂而雜糅之。彼以道家之無爲主義爲本，而於佛教則僅取其厭世思想，於儒家則留其階級思想及有命論。有階級思想，則道佛兩家之人類平等觀，儒佛兩家之利他主義，皆以爲不相容而去之。有厭世思想，則儒家之克己，道家之清淨，以至佛教之苦行，皆以爲徒自拘苦而去之。有命論及無爲主義，則儒家之積善，佛家之濟度，又以爲不相容而去之。於是其所餘之觀念，自等也，厭世也，有命而無可爲也，遂集合而爲苟生之惟我論。〔註2〕

蔡氏一針見血地指出士人思想之取捨、去向，誠是不易之論。魏晉人是用新的人生觀來看待個人與社會的關係。湯用彤先生云：

> 漢代之齊家治國，期致太平，而復爲魏晉之逍遙游放，期風流得意也。故其時之思想中心不在社會而在個人，不在環境而在內心，不在形質而在精神。於是魏晉人生觀之新型，其期望在超世之理想，其嚮往爲精神之境界，其追求者爲玄遠之絕對，而遺資生之相對，從哲理上說，所在意欲探求玄遠之世界，脫離塵世之苦海，探得生存之奧祕。〔註3〕

湯氏頗能看出漢至魏晉時代人生觀之發展趨勢與導向。然而在某種程度上，魏晉人實在沒有如湯氏所云如此地高然遠舉。他們往往左手高談玄虛、右手招權納貨。他們不僅要追求內心之自足與精神之超越，同時也求身名之俱泰、

〔註2〕蔡元培：《中國倫理學史》（臺北：臺灣商務印書館，1981 年 11 月臺 9 版），頁88。

〔註3〕湯用彤：〈魏晉玄學和文學理論〉《中國哲學史研究》，1980 年第 1 期。轉引自袁濟喜：《六朝美學》（北京：北京大學出版社，1999 年 1 月），頁 257。

物質之豐厚。這種「唯我」、「勢利」的人生觀，與道家不求物質充盈而求精神世界之自足大不相同，也與儒家所云「士志於道，而恥惡衣惡食者，未足與議也。」大異其趣。儒家以爲富與貴，是人之所欲也，但若不以正道得之，是不居也。而道家更是力求擺脫物質之束縛，而做到眞正無待而逍遙。故魏晉士人是儒家、道家兩種眞精神之失落與墮落。

二、無君思想

　　魏晉士人心目中理想之社會，類似老子之「小國寡民」之世界。嵇康〈難張叔遼自然好學論〉中云：「洪荒之世，大朴未虧，君無文於上，民無競於下，物全理順，莫不自得，飽則安寢，饑則求食，怡然鼓腹，不知爲至德之世也。」嵇康所敘之洪荒之世，與老子所謂：「太上，不知有之」、「聖人之治也，爲腹不爲目」均遙遙呼應。阮籍〈大人先生傳〉亦云：「上古質樸淳厚之道已廢，而末枝遺葉並興，財虎貪虐，群物無辜，以害爲利，殞性亡軀，吾不忍見也，故去而處茲。」嗣宗以爲上古之道已遠，上古以下是「財虎貪虐，以害爲利」的時代。由上述可知，嵇康、阮籍所嚮往的上古社會，與老莊思想是息息相關、血脈相通；而愈是歌頌上古之純樸，更是反諷現實有君之害。而阮籍更尖銳地批判設君、臣的用處：

> 君立而虐興，臣設而賊生，坐制禮法，束縛下民，欺愚詐拙，藏智
> 自神，強者睽而凌暴，弱者憔悴而事人。假廉而成貪，內險而外仁，
> 罪至不悔過，幸遇則自矜。（〈大人先生傳〉）

阮籍以爲君臣既立，人民之苦難就來臨，上者以強欺弱、以禮法束縛下民。而《列子・楊朱篇》亦是倡言無君思想：「夫善治外者，物未必治而身交苦，善治內者，物未必亂而性交逸，以若之治外，其法可推於一國，未合於人心，以我之治內，可推之於天下，君臣之道息矣。」此種重生、貴己、唯我之人生觀，其發展必然會推至無君論之結果。而「無君論」到鮑敬言，可謂達到顛峰，他說：「夫強者凌弱，則弱者服之矣，智者詐愚，則愚者事之矣，服之，故君臣之道起焉；事之，故力寡之民制焉。」〔註4〕鮑敬言以爲君權乃是強凌弱，智欺愚的產物。而陶淵明之「桃花源」之境界令人悠然嚮往，但此人間仙境有父子、夫婦、朋友之人倫關係，卻獨缺君臣一倫。江建俊先生以爲：「無君論」的積極意義，有著對現實政治制度之鞭笞，同時也代表人民追求自由、

〔註4〕葛洪：《抱朴子・詰鮑篇》保留了鮑敬言之「無君論」之資料。

反抗政治壓迫的呼聲。〔註 5〕然而這是從積極面來看。若是從反面言之,「無君論」造成士人對國家政事不理、曠時廢務、貽誤戎機而致兩晉亡國,其罪實深於桀、紂。

三、越名教而任自然

魏晉士人以爲情是先天、自然的;而名教是後天、人爲的。故他們高倡「以情抗禮」、「越名教而任自然」。爲了能暢自然之情,他們可以越禮甚至廢禮。這當然是受當時玄學得意忘言、崇本息末、守母存子的思潮影響所致。他們把「自然」奉爲行事之圭臬、人生之最高指導原則。魏晉士人向內發現了自己的深情,並公開言情,毫不以情爲羞,唐君毅先生以爲這種「重視情感的自然表現」是魏晉人所開創的人文思想:

> 中國人文思想之發展,即在重人與重文間,畸輕畸重。周公重「文」,孔子重「人」略過於重「文」。孟子重「人」……。魏晉思想初期,則是重「人」。不過孔子重「人」,是重「人之德性」。孟子重人,乃重「此德性所本之心性」。魏晉思想重人,則是重「人情感之自然表現」。〔註6〕

唐氏指出中國各朝代或重「人」或重「文」之傾向,其說甚能指出各代思潮之大趨勢,甚有啓發性。而所云「重人情感之自然表現」,也一眼看穿了魏晉士人人生觀的價值取向。

此種「以情抗禮」、「越名教而任自然」的玄學人生觀,由正始名士發端後,經竹林名士之鼓動,再至中朝名士,其風愈熾,其行愈烈。任繼愈先生以爲:「玄學中本有三派:何晏、王弼、郭象、張湛爲玄學正統派,用玄學維護名教;嵇康、阮籍爲玄學激進派,用玄學對抗當時的假名教;謝鯤、王衍、衛玠、王澄、胡毋輔之等爲玄學頹廢派,用玄學遺忘名教。」〔註7〕任氏實能指出自然與名教在各階段之消長狀況。而此種看法,近代之學者均能表示認同。湯一介先生即說:「對晉魏玄風作爲一種人生態度應有所分別,有的人是

〔註 5〕江建俊:《魏晉玄理與玄風之研究》(臺北:中國文化大學中國文學研究所博士論文,1987 年 5 月),頁 293。

〔註 6〕唐君毅:《中國人文精神之發展》(臺北:臺灣學生書局,1979 年 3 月 5 版),頁 22。

〔註 7〕任繼愈先生主編:《中國哲學發展史》第二冊兩漢魏晉南北朝部分(上海:人民出版社,1988 年 4 月),頁 264。

『行為之放』，僅得『放達』之皮相，如王衍、胡毋輔之之流，以矜富浮虛爲放達；有的是『心胸之放』，則得『放達』之骨骸，如嵇康、阮籍等人，以輕世傲時爲放達；有的人是『與自然爲一體之放』，則得『放達』之精髓，如不爲五斗米折腰的陶潛即是。」〔註8〕湯氏將「放達」之相分成三個境界，高下有別。與任氏所云大同小異。

　　對士人名教衰頹之況，在當代即有應詹、庾亮、陶侃、王導、卞壺、熊遠、陳頵、庾翼、江惇、范甯、王羲之、虞預、桓溫、戴逵等人提出批評。〔註9〕而葛洪《抱朴子》與干寶《晉紀‧總論》均對頹風做出詳細之描述與強烈的批判。其中范甯將矛頭直指王弼、何晏：

> 王何蔑棄典文，不遵禮度，遊辭浮說，波蕩後生，飾華言以翳實；騁繁文以惑世。搢紳之徒，翻然改轍，洙泗之風，緬焉將墜。遂令仁義幽淪，儒雅蒙塵；禮壞樂崩，中原傾覆。古之所謂言僞而辯，行僻而堅者，其斯人之徒歟！……王何叨海內之浮譽，資膏粱之傲誕，畫螭魅以爲巧，扇無檢以爲俗，鄭聲之亂樂，利口之覆邦，信矣哉！吾固以爲一世之禍輕，歷代之罪重，自喪之釁小，迷眾之愆大也。（《晉書》卷七十五〈范甯傳〉）

范甯以爲王、何之倡言玄學，罪深於桀紂；而虛浮之言，遂使神州陸沈；禮崩樂壞，士德淪喪，實是「利口覆邦」之人。而觀王弼、何晏之品格，確實無可稱道之處，然其所倡言之玄學，應不致負「覆國」如此大之責任。玄學之興起，必有與之相應的複雜因素，誠如莊耀郎先生所云：

> 儒雅日替，禮壞樂崩，不必是玄學所致，兩漢以來神學化的經學，已經失去孔孟內在於內心的根據，經典繁瑣的注疏，只成爲儒生的事業，於政治教化，維繫社會人心也漸漸失去作用，虛矯的禮教只飾之以爲競名進身之階，適足以桎梏人性，已不足以維繫世道人心。玄學興起已是後來之事，基本上是歷史上後漢的儒家自己內部先出問題，玄學才得以興起。至於將亂世亡國之罪，歸諸王何，意以爲看作士人責備先賢往哲用思來者則可，若坐實了則不免於誣，蓋世

〔註8〕湯一介：《郭象與魏晉玄學》（臺北：谷風出版社，1987年3月），頁31。
〔註9〕除桓溫之批評見於《世說‧輕詆篇》第十一條外，其餘諸人對頹風之檢討均見於《晉書‧本傳》。

亂國亡之因緣萬端,獨責玄學是謂無知,不能反省是謂諉過。〔註10〕

莊氏之論誠爲中肯。而唐代史家則將兩晉之亡溯源到正始名士:

> 有晉始自中朝,迄于江左,莫不崇飾華競,祖述虛玄,擯闕里之典經,習正始之餘論,指禮法爲流俗,目縱誕以清高,遂使憲章弛廢,名教積毀,五胡乘間而競逐,二京繼踵以淪胥,運極道消,可爲長嘆息者矣。」(《晉書》卷九十一〈儒林傳〉序)

唐代史家以爲名士崇尙玄虛之思想與放誕之行爲,實由竹林名士而來。筆者以爲,對阮籍、嵇康那樣有憂患背景的名士實不應責備過深;然對於那些「用玄學遺忘名教」之人,就該大事撻伐的;故對於有激而然的名士,我們可以不苛責,然對於尸位素餐的「朝隱」之徒,我們是必須嚴加譴責的。

四、縱情以樂生

道教方士修行中的養生之術,經由嵇康「養生論」提倡,〔註11〕而大盛於魏晉,他講求「約情以養生」的導養之術。牟宗三先生則以爲:「至於落在自然生命上,通過修煉之功夫,而至長生、成仙,則是順道家而來之『道教』,已落於第二義。當然此第二義亦必通於第一義。然原始道家卻並不自此第二義上著眼。」〔註12〕牟先生以爲嵇康的養生方法,已非如原始道家般,重視個體的適性逍遙、內足於懷而無所依傍,而是外加刻意人爲的服食煉丹以求長生之神仙術,此已落入第二義的道教範疇。而嵇康之後學,又從「約情以養生」變成「縱慾以樂生」,而離道家神髓愈來愈遠。反倒是《列子》一書之內容頗能代表這種「縱慾以樂生」的人生觀,任繼愈先生即說:

> 《列子》的人生論,將古《列子》「貴虛」和楊朱「貴己」的思想結合起來,發揮成一種放逸情欲、不拘禮法的及時行樂的哲學,乃是西晉中葉謝鯤、王澄等放蕩派的理論形態。……《列子》的人生觀與謝鯤等人的行爲完全合拍,《列子》說的正是他們做的。〔註13〕

〔註10〕莊耀郎:〈魏晉反玄思想析論〉《國文學報》第二十四期,1995年6月,頁9。
〔註11〕嵇康曾著〈養生論〉,見《晉書》卷四十九〈嵇康傳〉:「常修養性服食之事,彈琴詠詩,自足於懷。以不紳仙秉之自然,非積學所得,至於導養得理,安期、彭祖之倫可及,乃著〈養生論〉。」
〔註12〕牟宗三:《才性與玄理》(臺北:臺灣學生書局,1985年4月),頁208。
〔註13〕任繼愈先生主編:《中國哲學發展史》第二冊兩漢魏晉南北朝部分(上海:人

《列子》的人生觀，爲魏晉士人放誕之行爲找到其背後的思想邏輯。而鄭志明先生則認爲《列子・楊朱篇》爲「魏晉學術思想的社會性格」〔註14〕，該篇以爲生的意義在於任從自然，窮盡欲望，以待死亡，死時也要任從自然，無爲以至於終盡。這種人生觀，當然會導致張翰發出「使我有身後名，不如即時一桮酒。」（《世說・任誕篇》第二十條）之言；畢卓對人生希求不多，只求「一手持蟹螯，一手持酒桮，拍浮酒池中，便足了一生。」（同前篇第二十一條）。魏晉士人但求能縱一己之所欲、適意逍遙而終其一生。魏晉士人耽於食、色之享受，其性生活之開放，令人咋舌。羅宗強先生即云：「道家以房中術作爲養生術，這種觀念流入了上層社會，與縱欲任情的風氣結合，給縱欲提供了理論根據，或者說，爲縱欲提供一種藉口，這就是使縱欲成爲可以公然行之於前的一種正當行爲。」〔註15〕如此沈湎於肉體、官能的的刺激，社會自然走向頹廢作樂之風。士人貪享耽樂，不務政事，悖禮傷教，以致國家覆亡。這是吾輩應該鞭笞的。

五、重美而輕德

魏晉人對美的追求，無所不用其極。不論是對己對他、對哲理對宇宙，魏晉人都能興起美的玄思，而不摻雜任何目的與功利。他們在官場，儘管有齷齪卑劣的一面，然而他們在面對萬物時，卻是常保一份赤子之心相待；他們與物爲春，於是所觸一片化機。處處呈現了藝術家之胸懷雅趣。牟宗三先生以爲魏晉名士是一種追求藝術的人格型態：

> 此種境界是藝術的境界，亦是虛無的境界。名士人格是藝術的，亦

民出版社，1988年4月），頁264。

〔註14〕鄭志明先生則以〈楊朱篇〉爲「魏晉學術思想的社會性格」，他以爲該篇「大部份篇章，一直環繞著生死問題、申論快樂的情趣，以爲幸福是在人生是在有限時空下求其滿足。」而本篇對生死的三個觀念是：第一、企圖貴生愛生，以斬不死，以求永生，是極不智的行爲，自古到今，安危依然，治亂依然，人生百年已嫌過多，爲何還求永生呢？第二、久生雖是痛苦，切勿踏尖刀，入湯火以求早死，早死則不自然，非人生存的本意。第三、生的意義在於任從自然，窮盡欲望，以待死亡，死時也要任從自然，無爲以至於終盡。可以說是將生死沈潛於內在的無爲，擺落一切內外在束縛，當下隨心所欲，保全自我生命的完整性。見鄭氏：《中國社會與宗教・列子楊朱篇的意識形態——魏晉學術思想的社會性格》（臺北：臺灣學生書局，1986年7月），頁152。

〔註15〕羅宗強：《玄學與魏晉士人心態》（臺北：文史哲出版社，1992年11月），頁250。

是虛無主義的。此是基本情調。……他們不能己立而立人，安己以安人，因爲只是逸氣之一點靈光之寡頭揮灑，四無掛搭，本是不能安住任何事的，此其所以是虛無主義。由此觀之，完全是消極的、病態的。然由其玄思玄智方面說，亦有積極的作用，他能開出哲學境界。〔註16〕

魏晉人重藝術而不講政治實效，於己於人都不能安立，生命四無掛搭，是一種虛無主義。然而牟先生並不諱言這些名士的價值即在於哲學理境上開拓之功（玄理玄思方面）。梁啓超先生於《中國學術思想變遷之大勢》一書中也說：

范甯謂王弼、何晏二人之罪，深於桀紂；卞壺斥王澄、謝鯤，謂悖禮傷教，中朝傾覆，實由於此，非過言也。平心論之，若著政治史，則王何等傷風敗俗之罪，固無可假借；若著學術思想史，則如王弼之於老易，郭象、向秀之於莊……皆有其所心得之處，成一家之言，以視東京末葉，咬文嚼字之腐儒，殆或過之焉。〔註17〕

梁氏能由政治、學術兩種不同的角度，來分析任誕名士之功過。他以爲王何「傷風敗俗」之罪，是無可假借的；然而梁氏亦肯定了王弼、郭象、向秀等人於學術上傑出之成就。

　　而唐君毅先生則比較了漢與魏晉時代不同的文化成就：

漢人精神表現厚重之地德，漢人之精神思想之毛病，在太滯礙、太質實，如有泥土氣；則魏晉之文學藝術哲學中，卻可說是脫淨了此泥土氣，而優游於自然界與人間世，望之「飄飄然若神仙中人者」。這是中國人文精神之另一種形態之新發展。〔註18〕

唐氏以爲在於文學、藝術、哲學中，魏晉人除卻了泥士氣、人間氣，而飄然遠舉，是中國人文精神的另一種形態之發展。此種看法亦與牟宗三先生大致吻合，筆者亦深表贊同。而徐復觀先生更具體明確地指出：竹林名士是開啓這時代藝術自覺之關鍵人物：

〔註16〕牟宗三：《才性與玄理》（臺北：臺灣學生書局，1985年4月），頁71。
〔註17〕梁啓超：《中國學術思想變遷之大勢》（臺北：中華書局，1967年10月臺3版），頁59。
〔註18〕唐君毅《中國人文精神之發展》，現收於《唐君毅全集》第六卷（臺北：臺灣學生書局，1988年），頁23。

> 竹林名士，在思想上實係以莊子爲主，並由思辨而落實於生活之上；
> 這可以說是性情地玄學。他們雖形骸脫略，但都流露出深摯地性情。
> 在這種性情中，都含有藝術的性格。……所以竹林名士實開啓魏晉
> 時代藝術自覺的關鍵人物。〔註 19〕

徐氏以爲竹林名士是將莊子思想落實於生活的人。莊學藝術精神與竹林名士
之性情剛好合拍。而後代之名士對宇宙萬物能有著美的觀照，完全是由竹林
名士開啓此藝術胸襟的。徐氏又以爲到了元康名士（即中朝名士），則「性情
地玄學已經在門第的小天地中浮薄化了，演變成爲生活情調地玄學。這種玄
學，只極在語言儀態上求其合於『玄』的意味。」〔註 20〕元康之前之名士有
玄心妙賞，而之後之名士，但求跡似而已，是否有玄心，就不盡然了。

　　魏晉人用玄心欣賞萬事、萬物。故這個朝代可以說是一個美的高成就時
代。近代蔣勳先生即言：

> 魏晉名士……在美的世界、在藝術的世界找到了可以相信、倚恃的
> 價值。「美」從「道德」的範疇中被解放了出來，藝術的各種媒體—
> —聲音、色彩、線條、文字，也都從「意義」的桎梏解放了出來；……
> 魏晉名士造就了一次中國藝術史上空前的「唯美時期」。〔註 21〕

魏晉名士的最大貢獻恐怕也在此——將「美」從「道德」的範疇中解放出來。
牟宗三先生也說：「魏晉人於智悟境界、藝術境界不俗，而於德性境界則甚庸
俗。」〔註 22〕牟氏之言，頗能就事論事，而魏晉人的優缺點，就盡現於這幾
句了。

　　魏晉時代傑出的哲學、文學、藝術之人才，可以說都是對國家責任感較
欠缺的人。然而人在推卸了國家、社會責任後，可以變得輕盈、輕鬆，在天
地間自由飛翔，而一任所長。於是他們將才力盡情展現於「美」與「智」之
天地間，在此天地間他們找到了生命的座標與價值。故這個時期的藝術成果
極爲豐碩，樹立了中古時期一個非常重要的藝文里程碑。

〔註 19〕 徐復觀：《中國藝術精神》（臺北：臺灣學生書局，1988 年 1 月 10 刷），頁 151
　　　　～152。
〔註 20〕 同前註。
〔註 21〕 蔣勳：《美的沉思》〈唯美的時代——魏晉名士風流〉（臺北：雄獅圖書股份有
　　　　限公司，1986 年 2 月）頁 60。
〔註 22〕 牟宗三：《才性與玄理》（臺北：臺灣學生書局，1985 年 4 月），頁 81。

第三節　餘　論

　　孔子曰：「不曰「如之何，如之何」者，吾末如之何也已矣！」(《論語·衛靈公》) 對於生活的規劃、人生的意義、生命的價值等，應是人人經常去自我叩問的問題。然而我們總是以習慣代替思考，天天在呼吸，而不去詢問空氣的成分；日日見太陽，而不去打探太陽的來歷。人當然可以來世一遭，繳一張白卷回去。然而對於有著更高期待的人而言，這樣的來去似乎是有些遺憾。而人在酒足飯飽之餘，會去思索人生的未來，進而創造更完美的人生，於是文明也由此生焉。

　　而在審察東漢至魏晉士人人生觀時，我們必須有著釋氏寬大慈悲的視域，方能有最客觀的觀照，劉再復先生即以為：

> 任何一個人，不管性格多麼複雜，都是相反兩極所構成的。這種正反的兩極，從生物的進化角度看，有保留動物原始需求的動物性一極，有超越動物性特徵的社會性一極；從個人與人類社會總體的關係來看，有適於社會前進要求的肯定性的一極，又有不適應社會前進要求的否定性一極；從人的倫理角度來看，有善的一極，也有惡的一極；從人的社會實踐角度來看，有真的一極，也有假的一極；從人的審美的角度來看，有美的一極，也有醜的一極。〔註23〕

人是矛盾的，而生活又是複雜的，在任何人、事、物中都有真、善、美與假、惡、醜的對立。我們應該歌頌並效法真、善、美的部份，而揭露並鞭撻假、惡、醜的部份，藉以建立正確人生觀、並提高自己生命之意義與價值。

　　中國士人向以儒家人生觀做為行事之極則。然而這種人生觀卻在魏晉時代出現重大之轉變。當儒家喪失了它獨尊的地位後，於是「士大夫子弟皆以博涉為貴，不肯專儒。」(《顏氏家訓·勉學篇》) 蟄伏已久的各家思想，紛紛出籠。士人生長在多元之價值中，不得不找尋自己人生新座標。他們步伐或許走得太快而不夠沈穩，但總是為我們樹立正、負面的人生觀與生命的樣態。讓我們可以從中學習，並反省自身而截長補短。而唐君毅先生以為漢、魏晉政治、文化互有優劣，他高舉兼綜各代之長的唐代以資響往：

> 我們看魏晉人物在思想上尚放任尚自由，而文學藝術哲學，皆能表

〔註23〕劉再復：《生命精神與文學道路》(臺北：風雲時代出版社，1989 年 11 月)，頁 4～5。

現個性。然在政治上，則爲衰世。漢代人在學術思想上，能力求承
繼古人加以融合，而社會政治上，則爲大一統之盛世。然漢人之才
情，又不如魏晉人之煥發而清俊，思想亦不如魏晉人之朗澈而新穎。
故知一時代精神重群體之統一，與重個性之發抒，乃各有所長，各
有所短，而極不易兼備者。然而我們看唐代之盛世，則一方國力充
盈，德威遠播，而一方則文人、詩人、藝術家、與高僧大德，皆能
卓爾成家，自抒懷抱。是又足證此二者未嘗不可兼備于一時代之文
化中。而吾人眞欲綜合兼重群體之統一，與重個性之發抒之精神，
則宜兼懸唐代文化之規模，以資嚮往。〔註24〕

唐氏之論用於國家、社會、個人，均極有建設性，頗值吾人深思。最好的國
家、社會、人生之理想當然是個體與群體均取得良好的發展，且兩者並行不
悖。人與人、人與社會、人與國家、人與自然都有一種和諧緊密的關係而相
得益彰。在觀察東漢至東晉士人人生觀時，我們發現他們與人、自然的親密
度比之前朝更甚；但是與社會、國家的關係較爲疏離。當然這大部分是政治
因素所使然。我們該學習的是他們對待宇宙自然的藝術胸襟與深情觀照，而
應該鄙棄他們事不關己、對國事麻痺的自私心態。若從國家、社會之發展視
角來看，他們的人生觀有許多不是我們所應追求的理想人生觀。然而若沒有
他們示範了「錯」，「對」的可貴與意義就無法突顯，在這點上來說，仍是可
以從負面中找尋其正面之意義。

〔註24〕　唐君毅：《中國人文精神之發展》（臺北：臺灣學生書局，1979 年 3 月 5 版），
　　　　頁 33。

參考書目

一、經　部

1. 王弼，《周易注》，臺北：藝文印書館，1973 年。

2. 王熙元，《論語通釋》，臺北：臺灣學生書局，1988 年。

3. 何晏，《論語集解》，臺北：臺灣商務印書館，1981 年。

4. 李學勤主編，《十三經注疏（標點本）》，北京：北京大學出版社，1999
   年。

5. 沈知方主編，《語譯廣解四書讀本——孟子讀本》，香港：啓明書局，1981
   年。

6. 周法高，《中國古代語法稱代編》，臺北：中央研究院歷史語言研究所，
   1994 年。

7. 林慶勳等著，《文字學》，臺北：國立空中大學，1995 年。

8. 竺師家寧，《漢語詞彙學》，臺北：五南圖書公司，1999 年。

二、史　部

1. 干寶，《晉紀》，臺北：藝文印書館，（出版日期不詳）。

2. 毛漢光，《中國中古社會史稿》，臺北：聯經出版事業有限公司，1988 年。

3. 王仲犖，《魏晉南北朝史》，（出版地、出版社、出版日期均不詳）。

4. 司馬光，《資治通鑑》，臺北：臺灣商務印書館，1983 年。

5. 任繼愈主編，《中國哲學發展史》，上海：人民出版社，1981 年。

6. 余英時，《中國知識階層史論》，臺北：聯經出版事業有限公司，1980 年。

7. 吳功正，《六朝美學史》，江蘇：美術出版社，1994 年。

8. 沈約，《宋書》，臺北：鼎文書局，1980 年。

9. 房玄齡，《晉書》，臺北：鼎文書局，1980 年。

10. 侯外廬主編，《中國思想通史》，北京：人民出版社，1978 年。

11. 侯忠義，《中國文言小說史稿》，北京：北京大學出版社，1990 年。

12. 姚思廉，《梁書》，臺北：鼎文書局，1983 年。

13. 姚思廉，《陳書》，臺北：鼎文書局，1983 年。

14. 范曄，《後漢書》，臺北：鼎文書局，1978 年。

15. 韋政通，《中國思想史》，臺北：臺灣學生書局，1986 年。

16. 唐長孺，《魏晉南北朝史論叢》，（出版地、出版社、出版日期均不詳）。

17. 徐復觀，《中國人性論史》，臺北：臺灣商務印書館，1978 年。

18. 班固，《漢書》，臺北：鼎文書局，1979 年。

19. 張捷夫，《中國喪葬史》，臺北：文津出版社，1995 年。

20. 梁・慧皎，《高僧傳》，臺北：廣文書局，1986 年。

21. 莊萬壽，《嵇康年譜》，臺北：三民書局，1981 年。

22. 陳東原，《中國婦女生活史》，上海：文藝出版社，1990 年。

23. 陳壽，《三國志》，臺北：鼎文書局，1980 年。

24. 陸侃如，《中古文學繫年》，北京：新華書局，1985 年。

25. 傅勤家，《中國道教史》，臺北：臺灣商務印書館，1975 年。

26. 傅樂成，《中國通史》，臺北：大中國圖書公司，1985 年。

27. 勞思光，《新編中國哲學史》，臺北：三民書局，1984 年。

28. 勞榦，《魏晉南北朝史》，臺北：中國文化大學出版部，1980 年。

29. 馮友蘭，《中國哲學史》，臺北：蘭燈書局，1989 年。

30. 萬繩南整理，《陳寅恪魏晉南北朝史講演錄》，安徽：黃山書社，1999 年。

31. 葉朗，《中國美學史大綱》，臺北：滄浪出版社，1986 年。

32. 葉慶炳，《中國文學史》，臺北：臺灣學生書局，1986 年。

33. 葛洪，《神仙傳》，臺北：中華書局，1991 年。

34. 寧稼雨，《中國志人小說史》，瀋陽：遼寧人民出版堂，1991 年。

35. 褚贛生，《奴婢史》，上海：文藝出版社，1994 年。

36. 趙翼，《廿二史箚記》，臺北：廣文書局，1974 年。

37. 劉大杰，《中國文學發展史》，吉林：東北師範大學出版社，1997 年。

38. 劉汝霖，《漢晉學術編年》，臺北：長安書局，1979 年。

39. 劉師培，《中古文學史》，臺北：文海出版社，1972 年。

40. 劉精誠，《中國道教史》，臺北：文津出版社，1993 年。

41. 劉綱紀李澤厚主編，《中國美學史》，臺北：谷風出版社，1987 年。

42. 蔡元培，《中國倫理學史》，臺北：臺灣商務印書館，1981 年。

43. 穆克宏，《魏晉南北朝文史料述略》，北京：中華書局，1997 年。

44. 蕭子顯，《齊書》，臺北：鼎文書局，1980 年。

45. 蕭公權，《中國政治思想史》，臺北：聯經出版事業有限公司，1982 年。

46. 錢穆，《國史大綱》，臺北：臺灣商務印書館，1985 年。

47. 羅光，《中國哲學思想史》，臺北：臺灣學生書局，1985 年。

48. 羅宏曾，《魏晉南北朝文化史》，成都：四川人民出版社，1988 年。

49. 蘇冰等，《中國婚姻史》，臺北：文津出版社，1994 年。

50. 蘇紹興，《兩晉南朝的士族》，臺北：聯經出版事業有限公司，1987 年。

三、子 部

1. Erncs R. hilgrardetc.《心理學》，臺北：桂冠圖書公局，1985 年。

2. 卞敏，《六朝人生哲學》，南京：南京出版社，1992 年。

3. 孔毅，《魏晉名士》，四川：巴蜀書社，1994 年。

4. 文史知識編輯部，《道教與傳統文化》，北京：新華書店，1992 年。

5. 方東美，《中國人生哲學》，臺北：黎明文化事業公司，1988 年。

6. 方穎嫻，《先秦道家與玄學佛學》，臺北：臺灣學生書局，1986 年。

7. 王仁祥，《先秦兩漢的隱逸》，臺北：國立臺灣大學，1995 年。

8. 王充，《論衡》，上海：上海古籍出版社，1990 年。

9. 王守華，《世說新語發微》，上海：文藝出版社，1997 年。

10. 王妙純，《竹林七賢的思想與行為——以人文精神為中心的探討》，臺中：捷太出版社，1990 年。

11. 王邦雄等著，《中國哲學家與哲學專題》，臺北：空中大學，1989 年。

12. 王能憲，《世說新語研究》，江蘇：古籍出版社，1992 年。

13. 王清祥，《老子河上公注之研究》，臺北：新文豐書局，1994 年。

14. 王符，《潛夫論》，臺北：藝文印書館，1977 年。

15. 王葆玹，《正始玄學》，濟南：齊魯書社，1987 年。

16. 王壽南主編，《中國歷代思想家》（第三冊），臺北：臺灣商務印書館，1979 年。

17. 王德保，《仕與隱》，北京：華文出版社，1997 年。

18. 王曉毅，《放達不羈的士族》，臺北：文津出版社，1989 年。

19. 丘為君，《自然與名教——漢晉思想的轉折》，臺北：木鐸出版社，1981 年。

20. 伍蠡甫,《山水與美學》,臺北:丹青圖書有限公司,1987 年。

21. 宇野精一,《中國思想之研究》,臺北:幼獅文化事業公司,1977 年。

22. 朴美齡,《世說新語所反映的思想》,臺北:文津出版社,1990 年。

23. 朱義雲,《魏晉風氣與六朝文學》,臺北:文史哲出版社,1980 年。

24. 牟宗三,《才性與玄理》,臺北:臺灣學生書局,1985 年。

25. 牟宗三,《中國哲學十九講》,臺北:臺灣學生書局,1983 年。

26. 牟宗三,《中國哲學的特質》,臺北:臺灣學生書局,1984 年。

27. 牟宗三,《生命的學問》,臺北:三民書局,1970 年。

28. 牟宗三等,《中國哲學思想論集》(第三冊)〈兩漢魏晉隋唐篇〉,臺北:水牛圖書出版事業有限公司,1988 年。

29. 何啓民,《中古門第論集》,臺北:臺灣學生書局,1982 年。

30. 何啓民,《竹林七賢研究》,臺北:臺灣學生書局,1976 年。

31. 何啓民,《魏晉思想與談風》,臺北:臺灣學生書局,1976 年。

32. 何顯明等,《飄向天國的駝鈴——死亡學精華》,臺北:夏圓出版社,1994 年。

33. 余英時,《中國傳統思想的現代詮釋》,臺北:聯經出版事業有限公司,1987 年。

34. 余英時,《文明與野蠻》,臺北:九思出版社,1979 年。

35. 余英時,《歷史與思想》,臺北:聯經出版事業有限公司,1989 年。

36. 余嘉錫,《世說新語箋疏》,臺北:仁愛書局,1984 年。

37. 呂凱,《魏晉玄學析評》,臺北:世紀書局,1980 年。

38. 宋·李昉等編,《太平御覽》,臺北:臺灣商務印書館,1975 年。

39. 李文初,《中國山水文化》,廣東:人民出版社,1996 年。

40. 李玉芬,《六朝志人小説研究》,臺北:文津出版社,1998 年。

41. 李建中,《亂世苦魂——《世說新語》時代的人格悲劇》,北京:東方出版社,1998 年。

42. 李軍,《中國人的處世藝術》,鄭州:河南人民出版社,1992 年。

43. 李清筠,《時空情境中的自我影像》,臺北:文津出版社,2000 年。

44. 李清筠,《魏晉名士人格研究》,臺北:文津出版社,2000 年。

45. 李養正,《道教概説》,北京:中華書局,1990 年。

46. 李澤厚,《美的歷程》,臺北:元山書局,1985 年。

47. 李澤厚,《華夏美學》,臺北:時報文化出版企業有限公司,1989 年。

48. 李鍌等,《中國文化概論》,臺北:三民書局,1983 年。

49. 李豐楙，《探求不死》，臺北：久大文化有限公司，1987 年。

50. 沈從文，《中國古代服飾·增訂本》，上海：上海書店出版社，1986 年。

51. 周光慶，《中國讀書人的理想人格》，漢口：湖北教育出版社，1999 年。

52. 周汛，《中國古代服飾風俗》，臺北：文津出版社，1989 年。

53. 周紹賢，《魏晉清談述論》，臺北：臺灣商務印書館，1987 年。

54. 宗白華，《美學的散步》，臺北：洪範書局，1984 年。

55. 林素英，《古代生命禮儀中的生死觀——以《禮記》爲主的現代詮釋》，臺北：文津出版版社，1997 年。

56. 林聰舜，《向郭莊學之研究》，臺北：文史哲出版社，1981 年。

57. 姜伯純，《竹林七賢》，臺北：莊嚴出版社，1986 年。

58. 柳士鎮等譯注，《世說新語》，臺北：錦繡出版社，1992 年。

59. 段德智，《死亡哲學》，臺北：洪葉文化出版事業有限公司，1994 年。

60. 胡孚琛等，《道學通論——道家、道教、仙學》，北京：北京社會科學文獻出版社，1999 年。

61. 范子燁，《中古文人生活研究》，濟南：山東教育出版社，2001 年。

62. 范宜如等，《風雅淵源——文人生活的美學》，臺北：臺灣書店，1998 年。

63. 唐·虞世南，《北堂書鈔》，臺北：宏業書局，1974 年。

64. 唐·歐陽詢等，《藝文類聚》，臺北：文光出版社，1974 年。

65. 唐君毅，《人文精神之重建》，臺北：臺灣學生書局，1988 年。

66. 唐君毅，《人生之體驗續編》，臺北：臺灣學生書局，1980 年。

67. 唐君毅，《中國人文精神之發展》，臺北：臺灣學生書局，1979 年。

68. 唐君毅，《中國文化之精神價值》，臺北：正中書局，1989 年。

69. 唐君毅，《中國哲學原論原性篇》，臺北：臺灣學生書局，1989 年。

70. 唐君毅，《中國哲學原論原道篇》，臺北：臺灣學生書局，1976 年。

71. 唐君毅，《中華人文與當今世界》，臺北：臺灣學生書局，1988 年。

72. 唐翼明，《魏晉清談》，臺北：東大圖書公局，1992 年。

73. 孫克強，《雅俗之辨》，北京：華文出版社，1997 年。

74. 容肇祖，《魏晉的自然主義》（收於「魏晉思想」一書中），臺北：里仁書局，1984 年。

75. 徐秉榆，《中國文化新論》，臺北：聯經出版事業公司，1990 年。

76. 徐復觀，《中國藝術精神》，臺北：臺灣學生書局，1988 年。

77. 徐幹，《中論》，臺北：世界書局，1987 年。

78. 徐壽凱，《中國古代藝文思想漫話》，臺北：木鐸出版社，1986 年。

79. 袁行霈,《魏晉玄學中的言意之辨與中國古代文藝理論》(收於魏晉思想一書中),臺北:里仁書局,1984 年。

80. 袁濟喜,《六朝美學》,北京:北京大學出版社,1999 年。

81. 馬良懷,《崩潰與重建中的困惑——魏晉風度研究》,北京:中國社會科學出版社,1993 年。

82. 高全喜,《自我意識論》,臺北:博遠出版有限公司,1993 年。

83. 高明等,《孔子思想研究論文集》,臺北:黎明文化事業有限公司,1983 年。

84. 高華平,《玄學趣味》,武漢:湖北出版社,1997 年。

85. 高華平,《魏晉玄學人格美研究》,成都:巴蜀書社,2000 年。

86. 區紀復,《簡樸的海岸——鹽寮淨土十年記》,臺北:晨星出版有限公局,2000 年。

87. 國立成功大學中文系,《魏晉南北朝文學與思想學術研討會論文集》(第四輯),臺北:文津出版社,2001 年。

88. 尉遲淦主編,《生死學概論》,臺北:五南圖書出版公司,2000 年。

89. 康韻梅,《中國古代死亡觀之探究》,臺北:國立臺灣大學,1994 年。

90. 張文初,《死之默想》,臺北:新視野圖書公司,1996 年。

91. 張方,《風流人格》,北京:華文出版社,1997 年。

92. 張仲謀,《兼濟與獨善——古代士大夫處世心理剖析》,北京:東方出版社,1998 年。

93. 張宏,《道骨仙風》,北京:華文出版社,1997 年。

94. 張叔寧,《世說新語整體研究》,南京:南京出版社,1994 年。

95. 張振德,《世說新語語言研究》,山東:巴蜀書社,1995 年。

96. 張海明,《玄妙之境——魏晉玄學美學思潮》,吉林:東北師範大學出版社,1997 年。

97. 張湛注,《列子》,臺北:藝文印書館,1975 年。

98. 張節末,《狂與逸——中國古代知識分子的兩種人格特徵》,北京:東方出版社,1995 年。

99. 張蓓蓓,《「名教」一詞的產生及其相關問題》,臺北:國科會論文,1986 年。

100. 張蓓蓓,《中古學術論略》,臺北:大安出版社,1991 年。

101. 張蓓蓓,《東漢士風及其轉變》,臺北:國立臺灣大學出版委員會,1985 年。

102. 張默生,《莊子新釋》,臺北:臺灣時代書局,1975 年。

103. 梁啓超，《中國學術思想變遷之大勢》，臺北：中華書局，1967 年。

104. 淡江大學中國文學研究所主編，《文學與美學——中國文化中之審美意識》，臺北：文史哲出版社，1990 年。

105. 許尤娜，《魏晉隱逸思想及其美學涵義》，臺北：文津出版社，2001 年。

106. 許建平，《山情逸魂——中國隱士心態史》，北京：東方出版社，1999 年。

107. 郭象注，《校正莊子集釋》，臺北：世界書局，1981 年。

108. 陳仁華，《品人明鏡——世說新語白話版》，臺北：遠流出版社，1991 年。

109. 陳品卿，《莊學新探》，臺北：文史哲出版社，1991 年。

110. 陳洪，《醒醉人生——魏晉士風散論》，北京：東方出版社，1996 年。

111. 陳書良，《六朝煙水》，北京：現代出版社，1990 年。

112. 陳鼓應，《莊子今註今譯》，臺北：臺灣商務印書館，1994 年。

113. 陳橋生，《詩酒風流》，北京：華文出版社，1997 年。

114. 陶東風等，《死亡・愛情・隱逸・思鄉》，杭州：杭州大學出版社，1993 年。

115. 陶建國，《兩漢魏晉之道家思想》，臺北：文津出版社，1990 年。

116. 傅剛，《魏晉風度》，上海：古籍出版社，1997 年。

117. 傅偉勳，《死亡的尊嚴與生命的尊嚴》，臺北：正中書局，1991 年。

118. 傅偉勳，《學問的生命與生命的學問》，臺北：正中書局，1993 年。

119. 喬長路，《中國人生哲學》，臺北：鴻泰圖書公司，1995 年。

120. 湯一介，《郭象與魏晉玄學》，臺北：谷風出版社，1988 年。

121. 湯一介，《魏晉南北朝的道教》，臺北：東大圖書股份有限公司，1988 年。

122. 湯用彤，《魏晉玄學論稿》（收於魏晉思想一書），臺北：里仁書局，1984 年。

123. 紫竹等，《中國傳統人生哲學縱橫談》，山東：齊魯書社，1992 年。

124. 賀麟，《魏晉清談思想初論》（收於魏晉思想一書），臺北：里仁書局，1984 年。

125. 馮友蘭，《三松堂全集》，河南：人民出版社，1986 年。

126. 黃俊傑，《中國文化新論——思想篇》，臺北：聯經出版事業有限公司，1983 年。

127. 楊勇，《世說新語校箋》，臺北：明倫出版社，1970 年。

128. 楊國娟，《嵇康研究論文集》，臺北：光啓出版社，1982 年。

129. 楊適，《人倫與自由——中西人論的衝突和前途》，香港：商務印書館有限公司，1991 年。

130. 葉太平，《中國文學之美學精神》，臺北：水牛出版社，1998 年。

131. 葛兆光，《道教與中國文化》，臺北：臺灣東華書局股份有限公司，1989年。

132. 葛洪，《抱朴子》，臺北：臺灣商務印書館，1965 年。

133. 詹秀惠，《世說新語語法探究》，臺北：臺灣學生書局，1973 年。

134. 寧稼雨，《世說新語與中古文化》，河北：教育出版社，1992 年。

135. 寧稼雨，《魏晉風度》，北京：東方出版社，1992 年。

136. 漢·河上公，《老子河上公注》，臺北：成文書局，1976 年。

137. 福永光司著，《莊子——古代中國的存在主義》，臺北：三民書局，1977年。

138. 趙有聲，《生死·享樂·自由——道家和道教的關係及人生理想》，臺北：國際文化出版公司，1988 年。

139. 趙敏俐，《先秦君子風範——中華民族文化人格的歷史探源》，北京：東方出版社，1999 年。

140. 趙雅博，《現代人文主義面面觀》，臺北：啟業書局，1968 年。

141. 劉大杰，《魏晉思想論》（收於「魏晉思想」一書中），臺北：里仁書局，1984 年。

142. 劉正浩，《新譯世說新語》，臺北：三民書局，1996 年。

143. 劉再復，《生命精神與文學道路》，臺北：風雲時代出版公司，1989 年。

144. 劉宗坤，《覺醒與沈淪——魏晉風度》，河南：大象出版社，1997 年。

145. 劉岱編，《敬天與親人》，臺北：聯經出版事業有限公司，1993 年。

146. 劉邵，《人物志》，臺北：臺灣商務印書館，1979 年。

147. 劉國梁，《道教精萃》，吉林：新華書局，1991 年。

148. 劉康德，《魏晉風度與東方人格》，遼寧：新華書局，1991 年。

149. 劉琦，《名士與解脫》，北京：作家出版堂，1997 年。

150. 劉震塄，《世說新語校箋》，香港：中華書局，1987 年。

151. 劉曉波，《悲劇·審美·自由》，臺北：風雲時代出版公司，1989 年。

152. 蔣凡，《世說新語研究》，上海：學林出版社，1998 年。

153. 蔣勳，《美的沈思——中國藝術思想芻論》，臺北：雄獅圖書股份有限公司，1986 年。

154. 鄭毓瑜，《六朝情境美學》，臺北：臺北里仁書局，1997 年。

155. 鄭曉江，《中國死亡智慧》，臺北：東大圖書公司，1994 年。

156. 鄭曉江，《生死智慧——中國人對人生觀及死亡觀的看法》，臺北：漢欣文化事業有限公司，1997 年。

157. 鄭曉江，《超越死亡》，臺北：正中書局，1999 年。

158. 燕國材，《漢魏六朝心理思想研究》，臺北：谷風出版社，1988 年。

159. 盧建榮，《魏晉自然思想》，臺北：聯鳴文化有限公司，1981 年。

160. 蕭艾，《世說探幽》，長沙：湖南出版社，1992 年。

161. 蕭志強譯，《生與死的深層心理》，臺北：方智出版社，1998 年。

162. 蕭登福，《周秦兩漢早期道教》，臺北：文津出版社，1998 年。

163. 錢穆，《中國學術思想史論叢》（三），臺北：東大圖書公司，1977 年。

164. 錢穆，《中國歷史精神》，臺北：東大圖書公司，1986 年。

165. 錢穆，《從中國歷史來看中國民族性及中國文化》，臺北：聯經出版事業有限公司，1987 年。

166. 錢穆，《雙溪獨語》，臺北：臺灣學生書局，1987 年。

167. 應全，《臨界死亡》，北京：華文出版社，1997 年。

168. 謝師大寧，《歷史的嵇康與玄學的嵇康》，臺北：文史哲出版社，1997 年。

169. 顏之推，《顏氏家訓》，臺北：臺灣中華書局，1970 年。

170. 魏·王弼，《老子注》，臺北：藝文印書館，1975 年。

171. 羅宗強，《玄學與魏晉士人心態》，臺北：文史哲出版社，1992 年。

172. 蘇新鋈，《郭象莊學平議》，臺北：臺灣學生書局，1980 年。

173. 饒宗頤，《老子想爾注校證》，上海：上海古籍出版社，1991 年。

174. 顧炎武，《日知錄》，臺北：明倫出版社，1970 年。

175. 顧鑒塘等，《中國歷代婚姻與家庭》，臺北：臺灣商務印書館，1995 年。

176. 龔鵬程，《飲食男女生活美學》，臺北：立緒文化事業有限公局，1998 年。

四、集　部

1. 中華文化復興運動推行委員會等主編，《中國文學講話（五）魏晉南北朝文學之部》，臺北：巨流圖書公司，1988 年。

2. 王力堅，《六朝唯美詩學》，臺北：文津出版社，1997 年。

3. 王文進，《仕隱與中國文學——六朝篇》，臺北：臺灣書店，1999 年。

4. 王立，《中國古代文學十大主題》，臺北：文史哲出版社，1994 年。

5. 王師金凌，《中國文學理論》（六朝篇），臺北：華正書局，1988 年。

6. 王國瓔，《中國山水詩研究》，臺北：聯經出版事業有限公司，1996 年。

7. 王瑤，《中古文學史論》，臺北：長安出版社，1986 年。

8. 李建中，《魏晉文學與魏晉人格》，武漢：湖北教育出版社，1998 年。

9. 李豐楙，《憂與遊——六朝隋唐遊仙詩論集》，臺北：臺灣學生書局，1996 年。

10. 周豫才等，《文學研究叢編第一輯》，臺北：木鐸出版社，1981 年。

11. 林文月，《中古文學論叢》，臺北：大安出版社，1989 年。

12. 邱鎮京，《阮籍詠懷詩研究》，臺北：文津出版社，1971 年。

13. 胡仔纂集，《苕溪漁隱叢話》，臺北：木鐸出版社，1982 年。

14. 夏咸淳等主編，《小品文精華》，臺北：萬卷樓圖書公司，1996 年。

15. 馬茂元，《古詩十九首探索》，高雄：復文圖書出版社，1988 年。

16. 崔富章注譯，《新譯嵇中散集》，臺北：三民書局，1998 年。

17. 張仁青，《六朝唯美文學》，臺北：文史哲出版社，1980 年。

18. 曹植，《曹子建集》，臺北：中華書局，1991 年。

19. 梅家玲，《漢魏六朝文學析論》，臺北：里仁書局，1997 年。

20. 郭紹虞編，《中國歷代文論選》，臺北：木鐸出版社，1981 年。

21. 陳伯君，《阮籍集校注》，北京：新華書局，1987 年。

22. 陳寅恪，《陳寅恪先生論文集》，臺北：九思出版社，1977 年。

23. 陸機，《陸士衡集》，臺北：中華書局，1991 年。

24. 章尚正，《中國山水文學研究》，上海：學林出版社，1997 年。

25. 黃錦鋐，《莊子及其文學》，臺北：東大圖書公司，1977 年。

26. 逯欽立輯校，《先秦漢魏晉南北朝詩》，臺北：木鐸出版社，1983 年。

27. 葉矯然，《清詩話續編》，上海：古籍出版社，1993 年。

28. 趙明政，《文言小說》，廣西：廣西師範大學出版社，1999 年。

29. 劉勰，《文心雕龍》，臺北：里仁書局，1984 年。

30. 魯迅，《魯迅全集》，北京：人民文學出版社，1982 年。

31. 魯迅，《魯迅論文學與藝術》，北京：人民文學出版社，1980 年。

32. 蕭統，《昭明文選》，臺北：華正書局，1982 年。

33. 錢志熙，《唐前生命觀和文學生命主題》，北京：東方出版社，1997 年。

34. 錢鍾書，《管錐篇》，香港：中華書局分局，1980 年。

35. 戴明揚，《嵇康集校注》，臺北：河洛圖書出版社，1978 年。

36. 薛惠琪，《六朝佛教志怪小說研究》，臺北：文津出版社，1995 年。

37. 鍾嶸，《詩品》，臺北：金楓出版有限公司，1986 年。

38. 顏崑陽，《莊子藝術精神析論》，臺北：華正書局，1985 年。

39. 羅聯添編，《中國文學史論文選集》，臺北：臺灣學生書局，1978 年。

40. 嚴可均編，《全上古三代秦漢三國六朝文》，臺北：中文出版社，1972 年。

五、碩博士論文

1. 尤雅姿，《劉義慶及其世說新語之散文》，國立臺灣師範大學國文研究所碩士論文，1986 年。

2. 王妙純，《從《世說新語》看東漢至東晉士人的人生觀》，中正大學中國文學研究所碩士論文，2002 年。

3. 王聰明，《左傳之人文思想研究》，國立臺灣師範大學國文研究所碩士論文，1988 年。

4. 朴敬姬，《世說新語中人物品鑒之研究》，政治大學中國文學研究所碩士論文，1982 年。

5. 江建俊，《魏晉玄理與玄風之研究》，文化大學中國文學研究所博士論文，1987 年。

6. 吳芳玉，《嵇康思想論》，輔仁大學中國文學研究所碩士論文，1987 年。

7. 吳冠宏，《魏晉玄論與士風新探——以「情」為綰合及詮釋進路》，國立臺灣大學中國文研究所博士論文，1997 年。

8. 吳炳輝，《六朝哀挽詩研究》，國立政治大學中國文學研究所碩士論文，1991 年。

9. 吳惠玲，《世說新語之人物美學研究》，國立臺灣師範大學國文研究所碩士論文，1998 年。

10. 李豐楙，《魏晉南北朝文士與道教之關係》，國立政治大學中國文學研究所博士論文，1978 年。

11. 林志孟，《世說新語人物考》，中國文化大學中國文學研究所碩士論文，1983 年。

12. 林麗真，《魏晉清談主題之研究》，臺灣大學中國文學研究所博士論文，1978 年。

13. 林顯庭，《魏晉清談及其玄理究要》，東海大學中國文學研究所碩士論文，1974 年。

14. 紀志昌，《魏晉隱逸思想研究——以高士類傳記為主所作的考察》，輔仁大學中國文學研究所碩士論文，1999 年。

15. 范瑞珠，《魏晉論辯散文之研究——以嵇康為中心的試探》，政治大學中國文學研究所碩士論文，1982 年。

16. 徐麗真，《世說新語呈現之魏晉士人審美觀研究》，國立政治大學中國文學研究所博士論文，1995 年。

17. 徐麗霞，《阮籍研究》，國立臺灣師範大學國文研究所碩士論文，1978 年。

18. 栗子菁，《魏晉任誕士風之研究》，臺灣大學中國文學研究所碩士論文，1988 年。

19. 張釟星，《魏晉知識份子道家意識之研究》，國立政治大學中國文學研究所博士論文，1988 年。

20. 張鈞莉，《魏晉美學趨勢之研究》，國立臺灣師範大學國文研究所博士論文，1997 年。

21. 張蓓蓓，《漢晉人物品鑑研究》，國立臺灣大學中國文研究所博士論文，1983 年。

22. 梅家玲，《世說新語的語言藝術》，國立臺灣大學中國文研究所博士論文，1991 年。

23. 陳玲娜，《六朝隱逸思想究》，輔仁大學中國文學研究所碩士論文，1984 年。

24. 陳美朱，《西晉之理想士人論》，國立成功大學中國文學研究所碩士論文，1995 年。

25. 陳惠玲，《魏晉反玄思想論》，國立成功大學中國文學研究所碩士論文，1998 年。

26. 廖麗鳳，《世說新語之人物群像與描寫技巧研究》，國立臺灣師範大學國文研究所碩士論文，1990 年。

27. 劉師漢初，《六朝詩發展述論》，臺灣大學中國文學研究所博士論文，1983 年。

28. 劉瑞琳，《魏晉玄學思想之研究》，東吳大學中國文學研究所碩士論文，1985 年。

29. 劉慧珍，《周易之人文精神》，輔仁大學中國文學研究所碩士論文，1989 年。

30. 蕭登福，《嵇康研究》，政治大學中國文學研究所碩士論文，1975 年。

31. 賴麗蓉，《魏晉「人物品鑑」研究——創造性審美活動的完成》，國立臺灣師範大學國文研究所博士論文，1994 年。

32. 顏承繁，《「人物志」在人性學上之價值》，國立臺灣師範大學國文研究所碩士論文，1978 年。

33. 蘇雅慧，《莊子生死觀對死亡教育的啟示》，國立臺灣師範大學教育研究所碩士論文，1986 年。

六、期　刊

1. 尤雅姿，〈世說新語呈現之生活層面〉，《中興大學中文學報》第一期，1988 年 5 月。

2. 尤煌傑，〈中國哲學思想裡的生死觀的美學向度——以老莊為例〉，《哲學年刊》第十期，1994 年 6 月。

3. 王元軍，〈中古時期隱士奇異行為的文化含義〉，《中國研究月刊》（香港）

第二卷第十一期，1997 年 2 月。

4. 王妙純，〈世說新語中的女性新風貌——從婦女追求情愛談起〉，《國立虎尾技術學院學報》第二期，1999 年 3 月。

5. 王妙純，〈世說新語傷逝篇的悲傷容顏〉，《哲學與文化》第 33 卷第 7 期（總 386 期）2006 年 7 月。

6. 王妙純，〈世說新語傷逝篇新探〉，《臺灣師大國文學報》第三十五期，2004 年 6 月。

7. 王妙純，〈先秦儒家生死觀新探〉，《國立虎尾技術學院學報》第五期，2002 年 3 月。

8. 王妙純，〈從世說新語看魏晉人「以情抗禮」的情感表現〉，《國立虎尾科技大學學報》第一期，2004 年 3 月。

9. 王妙純，〈從世說新語看魏晉人的惜時之嗟〉，《中國語文月刊》第 561 期，2004 年 3 月。

10. 王妙純，〈道家人生觀〉，《中國語文月刊》第 560 期，2004 年 2 月。

11. 王邦雄，〈孔孟儒學的生死智慧〉，《北縣教育》第三十三期，2000 年 3 月。

12. 王美秀，〈從世說新語文學篇談清談與文學的關係〉，《文理通識學術論壇》第五期，2001 年 10 月。

13. 古苔光，〈魏晉仕誕人物的分類與行為的探究〉，《淡江學報》第十二期，1974 年 3 月。

14. 朱偰，〈阮籍詠懷詩研究〉，《東方雜誌》第四一卷第十一號，1945 年 6 月。

15. 朱義祿，〈儒家生死觀與中華民族的浩然正氣〉，《孔孟學報》第六十五期，1993 年 3 月。

16. 朱寶樑，〈清談考〉，《幼獅學報》四卷一期二期，1961 年 9 月。

17. 江風賢，〈論陶淵明生死觀中的超脫與憂患〉，《中國古代近代文學研究》，1989 年 3 月。

18. 江興祐，〈從世說新語看魏晉士人的生命意識〉，《中國古代、近代文學研究》，1989 年 6 月。

19. 牟潤孫，〈論魏晉以來之崇尚談辯及其影響〉，《中國古代、近代文學研究》第十六卷第十期，1965 年 5 月。

20. 西崗弘，〈挽歌考〉，《臺灣風物》第二十九卷四期，1979 年 12 月。

21. 何啓民，〈竹林七賢與魏晉政局（上）（下）〉，《教育與文化》第四一七、四二○期，1974 年 7、10 月。

22. 呂興昌，〈阮籍詠懷詩析論〉，《中外文學》第六卷第七期，1977 年 12 月。

23. 李世傑譯,〈魏晉時代的儒玄論爭〉,《恆毅》五卷八期十一期十二期,1956年。

24. 李正治,〈孟子「禮根於心」型的禮樂思索〉,《鵝湖月刊》第二十二卷第八期(總號第二百六十),1997年2月。

25. 李杜,〈孔子對傳統生死觀的繼承與發展〉,《哲學年刊》第十期,1994年6月。

26. 李栖,〈魏晉清談的場面——以世說新語為例〉,《國文天地》第十卷第七期,1994年12月。

27. 李豐楙,〈嵇康養生思想的研究〉,《靜宜女子文理學院學報》第二期,1979年6月。

28. 杜正勝,〈生死之間是連繫還是斷裂——中國人的生死觀〉,《當代》第五十八期,1991年2月。

29. 沈祖棻,〈阮嗣宗詠懷詩初論〉,《國文月刊》第六五期,1948年3月。

30. 宗明華,〈莊子與魏晉文學中的隱逸思想〉,《山西大學學報哲學社會科學版》第二十三卷第二期,2000年5月。

31. 林麗珠,〈魏晉玄學美學〉,《河北大學學報》第二期,1991年。

32. 林麗真,〈從世說新語看魏晉清談論辯的主題〉,《書目季刊》第十卷第四期,1977年3月。

33. 林麗真,〈魏晉清談名士之類型及談風之盛況〉,《書目季刊》第十七卷第三期,1983年12月。

34. 林耀曾,〈正始之音與魏晉學風〉,《幼獅月刊》第四七卷二期,1978年。

35. 柳秀英,〈孔子之生死觀〉,《美和技術學院學報》第十八期,2000年。

36. 范壽康,〈魏晉的清談〉,《武漢大學文哲季刊》五卷二期,1936年6月。

37. 孫聖濤、盧家楣,〈自我意識及其研究概述〉,《心理學探新》第二十卷第一期(總第七十三期),2000年。

38. 孫道昇,〈清談起源考〉,《東方雜誌》四二卷三期,1946年2月。

39. 徐波,〈從仕與隱看歷史上知識分子的價值實現與阻斷〉,《歷史月刊》第九十九期,1996年4月。

40. 徐高阮,〈山濤論〉,《中央研究院歷史語言所集刊》第四十本一分,1969年3月。

41. 殷念慈,〈從向秀思舊賦觀其出處之艱難〉,《雲漢學報》第四期,1997年5月。

42. 秦俊香,〈永恒的主題、時代的變奏〉,《河南大學學報》,1991年3月。

43. 秦衛明,〈魏晉玄學對美學的影響〉,《天津師大學報》第五期,2000年。

44. 翁惠美,〈先秦儒家對於生命意義的探索〉,《中國學術年刊》第二十一期,

2000 年 3 月。

45. 高柏園,〈論莊子與嵇康的養生論〉,《鵝湖雜誌》第十五卷第四期,1989 年 9 月。

46. 張火慶,〈嵇康論〉,《鵝湖雜誌》第四卷五,六期,1978 年 11、12 月。

47. 張永昊,〈世說新語的審美觀〉,《文史哲》第六期,1989 年。

48. 張鈞莉,〈論魏晉名士的自我意識〉,《銘傳學刊》第十卷第二期,1999 年 4 月。

49. 張斌峰,〈莊子的死亡智慧及其現代價值〉,《南昌大學學報》(人社版) 第三十一卷第一期,2000 年 1 月。

50. 張燕梅,〈飛越死亡的幽谷〉,《中國文化月刊》第二○一期,1996 年 12 月。

51. 張繼仁,〈論世說新語獨特的文學價值〉,《中國古代、近代文學研究》,1990 年 3 月。

52. 莊耀郎,〈魏晉反玄思想析論〉,《國文學報》第二十四期,1995 年 6 月。

53. 莊耀郎,〈魏晉形體美學試論〉,《國文學報》第二十六期,1997 年 6 月。

54. 許尤娜,〈魏晉人物品鑑的一個新尺度——隱逸〉,《鵝湖月刊》第二十四內第十期(總號第二百八十),1998 年 10 月。

55. 郭熹微,〈從竹林七賢看魏晉之際名士的政治心態〉,《文史哲》第一期,1992 年。

56. 陳芳基,〈阮籍研究〉,《臺南家專學報創刊號》,1977 年 10 月。

57. 陳朝暉,〈儒道二家的生死觀〉,《中國文化月刊》第一百七十二期,1994 年 2 月。

58. 章義和,〈試論漢魏六朝的隱逸之風〉,《中國文化月刊》第一七○期,1993 年 12 月。

59. 傅佩榮,〈儒家生死觀背後的信仰〉,《哲學與文化》第二十一卷第七期,1994 年 7 月。

60. 曾師春海,〈從儒道樂論析論嵇康的「聲無哀樂論」〉,《輔仁大學文學院學報》第十八期,1989 年 6 月。

61. 曾師春海,〈嵇康的生死觀〉,《哲學年刊》第十期,1994 年 6 月。

62. 程林輝,〈魏晉的人生哲學〉,《孔孟月刊》第三十二卷第十二期,1994 年 8 月。

63. 程章燦,〈從世說新語看晉宋文學觀念與魏晉美學新風〉,《中國古代、近代文學研究》,1989 年 1 月。

64. 黃振民,〈嵇康研究〉,《大陸雜誌》第十八卷第一期,1959 年 1 月。

65. 黃振民,〈嵇康詩研究〉,《教育與研究》第九期,1987 年 6 月。

66. 黃潔,〈任自然──魏晉南北朝審美意識的主流〉,《渝州大學學報》第十八卷第一期,2001 年 2 月。

67. 黃瑩暖,〈儒家生死觀〉,《中國學術年刊》第二十二期,2001 年 5 月。

68. 黃錦鋐,〈阮籍和他的達莊論〉,《師大學報》第二二期,1977 年 10 月。

69. 黃懲志、逯耀東,〈魏晉史學的思想與社會基礎〉,《中華文化復興月刊》第八卷第六期,1975 年 6 月。

70. 楊宗瑩,〈孔子的仕與隱〉,《孔孟月刊》第三十一卷第八期,1993 年 4 月。

71. 楊勇,〈世說新語書名、卷帙、版本考〉,《東方文化》(香港)八卷二期,1970 年 7 月。

72. 鄔昆如,〈莊子的生死觀〉,《哲學與文化》第二十一卷第七期,1994 年 7 月。

73. 廖蔚卿,〈論魏晉名士的狂與癡〉,《現代文學季刊》第三三期,1967 年 12 月。

74. 廖蔚卿,〈論魏晉名士的雅量〉,《臺大中文學報》第二期,1988 年 11 月。

75. 臺靜農,〈魏晉文學思想述論〉,《文學雜誌》第一卷第四期,1956 年 12 月。

76. 趙映林、王曉毅等,〈大變局時代知識分子的仕與隱專輯〉,《歷史月刊》第九十九期,1996 年 4 月。

77. 齊益壽,〈論阮籍的生命情調〉,《幼獅月刊》第三七卷第一期第二四一號,1973 年 1 月。

78. 劉亮,〈魏晉南北朝文化的特色〉,《中華文化復興月刊》第十二卷第九期,1979 年 9 月。

79. 劉偉生,〈簡淡玄遠、蕭散疏朗──從王羲之蘭亭集序看晉人晉字晉文章〉,《株洲師範高等專科學校學報》第五卷第一期,2000 年 3 月。

80. 劉顯叔,〈東漢魏晉的清流士大夫與儒學大族〉,《簡牘學報》第五期,1977 年 1 月。

81. 劉顯叔,〈論魏末政爭中的黨派分際〉,《史學彙刊》第九期,1978 年 10 月。

82. 衛軍英,〈論阮籍詠懷詩的情感及思維邏輯〉,《杭州大學學報》第二十卷第二期,1990 年 6 月。

83. 鄭小江,〈論孟子的人生哲學精神〉,《孔孟月刊》第四十卷第一期,2001 年 9 月。

84. 鄭志明,〈試論中國的政權觀〉,《鵝湖月刊》第一四八期,1987 年 10 月。

85. 鄭志明,〈道教生死觀──不死的養生觀〉,《歷史月刊》第一三九期,1999

年8月。

86. 鄭清茂譯，〈推移的悲哀〉，《中外文學》第六卷四、五兩期，1980年9、10月。

87. 鄭曉江，〈免於死亡焦慮與恐懼之方法——中國傳統死亡智慧與生死互滲觀〉，《哲學與文化》月刊第二十七卷第三期，2000年3月。

88. 繆鉞，〈清談與魏晉政治〉，《中國文化研究彙刊》第八卷，1948年9月。

89. 謝師大寧，〈儒隱與道隱〉，《國立中正大學學報》（人文分冊）第三卷第一期，1992年。

90. 鍾年，〈採菊東籬下悠然見南山——談中國歷史上的隱士〉，《國文天地》第十四卷第七期，1998年12月。

91. 韓凌霄，〈魏晉清談思想的由來〉，《學園》八卷五期，1973年3月。

92. 簡旭裕，〈面對死亡——死亡態度的歷史演進〉，《歷史月刊》第一三九期，1999年8月。

93. 顏清梅，〈從逍遙遊談莊子的人生觀〉，《中國文化月刊》第一三九期，1991年5月。

94. 羅光，〈中國人的生死觀〉，《哲學與文化》第二十一卷第七期，1994年7月。

95. 譚作人，〈嵇康的生活思想與文學〉，《嘉師學報》第二期，1971年5月。